普通高等教育"十三五"规划教材
北京邮电大学精品教材

快递市场监管

苑春荟　燕阳　编著

北京邮电大学出版社
www.buptpress.com

内 容 简 介

本书从我国快递市场监管实践出发,坚持理论和实际相结合的原则,在充分借鉴规制经济学经典理论的基础上,较为全面系统地阐述了我国快递市场监管的若干重大问题。本书前两章概述了快递行业的基础知识、我国快递业的发展历程以及政府监管的基本理论,第三章至第九章分别介绍了快递市场监管体制、监管内容和手段、监管环境、监管实践与国外经验、监管问责、监管绩效评估以及监管信息化建设等内容。由于政府监管是一门应用性较强的学科,所以本书特别突出快递市场监管理论的实际应用,在每章的"思考与讨论"和"延伸阅读"版块中都提供了近年来我国快递市场监管实践中的典型案例,供读者阅读和参考。

本书可作为高等院校邮政快递管理类专业本科生的教材,也可作为政府部门决策者、高校教师以及关注中国快递业发展的各界人士的参考书。

图书在版编目(CIP)数据

快递市场监管 / 苑春荟,燕阳编著. -- 北京:北京邮电大学出版社,2019.8
ISBN 978-7-5635-5784-4

Ⅰ. ①快… Ⅱ. ①苑… ②燕… Ⅲ. ①邮件投递-市场监管-中国 Ⅳ. ①F632.5

中国版本图书馆 CIP 数据核字(2019)第 161433 号

书　　　名:	快递市场监管
作　　　者:	苑春荟　燕　阳
责 任 编 辑:	廖　娟
出 版 发 行:	北京邮电大学出版社
社　　　址:	北京市海淀区西土城路 10 号(邮编:100876)
发　行　部:	电话:010-62282185　传真:010-62283578
E-mail:	publish@bupt.edu.cn
经　　　销:	各地新华书店
印　　　刷:	保定市中画美凯印刷有限公司
开　　　本:	787 mm×1 092 mm　1/16
印　　　张:	12.25
字　　　数:	315 千字
版　　　次:	2019 年 8 月第 1 版　2019 年 8 月第 1 次印刷

ISBN 978-7-5635-5784-4　　　　　　　　　　　　　　　　　　定 价:32.00 元
· 如有印装质量问题,请与北京邮电大学出版社发行部联系 ·

前　言

改革开放40年来，我国快递业异军突起，成为国民经济的一匹"黑马"。快递业在推动流通方式转型、促进消费升级、推动经济发展等方面发挥了重要作用。快递市场规模的迅速扩大使快递行业出现了较大的人才缺口。为此，国家邮政局积极推进行业人才培养工作，并先后推动北京邮电大学、西安邮电大学、南京邮电大学、重庆邮电大学建立现代邮政学院和邮政研究院，其中北京邮电大学现代邮政学院"邮政工程"和"邮政管理"两个本科专业已于2017年初获教育部审批通过并开始招生。本书就是为高等院校邮政管理类专业的本科邮政快递市场监管课程编写的教材。

由于相关院校邮政管理类专业刚刚设立不久，再加上我国目前还没有关于邮政快递市场监管的相关教材或学术专著，本书在编写工作启动之初一方面搜集了大量相关资料，研究了规制经济学、其他行业政府监管类教材以及部分学术专著的编写思路，另一方面就教材的内容编排请教了快递市场监管一线的政府工作人员、高校学者以及其他专业人士。本书是在对上述文献资料和专家意见反复思考、多方提炼的基础上，结合编者多年来在邮电高校的教学工作经验编写而成的。

本书在借鉴传统规制经济学对政府管制分析框架的基础上，分别介绍了我国快递市场监管实践中的若干重大问题。总体来看，本书可以分为两大部分：第一部分是快递业以及我国快递市场监管的基础知识，主要包括快递概述（第一章）、中国快递市场概述（第一章）以及政府监管的基本理论（第二章），这部分主要是让读者对我国快递业发展概况以及政府监管理论有一个初步认识。第二部分是按照规制经济学和政府监管理论的分析框架对我国快递市场监管若干问题的介绍，主要包括快递市场监管体制（第三章）、监管内容和手段（第四章）、监管环境（第五章）、监管实践与国外经验（第六章）、监管问责（第七章）、监管绩效评估（第八章）以及监管信息化建设（第九章），这部分内容基本涵盖了我国快递市场监管工作的方方面面，让读者能够在较短的时间内对我国快递市场监管体制及其运行有相对深入的理解。由于政府监管是一门应用性较强的学科，本书在每章都设置了"思考与讨论"和"延伸阅读"版块，这两个版块的很多内容都是近年来国内外快递市场监管实践中出现的真实案例，具有一定的代表性，既可供读者阅读思考，又可供教师作为教学案例开展课堂讨论。

本书的编写得到2016年度北京邮电大学精品教材立项的资助（项目编号：2016JC09）。在本书编写过程中，作者得到了众多专家学者以及北京邮电大学在读博士、硕士的帮助，在此一并表示感谢。本书可作为高等院校邮政快递管理类专业本科生的教材，也可作为政府部门决策者、高校教师以及关注中国快递业发展的各界人士的参考书。

由于作者水平有限，书中不足之处在所难免，恳请广大读者批评指正。

作　者

目 录

第一章 绪论 1
  第一节 快递概述 1
    一、快递业发展的历史沿革 1
    二、快递的定义及行业定位 3
    三、快递的分类 5
    四、快递的特点 7
  第二节 我国快递市场概述 7
    一、我国快递业的发展历程 7
    二、我国快递业的发展现状 10
    三、我国快递市场的参与主体 13

第二章 政府监管的基本理论 25
  第一节 政府与市场关系理论思潮的演进历程 25
    一、从自由放任到全面干预 25
    二、新自由主义的兴起和对政府干预的质疑 30
    三、新凯恩斯主义的反思 33
  第二节 规制经济学概述 34
    一、规制经济学综述 34
    二、经济性规制概述 36
    三、社会性规制概述 41
    四、反垄断规制概述 44
  第三节 对我国快递市场监管的初步认识 46
    一、快递市场监管的概念 46
    二、我国快递市场监管的历史沿革 48
    三、快递市场监管的作用 51
  第四节 快递市场监管的目标和原则 53
    一、快递市场监管的目标体系 53
    二、快递市场监管的基本原则 55

第三章 快递市场监管体制 59
  第一节 快递市场监管的法律依据 59
    一、快递市场监管法律依据概述 59
    二、快递市场监管主要法律依据简介 60
    三、快递市场监管法律依据的评价 75

第二节　快递市场监管的组织体制 ………………………………………… 76
　　　一、快递市场监管体制的基本框架 ………………………………………… 77
　　　二、快递市场监管体制存在的问题 ………………………………………… 83
第四章　快递市场监管的内容和手段 …………………………………………… 90
　　第一节　快递市场监管的主要内容 ………………………………………… 90
　　　一、经济性监管的主要内容 ………………………………………………… 91
　　　二、社会性监管的主要内容 ………………………………………………… 98
　　第二节　快递市场监管的主要手段 ………………………………………… 113
　　　一、监管手段的概念 ………………………………………………………… 113
　　　二、我国快递市场监管的主要手段 ………………………………………… 114
　　　三、快递市场监管手段改革与创新 ………………………………………… 117
第五章　快递市场监管环境 ……………………………………………………… 120
　　第一节　快递市场监管环境概述 …………………………………………… 120
　　　一、快递市场监管环境的概念 ……………………………………………… 120
　　　二、快递市场监管环境的构成要素 ………………………………………… 121
　　　三、快递市场监管实践与监管环境的关系 ………………………………… 122
　　第二节　我国快递市场监管环境构成要素分析 …………………………… 123
　　　一、国际环境组成要素分析 ………………………………………………… 123
　　　二、国家环境组成要素分析 ………………………………………………… 125
　　　三、内部硬环境要素分析 …………………………………………………… 128
　　　四、内部软环境要素分析 …………………………………………………… 132
　　第三节　快递市场监管环境的优化 ………………………………………… 134
　　　一、应对经济全球化带来的挑战 …………………………………………… 135
　　　二、借鉴发达的先进经验 …………………………………………………… 135
　　　三、不断提升行业形象 ……………………………………………………… 135
　　　四、重视消费者权益保护 …………………………………………………… 136
　　　五、发挥快递协会的自律作用 ……………………………………………… 137
第六章　我国快递市场监管实践与国外快递市场监管概述 …………………… 138
　　第一节　我国快递市场监管取得的成绩 …………………………………… 138
　　　一、构建起了较为完善的快递市场监管体系 ……………………………… 138
　　　二、快递市场全程监管初见成效 …………………………………………… 139
　　第二节　我国快递市场监管存在的问题 …………………………………… 143
　　　一、监管法律依据方面的问题 ……………………………………………… 143
　　　二、监管权力方面的问题 …………………………………………………… 144
　　　三、监管能力方面的问题 …………………………………………………… 145
　　第三节　国外快递市场监管概述 …………………………………………… 147
　　　一、美国快递市场监管概述 ………………………………………………… 147
　　　二、德国快递市场监管概述 ………………………………………………… 149
　　　三、日本快递市场监管概述 ………………………………………………… 150

  第四节 国外快递市场监管的特点及其对我国的启示 150
    一、国外快递市场监管的特点 150
    二、国外快递市场监管对我国的启示 151

第七章 快递市场监管问责 153
  第一节 快递市场监管问责的内涵和意义 153
    一、快递市场监管问责的内涵 153
    二、快递市场监管问责的意义 153
  第二节 快递市场监管问责的基本框架 154
    一、监管问责的主体 154
    二、监管问责的对象 155
    三、监管问责的范围 155
    四、监管问责的程序 155
    五、监管问责的责任界定与结果 156
    六、监管问责的机制 156
  第三节 我国快递市场监管问责 157
    一、快递市场监管问责存在的不足 157
    二、完善快递市场监管问责制的具体路径 160

第八章 快递市场监管绩效评估 165
  第一节 快递市场监管绩效评估的内涵、方法和意义 165
    一、监管绩效评估的概念 165
    二、快递市场监管绩效评估 166
    三、快递市场监管绩效评估的主要方法 166
    四、快递市场监管绩效评估的作用 167
  第二节 快递市场监管绩效评估体系构建的基本思路 168
  第三节 快递市场监管绩效评估的标准 172

第九章 快递市场监管信息化建设 173
  第一节 快递市场监管信息化建设的内涵和必要性 173
    一、快递市场监管信息化和监管信息平台 173
    二、快递市场监管信息化建设的必要性 174
  第二节 我国快递市场监管信息化建设取得的成就 175
  第三节 我国快递市场监管信息化建设存在的不足 178
  第四节 我国快递市场监管信息化建设的原则和工作思路 179
    一、我国快递市场监管信息化建设的基本原则 180
    二、推进我国快递市场监管信息化工作的具体思路 180

参考文献 184

第一章 绪 论

"快递"一词在英语中对应的单词为"express",《牛津高阶英汉双解词典》对这个单词的其中一个解释是"a service for sending or transporting things quickly"。在《现代汉语词典》中,将"快递"解释为"特快专递的简称",指"专门递送时间性特别强的邮件的快递寄递业务。"由此可见,中西方对快递内涵的理解是一致的,并且都强调了快递的根本特性,即"快"。"速度快"是现代快递服务的最大特征,快递作为一种"门到门""桌到桌"的直达式运输服务,与海、陆、空专业运输企业单一方式的运输服务以及邮政普遍服务等保证送达但时间长、时效性差的传统寄递方式相比,无疑更加方便、快捷,更能适应当今世界国际贸易和经济全球化对运输的要求。

第一节 快递概述

一、快递业发展的历史沿革

现代快递业诞生在美国,但不可否认的是,作为一种传递实物信息的通信方式,快递业的起源可以追溯到古代设立的邮驿。埃及、希腊、亚述、波斯、罗马以及中国等古代文明中心均设立过邮驿,这些邮驿通常由政府设立,通过驿马、车、船等工具专门寄递官方文件。尽管古代邮驿的寄递速度不能和现代快递相比,但那时的人们已经有了快速运输邮件的意识,通过修建专用驿道、增加驿站数量等方式提高寄递速度。经过漫长的奴隶社会和封建社会之后,人类开始进入资本主义时代,尽管那时快递还没有出现,但近代邮政已应运而生,相比于古代邮驿,利用蒸汽机车、近代汽车以及汽船等运输工具已经使实物寄递的速度大大提高,人类离现代快递业又迈进了一步。进入20世纪,资本主义的黄金时代到来,现代快递业终于在这次发展浪潮中诞生并不断壮大。1907年,全球第一家快递公司——联合包裹速递服务公司(United Parcel Service, UPS)在美国西雅图成立,开始在国内进行货物运送。由于美国早期货物运输以铁路为主,随着汽车的发明和普及,铁路行业因担心新兴的汽车货运可能侵蚀铁路营运市场的份额,便要求美国国会制定出台《汽车公路货运业法案》(*Motor Carrier Act of* 1935),管制的结果使汽车货运业者收价高于边际成本,因而得到高额利润,快递业便由此发展起来。

快递这一新兴业态在20世纪初的美国诞生后,一开始并没有迎来它的发展黄金期,两次世界大战使世界各国经济普遍遭受重创,快递业也受此牵连。直到第二次世界大战结束后,伴随五六十年代欧洲经济的全面复苏,70年代日本经济腾飞,80年代亚洲"四小龙"的出现,以电子计算机为主的先进技术和现代管理方法的引入,以及运输工具的进步,现代快递业才真正迎来了发展的春天。以四大国际快递企业的崛起为标志,快递业开始迈出发达资本主义国家的国门,逐渐向全球网络进行规模化发展。

现如今,快递业已经凭借其强大的生命力和服务能力,在人类生产、生活各个方面发挥着重要作用。快递业不仅能够与制造业、电子商务等产业实现深度融合、协同发展,还能广泛吸纳就业、解决社会问题,更重要的是——快递服务的便捷、高效极大地提高了人类的生产、生活效率,推动了制造、流通、消费、投资以及金融等多个领域的发展。毋庸置疑,伴随着经济全球化步伐的加快,快递业已经成为现代服务业中的先导性产业,在世界科技水平不断进步、人类生活和工作节奏不断加快的时代背景下,快递业将在现代社会中越来越显现出它不可替代的重要作用。

延伸阅读

国际快递业"四大巨头"

在现代快递业发展的历史大潮中诞生了四个享誉全球的快递企业,它们通过提供完善的服务、不断改进管理水平并拓宽市场,撑起了国际快递市场的半边天,成为现代快递业发展历史上的典范。

UPS(United Parcel Serice 联合包裹速递服务公司)

美国联合包裹运输有限公司于1907年8月28日作为一家信使公司创立于美国华盛顿州西雅图市。本以货车经营国内陆运起家,直到1982年才开始投入航空界,从空中和联邦快递公司竞争。1988年10月,联合包裹速递服务公司收购迅递公司(Asian Courier System)开始在亚太地区经营业务,其总部设在新加坡,亚洲理货中心则分别设在香港、汉城(现首尔)、台北、东京和吉隆坡五个城市,利用自己的飞机在上述城市之间每周空运6次,并超过700航次。

截至2016年,UPS共有超过43.4万名员工,4 945家UPS商店和9 070个UPS投递箱,还拥有108 210辆包裹车、货车、拖拉机、摩托车以及237架喷气式飞机。2016年包裹和文件日均递送量达1 910万件,全球包裹营业收入总额达510亿美元。

目前,UPS已成全球快递业界的龙头,其成功因素除了强调顾客至上与不断改善服务品质以外,稳健而又迅速地经营作风更是制胜的关键。未来,亚太地区的前景甚至中国大陆的市场无疑是具有极大潜力的,而如何拓展更大的市场占有率,将进入较晚的不利因素消弭,正是UPS所努力的方向。

FEDEx(Federal Express 联邦快递公司)

联邦快递公司于1971年6月18日成立于美国德拉瓦市,但是直到1972年初才正式挂牌营业。1972年底,公司基于各方面因素的考量,将总部迁往孟菲斯市。由空运起家的联邦快递公司初期受到民航法规限制的影响,导致公司的营运十分困难,直到1975年,公司业务方才出现盈余。1978年,公司因为财务全股票正式上市,业绩蒸蒸日上。到1984年,市场占有率及营运收入更成为全美之冠,于是公司开始积极迈向国际化,首先收购了吉尔柯快递公司,使联邦快递公司的势力伸展至荷兰、英国以及阿拉伯联合酋长国。1988年,联邦快递公司又以高价购并飞虎航空公司,以求得到飞虎公司所拥有其他国家四五十年的航权以及机场起降权。但不幸的是,在购并后联邦快递公司仅仅得到五个城市据点:蒙特利艾、多伦多、布鲁塞尔、伦敦与东京,而且东京这个据点并不能成为其前往亚洲其他地方的跳板,必须另行开拓其他据点。由于购并飞虎公司的利益不如预期,反而承受巨大的负担,再加上UPS公司在美国大力抢占市场,更使得联邦快递公司面临极大的营运危机。1990年后,联邦快递公司的规模及营运状况已大大落后于UPS,就业务量而言,当时联邦快递每日只能收到100万个包裹,而UPS

每日则已高达1 100万个包裹之多。之后,由于联邦快递在欧洲市场的决策频频出错,营运的状态已成强弩之末,在不得已的情况下,终于在1992年将英国市场及欧陆市场分别转让予瑟区里快递公司、奥东茄快递公司和TNT快递公司,并协议联邦快递日后得承运这三家公司在美国所接到的业务,从此便自欧洲市场撤出。

DHL(敦豪航空货运公司)

DHL于1969年9月由美国律师希朗、戴尔斯和林达在加利福尼亚州合资成立。"DHL"这个名称来自公司三个创始人Adrian Dalsey、Larry Hillblom、Robert Lynn姓氏的首字母。一开始,他们自己乘坐飞机来往于旧金山和檀香山之间运送货物单证,这样在货物到达之前就可以进行货物的清关,从而显著缩短在港口的等待时间。1972年,香港企业家钟普洋加入DHL经营,在香港成立"DHL INT'S LTD",负责美国本土以外的国际业务推展。1973年,有鉴于台湾地区经济的繁荣和国际贸易的快速成长,香港DHL公司在台湾成立分支机构,并委托洋基航空接掌全通有美公司负责推展厂商样品及包裹的快递服务业务。此外,当联邦快递跨入国际市场时,为了与其对抗,DHL分别和日航、德航签订合约,使其在取得机位上具有优先权。在台湾地区,DHL亦十分积极地开拓网络。首先于1990年1月成立电话行销单位,以提高外勤人员的工作效率,开发更广的客户层面。之后,又于1990年3月和7-11合作推出DROP-IN国际快递服务,到了1994年服务据点增加至800多个,成为台湾地区通路最广的行业者。到目前为止,DHL的服务网包含了全球219个国家,拥有800多家分公司,全球员工近20 000人。就亚太地区而言,因为进入得早,知名度高,其市场占有率为四大国际快递公司之冠,但是美中不足的是,DHL自有机队不多,主要以灵活运用商业客机来转运货物,成本相对也较高,业务也以利润微薄的文件居多,这种情况对DHL而言,无疑是不利的。2002年初,德国邮政全球网络成为DHL的主要股东。到2002年底,DHL已经由德国邮政全球网络100%拥有。2003年,德国邮政全球网络将其下属所有的快递和物流业务整合成一个单一品牌:DHL。2005年12月,德国邮政全球网络并购Exel的举措进一步巩固了DHL品牌,整合后的DHL的专业服务来自由德国邮政全球网络收购的几家公司。

TNT(荷兰天地)

TNT快递是欧洲著名的快递公司,其母公司是荷兰邮政集团(TPG),总部设于阿姆斯特丹。早在1988年,TNT快递就进入了中国,受当时相关政策的限制,TNT快递与中外运合资建立了"中外运——天地快件有限公司",开拓在中国的快递业务。

在中国市场,TNT快递取得了快速发展。最近6年,TNT快递在中国市场年均保持约23%的收入增长速度和约30%的业务增长速度。目前,TNT快递的服务已经覆盖国内500个城市,拥有2 000个服务网点。

二、快递的定义及行业定位

由于快递业的迅猛发展,越来越多的人开始关注这一高速增长的现代服务业。关于什么是"快递",国内外不同的组织和学者均有不同的定义,本书列举了以下比较有代表性的观点。

1. 国外相关组织对快递服务的定义

①《联合国中心产品分类》(Central Product Classification,CPC)中的定义。根据CPC的解释性注释,快递服务被定义为:"除国家邮政当局提供的服务外,由非邮政快递公司利用一种或多种运输方式提供的服务,包括提取、运输和递送信函和大小包裹的服务,无论目的地在

国内或国外。这些服务可利用自由或公共运输工具来提供①"。

② 美国在多哈回合服务贸易谈判提交世界贸易组织(WTO)的提案中对快递服务的定义(文件编号:S/CSS/W/26)。在这一文件中,建议对快递使用如下定义:快递服务是指具有时间敏感性、利用先进通信科技、结合或受控于点到点(end-to-end)技术,包括快速收取、运输、投递文件、印刷品、包裹及其他物品的服务,并且在提供这些服务的过程中能够追踪上述物品的位置并对其保持控制。快递服务可以包含一个或更多的附加值要素,如到寄件人指定的地点上门取件、签收后交件、保证于限定的时间内送达、运用电子及其他高科技手段、能够让寄件人确认递送状态等②。

③ 欧盟在多哈回合服务贸易谈判提交世界贸易组织(WTO)的有关文件中对快递服务的定义(文件编号:S/CSS/W/61)。在这一文件中,对快递服务做出如下描述:快递服务在更加快速、可靠的同时,包含有上门取件、直接送达、路线追踪、中途更改收件地址、签收确认等附加值要素③。

2. 国内有关法律文件以及学者对快递的定义

① 《中华人民共和国邮政法》(以下简称《邮政法》)中的定义。根据2015年4月第十二届全国人民代表大会常务委员会第十四次会议修正后的《邮政法》第九章第八十四条规定:快递是指在承诺时限内快速完成的寄递活动。

② 《快递市场管理办法》中的定义。2013年3月1日起执行的《快递市场管理办法》第一章第三条中指出:本办法所称快递,是指在承诺的时限内快速完成的寄递活动。寄递,是指将信件、包裹、印刷品等物品按照封装上的名址递送给特定个人或者单位的活动,包括收寄、分拣、运输、投递等环节。

③ 国内其他定义。除了以上邮政业相关法律法规对快递的定义外,国内还有一些学者对快递的内涵做出界定。例如,快递是由快递企业提供的,采取一种或多种运输方式,快速收取、分拣、运输、投递信函、包裹及其他物品,按照承诺时限送达收件人或指定地点,支持对寄递状态的全程跟踪及实时查询,并需获得签收的寄递服务④。

以上这些定义中,国外的定义更强调快递服务完成的一般流程和附加值要素,其中《联合国中心产品分类》的定义还特别强调快递服务不同于由国家提供的邮政服务这一行业属性。而国内定义则更加强调快递的时效性和基本环节,一些学者还根据快递业的不断发展给快递定义增添了新的内涵。

对于快递的定义,历来就没有统一的标准,站在不同的角度就会有不同的界定,不能简单地用"二分法"来判断各种定义的对错。在中国,对快递定义的一个主要争论在于如何对快递业进行定位,因为这关系到快递行业监管、快递市场开放等一系列重大问题。总体来

---

① United Nations Statistics Division. CPC Ver. 2-Explanatory notes[S/OL]. http://unstats.un.org/unsd/cr/registry/cpc-2.asp,2011-02-05.

② United States. World Trade Organization—Council for Trade in Services—Special Session—COMMUNICATION FROM THE UNITED STATES-Express Delivery Services[R/OL]. Http://www.wtocenter.org.tw/SmartKMS/do/www/readDoc?document_id=16832,2012-02-06.

③ The European Communities. World Trade Organization—Council for Trade in Services—Special Session—COMMUNICATION FROM THE EUROPEAN COMMUNITIES AND THEIRMEMBER STATES—GATS2000:Postal/courier services[R/OL]. http://ec.europa.eu/internal_market/post/doc/activities/definition_for_postal_services_en.pdf,2012-02-09.

④ 刘倩. 我国快递行业的监管法律规制研究[D]. 合肥:安徽大学,2012.

看,快递业和邮政业存在重要区别,快递业是现代经济社会中的一个独立产业,不能将其混同于邮政业,但与此同时,快递和邮政所提供的服务也存在一些相似之处,二者并非完全对立。

一方面,如果将邮政定位为传统政府专营体制下的非竞争性业务,那么快递业与传统邮政业有着根本区别。这是因为快递业和传统邮政业分属两种性质不同的产业,其根本区别就在于传统邮政业是在政府专营模式下通过均一资费、发行邮票、预付邮资等方式向所有用户开放的普遍服务,其所提供的产品具有公共物品的属性,即非排他性和非竞争性。而现代快递业则主要是由私人部门提供的、价格由市场机制调节、根据服务水平不同价格也存在差异的门到门的、具有严格时限要求的服务,它并不具有公共物品的属性,属于私人物品范畴。因此,从本质上看,快递业是市场经济发展下的产物,是一个独立的产业,其与传统邮政业存在本质区别,不能简单将快递业等同于邮政业。具体来看,可以从服务属性、经营范围、服务对象、服务标准、传递渠道、定价机制、运行规则、监管体制等多个方面将快递业和传统邮政业进行区分。如表 1-1-1。

表 1-1-1 传统邮政业与现代快递业的区别

	服务属性	经营范围	服务对象	服务标准	传递渠道	定价机制	运行模式
传统邮政业	公共物品	一国全境	所有用户	均一标准	普服网络	政府定价	政府专营
现代快递业	私人物品	范围有限	付费用户	多样化标准	自营网络	市场调节	自由竞争

另一方面,世界各国邮政普遍已经进行了多轮改革,改革后的各国邮政不仅提供非竞争性的普遍服务业务,而且提供竞争性的快递业务。例如美国邮政(USPS)、日本邮政公社(JP)、英国皇家邮政(RP)等邮政企业在市场化改革后,不仅继续承担向本国所有用户提供无差别的传统邮政业务,还提供快递服务,与国内其他私营快递企业一起参与市场竞争。此外,各国邮政也在改革进程中不断创新发展模式,一些国家的邮政企业率先开展与快递企业的合作,将一些传统邮政业务环节外包或给快递企业代理,从而实现双赢。从这个角度看,现代邮政业和快递业也并不能完全对立,尽管二者在本质上存在差别,但随着各国邮政改革的不断深入和市场化程度的加深,邮政和快递将会在一定程度上实现交叉融合。当前世界各国普遍将邮电通信、交通运输、仓储物流等产业归属于同一国民经济大类。快递业和邮政业同属于网络型产业,都是通过网络实现文件和物品的运输,均含有信息传递和实物运送的成分,在这点上二者具有相似性。

总而言之,研究快递业行业定位的目的不仅在于区分其与传统邮政业的关系,更重要的是通过明确快递的行业定位,了解快递业的发展历程和行业属性,从而为解决快递行业监管和市场开放等重大问题提供有益的启发。

三、快递的分类

按照不同的标准,快递可以有不同的分类。综合目前我国快递业发展实际,可以按照"寄递内容""服务地域""运输方式"以及"送达时限"四个标准将快递进行如下分类。

按照寄递内容分类,如表 1-1-2 所示。

表 1-1-2　按寄递内容对快递进行分类

类别	主要内容
信函类	是指具有个人现时通信内容的文件。我国《邮政法》规定信函类业务归属邮政专营,私人和快递企业不允许经营
商业文件	主要包括商业合同、工程图纸、照片、照相复印品、金融票据、有价证券(不包括各国货币和无记名支票)、证书、单据、报表和手稿文件等全部印刷方式印制、复制的各种纸制制品
包裹	是指所有适用于寄递的样品、馈赠礼品和其他物品等

按照快递服务范围的不同,我国快递业务又可以划分为三大类,如表 1-1-3 所示。

表 1-1-3　按服务范围对快递进行分类

类别	主要内容
国内快递	是指从收寄到投递全过程均发生在中华人民共和国境内的快递业务。具体包括:同城快递、省内异地快递、省际快递
国际快递	是指寄件地和收件地分别在中华人民共和国境内和其他国家或地区(中国香港特别行政区、中国澳门特别行政区、中国台湾地区除外)的快递业务,以及其他国家和地区间用户相互寄递但通过中国境内经转的快递业务。主要包括国际进境快递和国际出境快递
港澳台快递	是指寄件地和收件地分别在中华人民共和国境内和中国香港特别行政区、中国澳门特别行政区、中国台湾地区的快递业务

按照运输方式对快递进行分类,我国主要有四种快递运输类型,如表 1-1-4 所示。

表 1-1-4　按运输方式对快递进行分类

分类	主要特点
铁路快运	运输量大且准时安全,受自然条件限制相对较少
水路快运	适合大宗物品的运输,尤其是没有时间紧迫性的大宗特殊物品的运输
公路快运	相对灵活,适应性强,是目前快递运输量最大的方式
航空快运	其最大优势在于快速便捷,随着消费者对运输时限要求的不断提高,航空快运在快递服务中越来越常用

按照快件送达时限来划分快递服务,以国内某快递企业提供的快递产品服务的四个类别为例,如表 1-1-5 所示。

表 1-1-5　按快件送达时限对快递进行分类

分类	主要内容
次晨达	在当日规定的电话截件时间前向客服确认的取件,在下一个工作日中午 12 点前送抵的快递
次日达	在当日规定的电话截件时间前向客服确认的取件,在下一个工作日下午 6 点前送抵的快递
隔日达	在当日规定的电话截件时间前向客服确认的取件,在第三个工作日中午 12 点前送抵的快递
隔日递	在当日规定的电话截件时间前向客服确认的取件,在第三个工作日下午 6 点前送抵的快递

四、快递的特点

（一）快捷性

快递服务最突出的特点就是快捷性，它不同于传统投递方式的运输速度慢且途中耽搁时间长，不仅在理念和体制上实现了创新，同时还在运能、网络以及技术上实现突破，从而能够快速、便捷地将用户的包裹送达，满足了消费者在快件时效上的需求。

（二）服务性

这是快递的基本特征之一，快递服务包含服务广度、服务深度和服务舒适度三个维度。服务广度是指快递服务的业务种类及其满足用户需求的程度，业务种类越多，服务广度就越广；服务深度是指为用户提供快递服务的完全程度和便利程度，现代快递服务打破传统投递方式，采取"门到门""桌到桌"的投递服务则在一定程度上体现了快递服务的深度；服务舒适度是指以员工服务态度、服务质量和工作效率为核心，用户在使用快递服务过程中的心理感受和满意程度。

（三）全程全网

健全、顺畅的配送网络是经营快递业务的基础。快递业务全程全网的特点一方面表现在快递服务可以依靠各种交通工具组成的物理网络来实现，同时快递网络的建立具有实物网络的明确指向性，在局部网络拥塞或利用不足的情况下，各线路物流交叉调度的灵活性以及可实现性差。另一方面，快递服务完成的全过程必须要有统一的计划、统一的指挥调度、统一的操作标准和精确计算，需要依靠完善的国内国际网络以及运输工具、操作中心、计算机系统等协调配合来完成，而传统的运输方式无法做到这一点。

（四）专业化

快递服务经历收寄、分拨、转运、录入、预报、查询、报关、统计和结算等多个环节，每一环节的完成都需要依靠标准化的操作流程和信息化的操作设备，真正实现了全流程的专业化操作，而传统运输方式并不具备如此专业化的分工。

（五）信息化

信息化越来越成为快递服务的关键要素。消费者对快递服务时效性和快捷性的要求越来越高，快递企业只有通过提高企业信息化水平才能满足客户的要求。快递服务是把现代通信技术和快件运送过程完美结合起来的现代运输方式，越来越多的信息化技术（如 PDA、GPRS、SOA、REID 以及蓝牙等）的应用将推动快递服务水平不断提升。

第二节 我国快递市场概述

一、我国快递业的发展历程

现代意义上的快递业诞生于 19 世纪的美国，经过一个多世纪，特别是 20 世纪 70 年代以来，国际贸易的繁荣使快递业在世界各国得到了长足发展，但快递业务进入中国的时间则相对较晚。20 世纪 70 年代末，改革开放大潮拉开，快递服务随之进入我国，至今有 40 年的发展历程。值得注意的是,与其他国家"先发展国内快递再拓展海外市场"的发展模式不同,中国快递业的发展具有"先有国际快递,外商来华合资;后有国内快递,中国仿效经营"的特点[①]。总体来看,中国快递业的发展历程可以分为以下四个主要阶段。

(一) 第一阶段(改革开放初期至20世纪80年代):国有企业在快递市场中占主导地位

改革开放之前,中国并没有快递服务。20世纪70年代末,随着改革开放大幕的拉开,快递作为一种新的服务理念和商业模式被引入中国。快递进入中国的标志性事件是1979年6月,日本海外新闻普及株式会社(OCS)与中国对外贸易运输总公司签订了中国第一个快件代理协议。这一协议填补了中国无快递的空白,具有里程碑式的意义,中国对外贸易运输总公司也由此成为全国第一家经营快递业务的企业。

但是,由于当时改革开放刚刚开启,国家不允许外资企业独立在中国大陆经营快递业务,因此国外快递企业,如DHL、TNT、FedEx以及UPS等进入中国市场必须与中国对外贸易运输总公司签订快递代理协议。这一情况随着1979年《中外合资经营企业法》和1983年《中外合资经营企业法实施条例》等法律法规的颁布而有所改变,外资企业进入中国快递市场的方式由单一的与中国对外贸易运输总公司签订代理协议转变为成立合资公司。我国第一家中外合资的快递企业是DHL与中国对外贸易运输总公司于1986年合资成立的中外运-敦豪国际航空快件公司。

除了具有国营性质的中国对外贸易运输总公司与各国际快递巨头成立合资快递企业之外,这一阶段发生的另一个重要事件便是1985年中国第一家专门经营快递业务的企业——中国邮政快递服务公司的成立。中国邮政快递服务公司是国有企业,不仅提供国际快递业务,而且经营国内快递业务。中国邮政快递服务公司成立后,迅速在国内和国际两个市场中占据了主导地位。直到20世纪90年代上半期,中国邮政特快专递(EMS)几乎是国内快递业务的唯一经营者,在国际市场,EMS也在较长一段时期占据50%以上的市场份额。

在中国邮政快递服务公司成立的第二年,也就是1986年,我国第一部《邮政法》正式颁布实施,这部法律最重要的内容之一就是规定了邮政专营的范围,指出"信件和具有信件性质的物品的寄递业务由邮政企业专营"。受当时政治和经济发展大环境因素的影响,第一部《邮政法》并未对民营企业经营快递业务做出相应规定,也就是说,当时国内除了中国邮政快递服务公司之外的其他快递企业都还没有取得正式的法律地位。

(二) 第二阶段(20世纪90年代):民营快递企业出现并渐露锋芒

进入20世纪90年代,我国改革开放进程进一步加快,各领域改革不断深化,特别是在1992年邓小平发表"南方谈话"之后,全国各地要求加快改革开放步伐的呼声不断高涨,我国经济又进入了一个新的发展黄金期。作为改革开放排头兵的珠三角地区和具有区位优势的长三角地区自然而然地成为新一轮经济发展的获益区域,国际制造业纷纷落户这两大地区,极大地促进了当地的贸易发展。此外,这两个区域内的市场竞争也日趋激烈,企业业务量地不断上升使其对商务文件、样品、目录等物品传递配送的需求不断加大,对实物配送的快捷性、方便性等要求也日益提高。在这样的背景下,长三角地区和珠三角地区的民营企业率先抓住机遇,顺势而上,我国第一批民营快递企业应运而生。

---

① 张兵.快递概论[M].北京:中国商务出版社,2006.

1993年,上海申通物流公司和顺丰速运公司分别在浙江和广东挂牌成立,民营快递企业的出现可以说是历史的必然,因为当时经济的快速发展使越来越多的企业对快递服务的需求增加,而仅仅依靠EMS难以满足这些需求。作为民营快递领域的先行者,申通、顺丰等企业看准这一市场机遇,率先突围,并且以非常快的速度发展起来。因此,在20世纪90年代中后期,民营快递企业的异军突起成为这一阶段快递业发展的最大特征,并极大地影响了之后中国快递业的发展水平和市场结构。

(三) 第三阶段(21世纪的前10年):快递业得到长足发展,市场竞争日趋激烈

进入21世纪,对于中国经济来说,最大的一件事莫过于2001年11月10日中国正式加入世界贸易组织(WTO)。通过改革开放前20年的发展积淀,加入WTO更加快了我国参与国际市场竞争的步伐,各领域合作得到进一步拓展和深化。根据加入WTO时的承诺,我国于2005年对外资开放了快递和物流领域的市场,自此中国快递业进入了全面对外开放的新时期。外资快递企业特别是国际快递业巨头都瞄准了中国巨大的市场空间,联邦快递、联邦包裹、敦豪国际等纷纷入驻中国,在中国不断参与合资、并购或独资,加快拓展中国市场。美国的UPS、荷兰的TNT和日本的ANS分别在2004—2010年收购或买断了之前中外合资公司中的股份,将中外合资企业转变为全外资企业。到2007年,四大国际快递企业已经占据中国国际快递90%以上的市场份额。

加入WTO之后,全面向外资开放快递市场对中国快递业产生了巨大影响,不论是国有快递企业,还是民营快递企业,都在思考如何应对外资企业涌入所带来的挑战。在市场竞争日趋激烈的背景下,中国快递业在得到较快发展的同时,一些制约行业可持续发展的问题也开始集中涌现,并受到社会各界的关注。

(四) 第四阶段(2010年至今):中国快递业在高速发展和激烈竞争中不断改革与转型

进入21世纪的第二个10年,中国快递业依旧没有减弱其发展势头,相反这一势头变得更加迅猛。特别是2010年以后,在中国经济增速放缓的背景下,快递业依旧能够连续多年保持高速增长,这在国民经济各行业中是少见的,究其原因主要是电子商务在进入21世纪第二个10年以来的快速发展。2010年被业界称为"中国电子商务元年",刚刚走出全球金融危机影响的中国电商企业纷纷在美国上市,越来越多的传统品牌企业也在这一年开始涉足电子商务领域,"网购"渐渐成为一种被大众所接受和习惯的消费方式,"线上预定,线下配送"使快递成为人们生活中越来越不可缺少的一部分。近几年,以阿里巴巴和京东为代表的电商企业推出"双11"等网上促销活动,更让"快递"频频成为新闻热词。在网购等新的消费方式和服务业态不断出现的背景下,快递作为线下实现商品配送的主要方式,越来越凸显出不可替代的重要作用。特别是近年来,国家着力推进农村电子商务,这又为快递企业带来了新的发展机遇,快递向农村延伸,进入农村市场服务"三农"也成为当前乃至今后一个时期快递业关注的焦点。现在,各大快递企业纷纷为抢夺国内快递市场发力,行业竞争依旧十分激烈。与此同时,消费者对快递服务的要求也日渐提高,快递业本身也在进行不断地改革和转型,单一的价格战或不择手段抢占市场份额已经不能适应今后快递业可持续发展的要求,快递领域出现的一系列新问题也在不断拷问着监管者。总之,今后一个时期是中国快递业转型升级的关键期,不论是快递企业还是行业监管者,都面临着如何让中国由快递大国向快递强国转变的艰巨任务。为了推动快递业朝着更加有序、高效、绿色的方向发展,作为行业监管者的政府责无旁贷,必须审慎、负责地从各方面采取措施,化解目前快递市场出现的各种问题,积极应对各种风险和挑战。

二、我国快递业的发展现状

中国快递业的蓬勃发展引起了社会各界的广泛关注,以下从三个方面来分析中国快递业的发展现状。

(一)快递业在国民经济和社会发展中的作用和地位

快递业作为现代服务业的一股新兴力量,在服务经济社会,惠及百姓民生中发挥着越来越重要的作用。特别是 2010 年以来,随着行业的高速发展和快递服务能力的显著增强,快递业在加速流通、扩大内需、调整结构、吸纳就业、普惠民生等方面的作用日益显现。以《2017 年快递市场监管报告》中的一组数据为例:2017 年,我国快递业务量达 400.6 亿件,同比增长 28%,占世界份额的 40%以上,连续四年稳居世界第一;快递日均服务人次 2.2 亿,相当于全国每天 7 个人中有 1 个人使用快递;快递业全年累计支撑网上商品零售额 5.5 万亿元,服务制造业产值 2 000 多亿元,带动农副产品进城和工业品下乡超 6 000 亿元。上述宏观经济数字表明,快递带动经济社会发展的效益正在日益显现。

近年来,快递业对我国国民经济和社会发展的作用也越来越受到国家的重视。李克强总理近几年多次考察快递企业,并主持召开国务院常务会议专题研究快递业发展和行业监管等议题。2014 年的《政府工作报告》首次提出要促进快递业发展。2014 年 9 月 24 日,国务院常务会议对快递业进行了重新定位,提出"快递业是现代服务业的关键产业,是推动流通转型,促进消费升级的现代产业,是物流领域的先导产业。"这一定位将快递业在整个国民经济发展中的作用提升到了一个新的高度。2015 年 10 月 14 日,国务院常务会议专题研究促进我国快递业发展的措施,会议指出"加快发展快递业,可以便利群众生活、降低流通成本、服务创业创新,对于扩大内需和就业、促进结构优化、提高新型城镇化质量具有重要意义。"会议从五个方面确定了今后一段时期推动我国快递业转型升级、更好服务经济社会的政策措施。2014 年,国务院相继出台了《关于加快发展生产性服务业促进产业结构调整升级的指导意见》《物流业发展中长期规划(2014—2020)》以及《关于促进内贸流通健康发展的若干意见》三份重要政策文件。2015 年 10 月,国务院又出台了《关于促进快递业发展的若干意见》。这些重要文件的出台为快递基础设施的完善、产业协同发展与升级、通关便利等提供了政策支持,同时也充分显示了快递业在我国经济社会发展全局中的重要作用。

(二)我国快递市场的主要组成部分

当前,我国快递市场主要由三大力量组成:国有快递企业、民营快递企业和外资快递企业。

1. 国有快递企业

近 10 年来,国有快递企业在国内快递市场中所占份额虽逐年下降,但其凭借着几十年的发展历史和较为完善的基础网络,依然是我国快递市场中的重要力量。目前,我国拥有多家国有快递企业,如邮政特快专递(EMS)、中铁快运股份有限公司(CRE)、民航快递有限责任公司(CAE)等,其中邮政 EMS 在我国快递市场中占有重要地位,是最典型的国有快递企业。

2. 民营快递企业

民营快递企业按照其业务量、业务收入以及知名度等又可以划分为大型民营快递企业和中小型民营快递企业。大型民营快递企业多在 20 世纪 90 年代中后期起步,经过十几年的发展已经成长为我国快递市场的中坚力量,其社会知名度也在不断提高,如业务量在 2013 年已经超过10亿件的顺丰速运、申通快递、圆通速递以及韵达速递这四家民营快递企业,已经被广大消费者所熟知,其资产规模也早已在亿元人民币之上。这些大型民营快递企业初期往往只在某个区域范围内具有很强的优势,之后才向全国市场发起进军。当然,除了"三通一达"这样的大型民营快递企业外,一些中小型民营快递企业也在不断涌现和发展,其最大的特点就是数量众多,分布在全国各地,业务量、业务收入和服务范围相对较小,硬件设施、管理水平以及信息化建设等方面也相对落后,但是它们的发展潜力巨大,往往只承担同城快递业务或者省内快递业务。这些中小型民营快递企业尽管难以与大型快递企业匹敌,但也是我国快递市场的重要组成部分,它们对于盘活快递市场,补充大型民营快递企业短板具有重要作用。

3. 外资快递企业

德国敦豪快递服务公司(DHL)、美国联邦快递公司(FedEx)、美国联合包裹速递服务公司(UPS)和荷兰天地(TNT)被称为全球快递业的四大巨头。现在,这四大快递公司均已进入中国市场,并开展相关业务。四大快递公司成立较早,具有丰富的市场运作经验和相对完善的全球服务网络,加之其本身所具有的雄厚资金和硬件基础,因而在国际快递市场上具有较强的竞争力,但外资快递企业在我国国内快递市场上所占份额只有1%左右。2014年9月,我国全面向外资企业开放国内快递市场,进一步为中外快递企业营造了公平竞争的环境。

(三) 我国快递市场的市场规模和结构

近几年,我国快递业连年保持高速增长态势,业务量不断创出新高。特别是2014年,我国快递业务量首次突破100亿件,达到139.6亿件,首次超越美国,跃居世界第一。2017年,快递业务量达400.6亿件,同比增长28%,快递业务收入4957.1亿元,同比增长24.7%,快递业务收入占邮政业务收入74.9%,五年提高了18.3%[①]。此外,根据有关部门的审计,快递业对GDP的直接贡献率由2010年的0.13%提高到2015年的0.37%,间接贡献率由2010年的0.33%提高到2015年的1.37%[②]。无论是从业务量还是从业务收入上,我国快递市场规模都呈现出不断扩大的趋势,其对国民经济的贡献也会越来越大。

我国快递市场经过近40年的发展,已经成为国民经济不可或缺的重要组成部分。我们可以从区域结构、业务结构和主体结构三个方面来认识我国快递业的市场结构。

快递业的区域结构。我国快递市场根据地域可以划分为东、中、西部三大板块,区域结构相对稳定,但存在着三大区域发展不平衡的现象。2017年,东部地区快递业务量325亿件,增长28.3%,占全国比重81.1%;快递业务收入4 011.9亿元,增长24.4%,占全国比重80.9%。其中,长三角地区和珠三角地区撑起快递业务的"半壁江山",业务量和业务收入分别占全国总量的56.8%和59.5%。中部和西部地区快递业务量分别为46.3亿件和29.3亿件,快递业务收入分别为534.2亿元和411亿元。由此可见,我国快递市场区域结构上存在的不平衡。

快递市场的业务结构。目前,我国已经形成了国内(异地)快递、同城快递、国际及港澳台快递三大业务板块。从目前来看,国内(异地)快递业务无论从业务量上还是从业务收入上都在这三大业务板块中占主导地位,其次分别是同城快递和国际及港澳台快递业务。在国内快递市场,民营快递企业发展迅速,特别是顺丰速运和"三通一达"等大型民营快递企业在国内快

---

① 国家邮政局网站.2017年快递市场监管报告[EB/OL]. http://www.spb.gov.cn/zy/xxgg/201807/t20180711_1604873.html,2018-07-11/2018-07-20.

② 国家邮政局发展研究中心网站.2016年中国快递发展指数摘要[EB/OL]. http://www.spbdrc.org.cn/yjcg/sjdcfx/201802/t20180211_1490790.html,2018-02-11/2018-07-20.

递市场中所占份额越来越大,而随着中国加入WTO并全面向外资企业开放国内快递市场,一些国际快递企业为了抢占中国巨大的市场份额,也在加快进军中国市场的步伐。因此,国内快递市场的竞争将会愈发激烈。而在同城快递方面,主要表现为中小民营企业之间的竞争,国内超过70%的同城快递市场份额被民营快递企业占据,而目前已经得到国家邮政局批准许可经营快递业务的民营企业已经达数千家,因此同城快递之间的竞争也将非常激烈。对于国际快递业务来说,我国国际快递市场的市场集中度一直都比较高,四大国际快递企业占据了约80%的市场份额,而国内快递企业所占市场份额已经由20世纪90年代的90%下降到现在的不足10%。

快递市场的主体结构。市场的主体结构反映了市场主体在市场中的地位、规模和数量比例关系,我们可以通过行业集中度[①]来分析一个市场的主体结构。我国快递市场经过近40年的发展,市场竞争水平不断提高,特别是伴随着国家一系列推进快递物流业发展政策的出台,我国快递市场的主体结构进一步优化。2017年,快递与包裹品牌集中度指数CR8为78.7,行业规模经济效应更加显著。品牌化、集团化的综合性快递运营商和精细化、集约化的中小快递服务商稳定发展。

延伸阅读

"双11"期间的中国快递业[②]

2018年11月11日,根据国家邮政局监测数据显示,主要电商企业全天共产生快递物流订单13.52亿件,同比增长25.12%;全天各邮政、快递企业共处理快递4.16亿件,同比增长25.68%,再创历史新高。

2019年,主要电商平台促销力度不减,加之微商拼团模式平台成为电商集中促销的新生力量,促进了旺季快递业务需求增长。为做好旺季服务保障工作,邮政全行业将有超过300万名一线人员投入旺季服务中,转运中心、车辆等能力扩充20%,行业自有全货机达到110架,高铁运快递的路线已突破400条。快递电子运单普及率已超过90%,"小黄人""蓝精灵"等自动化分拣、无人仓和智能分拣机器人逐渐规模化使用。科技投入不断加大,有的企业科技研发费用占比已经超过5%,行业科技人员已近万人,科技应用甚至将快件量的预测提升至城市、行政区,甚至提升至每一个派送网点、每一条流向、每一位快递小哥,极大地提升了行业的抗压能力。

在压力较大的投递末端,全行业正在积极探寻多元方式释放压力。随着"快递入区"工程有效推进,全国范围内已建设4.7万个快递末端公共服务站点,投入运营近30万组智能快件箱,以住宅投递、智能快件箱投递和公共服务站投递等模式互为补充的末端投递服务新格局已初步形成。值得一提的是,实施快递末端网点备案管理以来,10万多末端网点获得合法身份,这将有效缓解末端投递压力。但是,与高位业务量相比,末端投递力量仍显不足,尤其是广大西部及农村地区压力依然巨大。

---

① 行业集中度:又称行业集中率或市场集中度,是指某行业的相关市场内前n家最大的企业所占市场份额(产量、产值等)的总和,是对整个行业的市场结构集中程度的测量指标,用来衡量企业的数目和相对规模的差异,是市场势力的重要量化指标。

② 国家邮政局网站.11月11日全国处理4.16亿快件,同比增25.68%[EB/OL].http://www.spb.gov.cn/xw/dtxx_15079/201811/t20181112_1693545.html,2018-11-12/2018-12-4.

与此同时,为助力中国商业实现"买全球、卖全球",积极服务"一带一路"倡议,邮政业加强布局全球服务链,努力实现"运全球、送全球"。行业企业携手海关升级清关效率,有的保税区甚至可以实现"秒级清关",增加海外包机、跨境直邮线路和海外仓等多种服务,在重点海外业务地区提升末端配送能力。以俄罗斯为例,已有2 000余个自提柜覆盖俄罗斯境内的390个城市,极大地提高了海外的履约效率。

国家邮政局相关负责人表示,全行业已经是第10次应对业务旺季,并成为常态化发展任务。国家邮政局将持续发挥"错峰发货、均衡推进"工作机制的基础性作用,同时重点利用大数据技术实施更加精准、科学的业务量及流量流向信息预测分析,全程组织调度、监测监控全网运行情况,提升行业各类资源投入的针对性和匹配度。在强化安全保障方面,将严格落实收寄验视、实名收寄、过机安检"三项制度",坚持旺季实名收寄要求不降低。同时,国家邮政局的工作人员再次呼吁大家,对繁忙中的快递小哥多一份关怀、多一分理解。

三、我国快递市场的参与主体

要想深入了解我国快递市场的运行机制,就必须对我国快递市场的参与主体及其行为特征有清晰的认识。在我国,政府监管部门、快递企业、快递行业组织、消费者以及媒体等其他社会性监管力量是快递市场运行的主要参与者。这些参与者之间的相互关系构成了我国快递市场运行的基本框架。其中,政府职能部门是监管主体,承担着规范快递市场,并对快递企业、行业组织以及消费者等监管客体进行监管的责任。各相关主客体之间的关系如图1-2-1所示。

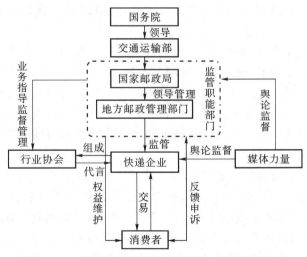

图1-2-1 我国快递市场运行的参与主体及其关系

第一,我国快递市场的监管主体为国家邮政局和地方各级邮政管理部门。其中,国家邮政局接受国务院和交通运输部领导,国家邮政局对地方各级邮政管理部门进行管理,地方邮政管理部门需要执行国家邮政局的各项政策。

第二,快递企业是指在我国境内从事快递经营业务的所有企业,包括国有、民营和外资等各种属性的企业。快递企业接受国家邮政局和地方各级邮政管理部门的监管,向消费者提供各种快递业务或服务。同时,快递企业是我国快递行业组织的主要组成力量。

第三,快递行业组织在一定程度上可以对行业内的快递企业进行自律性监管,同时也是我国快递企业的代言人,为快递企业提供相关服务。在我国,快递行业组织要接受邮政监管部门的业务指导和监督管理。

第四,消费者因为使用快递服务与快递企业产生交易上的关系。消费者可以向邮政管理部门反映自己在使用快递服务时遇到的各种问题,也可以向媒体等其他社会性监管力量反映自身诉求。

第五,以媒体、社会组织为代表的其他社会性监管力量虽不是我国快递市场监管的职能部门,但可以凭借自身特点通过曝光、新闻调查、报道等方式对快递企业进行间接监督。在新媒体时代,媒体等社会性监管力量的作用不容小视。

(一) 政府监管部门

从经济角度分析,我国政府对快递市场进行监管是希望快递业能够继续保持高速发展的良好势头,实现与电子商务等相关产业的协同发展,通过监管推动市场规模的进一步扩大和市场结构的逐步优化,同时能够促进快递市场充分、有序竞争,保证我国快递业稳定健康发展,从而为我国经济社会发展做出更大贡献。从社会目标角度分析,快递服务与老百姓生活密切相关,快递越来越成为人们生活中不可缺少的一项基本服务。政府职能部门对快递市场进行监管就是要最大限度地减少或消除快递市场中的各种市场失灵,当消费者合法权益受到侵害时,政府监管部门将成为消费者的代言人,保护消费者的合法权益,维护社会公平正义。此外,快递市场运行的各个环节都或多或少涉及安全问题,国家对快递市场的监管也旨在确保快递市场运行能够安全可靠,杜绝重大安全事故的发生,从而保障人民群众的生命财产安全,促进社会和谐稳定。因此,无论是从经济角度还是从社会角度,政府作为公共利益的代表和维护者,其行为原则都希望实现公共利益和社会福利最大化,所以政府应该是负责任的快递市场监管主体。

作为我国邮政业的基本法,新修订的《中华人民共和国邮政法》对我国快递市场监管主体进行了规定。《邮政法》第四条规定"国务院邮政管理部门负责对全国邮政普遍服务和邮政市场实施监督管理。省、自治区、直辖市邮政管理机构负责对本行政区域的邮政普遍服务和邮政市场实施监督管理。按照国务院规定设立的省级以下邮政管理机构对本辖区的邮政普遍服务和邮政市场实施监督管理。"这一规定从法律上明确了我国快递市场监管主体是国家邮政局和地方各级邮政管理部门。

监管主体的基本职责反映了其监管行为。对于国家邮政局来说,其监管职责主要包括:拟定邮政行业的发展战略、规划、政策和标准,提出深化邮政体制改革和促进邮政与交通运输统筹发展的政策建议,起草邮政业法律法规和部门规章草案;负责快递等邮政业务的市场准入,维护信件寄递业务专营权,依法监管邮政市场;负责邮政行业安全生产监管,负责邮政行业运行安全的监测、预警和应急管理,保障邮政通信和信息安全;负责邮政行业统计、经济运行分析和信息服务,依法监督邮政行业服务质量;代表国家参加国际邮政组织,处理政府间邮政事务,拟定邮政对外合作和交流政策,处理邮政外事工作,按照规定管理涉及港澳台地区工作;垂直管理各省(自治区、直辖市)邮政管理局;承办国务院及交通运输部交办的其他事项。各省、自治区、直辖市邮政管理部门的主要职责包括:贯彻执行邮政行业法律法规、标准和政策;已发施行本行政区域内快递等邮政业务市场准入制度;监督管理本行政区域邮政市场。市(地)一级邮政管理局的主要职责包括:贯彻执行国家邮政法律法规、方针政策和邮政服务标准,研究拟定本地区邮政发展规划,监督管理本地区邮政市场以及邮政普遍服务和机要通信等特殊服务的实施,负责行业安全生产监管、统计等工作,保障邮政通信与信息安全,承办上级邮政管理部门和地方各级人民政府交办的其他事项。

近年来,我国快递行业中的市场失灵问题逐渐增多,政府部门的监管力度也不断加强。以2014年国家邮政局的监管实践为例,2014年,国家邮政局在快递市场法律法规建设上开展了多项工作,2月,国家邮政局主持召开《快递条例》专家座谈会,就即将出台的《快递条例》征求专家学者意见;3月,连续出台《无法投递又无法退回快件管理规定》《寄递服务用户个人信息安全管理规定》和《邮政行业安全信息报告和处理规定》三项部门规定;5月,发布《快递业务经营许可注销管理规定》;6月,又出台《经营快递业务的企业分支机构备案管理规定》。在监管实践上,2014年3月,国家邮政局就进一步加强寄递渠道安全监管工作进行再动员、再部署和再要求,强调无论是企业还是管理部门都要守土有责,全国上下要形成横向和纵向的责任体系;8月,国家邮政局部署新时期快递业务经营许可工作;同月,国家邮政局推出了邮政业消费者微信申诉平台;11月,由国家邮政局参与的督导检查组赴广东省督导检查禁毒工作。国家邮政局的上述活动集中体现了作为快递市场监管主体需要依法履行监管职责,加强快递市场监管。

(二)快递企业

快递企业是指从事快递经营业务的营利性组织。所谓快递经营业务,一般来说指的就是快递企业通过公路、水运或航空等运输方式,运用自身网络或其他企业的网络资源,在国内或国际范围内完成快件的揽收、分拨、封发、转运、投送、信息录入、查询等基本活动。观察各大快递企业的经营业务后可以发现,各企业的业务类型和服务内容大同小异。例如,申通快递的主要业务有三类:①标准业务,包括市内件、省际件、国际件、特色服务等;②仓配一体化业务,主要面向电商客户;③代收货款业务。我国实行快递市场准入制度,也就是由邮政管理部门批准有资质的快递企业从事快递经营业务。《快递市场管理办法》第九条规定:国家对快递业务实行经营许可制度。经营快递业务,应当依照《中华人民共和国邮政法》的规定,向邮政管理部门提出申请,取得快递业务经营许可;未经许可,任何单位和个人不得经营快递业务。为了保障快递市场有序健康发展,国家对快递市场进行监管,监管对象主要就是各大快递企业,监管内容则涉及快递企业经营业务活动的各个方面,从快递企业的审批设立,到相应寄递业务流程的安全监管,再到快递服务质量等。

快递企业作为以盈利为目的市场组织,其行为和活动呈现出与政府和第三部门不同的特点,主要表现在以下几个方面。

第一,部分快递企业仍存在失信和违规行为。诚信是做人之本,诚信同时也是市场经济发展的根基和灵魂,失去诚信的市场经济就不能称之为完善的市场经济,由缺乏诚信而导致的信用危机将会给经济社会发展带来严重危害。因此,建立一个诚信的市场经济体系势在必行,作为市场经济重要成员的企业,也要讲信誉,规范自身行为,为诚信市场体系的建设作出贡献。但是,由于我国社会主义市场经济发展相对不完善、企业经营的逐利性以及市场诚信监督惩罚机制的不健全,导致现阶段我国市场中企业失信和违规现象屡见不鲜。多年前的"三鹿奶粉"事件、"双汇瘦肉精"事件,再到近年发生的"毒疫苗"事件等都充分暴露出一些企业置商业诚信于不顾,做出了有违商业道德和法律规范的错误行为。对于尚处于发展上升期的中国快递业来说,不少快递企业也存在着各种各样的失信和违规行为,除了快件丢失、损毁、延误等问题之外,还包括价格不透明、索赔及售后服务困难、先签字再验货以及拒绝送货上门等问题。2016年3月15日,中央电视台"3·15晚会"上曝光了多家快递企业网点明码标价参与电商"刷单"的现象,再一次引起了人们对快递行业诚信问题的广泛关注。快递企业"刷单""空包刷信誉"

等行为显然违背了商业诚信,扰乱了正常的市场秩序,属于违法行为。"刷单"问题的曝光从侧面反映出我国快递企业还普遍存在"逐利忘义"的问题,对于快递企业失信和违规行为的监管将是快递市场监管的重点和难点。

第二,快递企业经营行为受到来自政府等各方面力量的监督制约。我国实行快递市场准入制度,快递企业从事快递经营业务首先需要向邮政管理部门提出申请,经审核资质合格并颁发经营许可证后才可以从事相关业务,并且其经营业务的范围、种类也有严格规定,同时快递企业的经营活动要接受政府职能部门的监督管理。在一定程度上,快递企业与政府监管部门存在一种博弈关系,因为快递企业的经营决策受到政府监管的影响,而政府的决策也需要考虑快递企业的策略集合,政府和快递企业的行动已经不是简单的理性经济人假设下的利益最大化,在实践中,双方都需要根据对方的策略确定自己的策略集合,因此二者的博弈无处不在。此外,快递企业除了受到政府的监督和影响之外,其行为决策还受到行业组织、消费者以及其他社会监督力量的影响,快递企业与上述主体之间同样存在博弈关系,对于快递企业与政府监管部门、消费者以及其他社会性监督力量之间的博弈分析详见本章第三节"思考与讨论"部分。

(三) 行业组织

行业协会是行业组织[①]的一种,是不同于政府和企业的第三方中介组织。行业协会一般由同一行业内的公民、法人或其他组织在自愿基础上,本着共同利益诉求而组建,通过成立行业协会来促进本行业的共同利益。行业协会是本行业成员利益的代言人和维护者,同时也代表本行业实现与政府、消费者的沟通。行业协会可以代表本行业向政府反映自身诉求,弥补了单个企业在与政府进行沟通时的相对弱势,搭建起了政府与行业成员之间沟通的桥梁。同时,行业协会也可以接受消费者对行业成员的合理建议、投诉与反馈,协调全行业与消费者之间的关系。除此之外,行业协会也是实现行业自律的重要载体。相对于政府监管,行业协会通过自律形式规范本行业内成员的行为具有不少优势:首先,基于行业协会的行业自律具有更强的灵活性,政府对某一行业的监管往往需要通过立法、表决等相对较长的过程才能实现,并且受政府组织层级的影响,监管的执行也相对缓慢,而行业协会可以根据环境的改变更加迅速、灵活的修改协会章程从而实现行业自律;其次,基于行业协会的自律行为成本相对较低,这是由于行业协会在实现与本行业内成员组织沟通协调上具有比政府更加便利的条件;最后,行业协会制定的行业规章更加便于执行,与政府相比,行业协会对本行业的发展以及协会成员企业的实际情况更加了解,因此其制定的规章制度的专业性、操作性与适应性都比较强,宜于被行业成员所接纳,所以更容易取得实际效果。因此,在现代社会中,行业协会是弥补政府监管不足的有益力量,各国都在鼓励包括行业协会在内的各种行业组织的建立。

进入21世纪的第二个10年,快递业逐渐成为我国经济发展中的一匹"黑马",大量快递企业成立,市场规模不断扩大,从客观上要求我国快递业拥有自己的行业组织。尽管我国快递业发展历史不长,快递行业组织起步较晚,但在30多年的发展历程中,我国各省、自治区和直辖市都相继成立了省一级的快递协会。在此基础上,中国快递协会于2009年2月11日在北京成立,这是我国第一次成立全国性的快递行业组织,对于快递市场发展来说具有里程碑式的意义,它标志着我国快递业"政府监管、行业自律和社会监督"三位一体市场监管模式的初步形成,对于提高快递市场监管的有效性,促进行业健康有序发展起到了重要作用。

---

① 行业组织包括行业协会、商会、同业公会、企业联盟以及经济组合等多种形式。

和其他国家一级行业组织类似,中国快递协会是经中华人民共和国国务院批准,并在民政部登记注册的全国性非营利社会组织。中国快递协会要接受交通运输部、国家邮政局和民政部的业务指导和监督管理。中国快递协会的成员是由全国范围内具有一定资质条件的提供快递服务的企业及与快递服务有关的企业、个人和其他组织自愿参加组成。截至2017年,共有290余家会员单位及个人会员,会员单位中既有国营快递企业,如中国邮政速递物流公司、民航快递、中铁快运,也有民营快递企业如顺丰、申通、圆通、宅急送等,也包括在华投资的国际四大快递企业UPS,FedEx,DHL和TNT,以及快递行业上下游企业。

各级快递协会的主要功能集中以下几个方面。

第一,协助并监督政府对快递市场的监管。首先,快递协会能够协助政府对快递市场进行监管。中国快递协会以及各地方快递协会作为本行业内的专业性组织,掌握着我国快递市场的大量信息,因此能够为政府对快递市场相关问题的决策提出参考意见,从而减少政府决策失误。当政府出台相关政策时,快递协会又能够协助政府促进相关政策的落地实施,由于快递协会在行业内拥有特殊地位,政府的一些政策措施通过行业协会得到更好的执行。除此之外,《中国快递协会章程》第六条中明确规定了该协会可以接受来自政府方面的委托,包括依据《中华人民共和国邮政法》并结合快递服务的特点制定行规行约,参与与快递服务相关的发展政策、规划、标准和法律法规的制订工作以及开展行业服务质量测评、企业等级评定、快递服务标准宣贯、企业资质审核和先进表彰活动等。快递协会通过接受政府委托的方式实际上也行使了部分公共职能,其所做的工作对政府监管是一种协助和补充,对于加强快递市场规范化管理,促进行业健康有序发展起到了十分重要的作用。其次,快递协会除了能够通过各种方式协助政府监管以外,还可以对政府权力行使进行监督。由于快递协会拥有参与政府决策的机会,因此就可以利用各种发表建议、提出意见的机会对政府部门的市场管理活动进行监督,及时发现政府监管过程中出现的各种诸如权力寻租等的监管失灵现象,并向有关部门反映,促进快递市场监管的公平、公正和公开。

第二,推动行业自律,促进快递业健康发展。快递协会是实现快递行业自律的主要载体,推动行业自律也是快递协会的立身之本。我国各级快递协会的一个重要功能就是规范本协会内成员企业的行为,推动我国快递市场稳定、健康、有序发展。一方面,快递协会将根据国家及法律的相关要求,督促成员企业贯彻落实国家针对快递行业出台的一系列方针政策、法律法规、行业规划与标准;另一方面,快递协会将根据国家有关要求和快递行业的发展实际,制定一系列行业规范和约定,并督促企业落实执行。通过以上方式,快递协会逐步建立起行业自律性运作机制,并不断强化行业自我管理,促进快递市场的公平竞争和有序发展。

第三,推动行业研究,服务行业成员。我国快递协会还承担着研究快递业运行和发展的智库功能。快递协会定期开展行业学术交流、各类培训、业务考察以及会议会展等活动,同时面向全行业开展法律、政策、技术、管理、市场等咨询服务,这些工作有助于行业协会对本行业的发展情况和面临的问题有全面、科学的认识,从而为行业发展提供政策建议。从2011年开始,中国快递协会已经连续多年承办了中国快递论坛,并多次举办各类与快递相关的学术会议、企业座谈会等,这些都为服务本行业成员,促进行业高质量发展发挥了重要作用。

第四,其他功能。除了以上三个主要功能外,我国各级快递协会还具有其他一些功能。例如,快递协会能够协调成员企业与消费者、其他组织之间的关系,在一定程度上帮助会员企业解决与消费者或其他组织之间的纠纷。快递协会还承担着一部分向全社会公开本行业及成员单位发展信息的功能,并且依照有关规定办好网站和相关刊物,收集整理国内外市场信息和企业经营管理等方面的资料,为会员提供信息交流与服务等。

我国快递行业组织发展起步晚,在自身发展中还存在一些不足。

首先,我国快递协会的体制建设还不完善。我国各级快递协会的行政色彩较为浓厚,快递协会还不能摆脱政府的影响,在协会的人事安排、活动经费方面仍然受到较大的制约。目前,各级快递协会的主要负责人仍然是政府在职或退休的主管交通运输或邮政业的官员,快递协会多是围绕政府交办的各类事项开展工作,缺乏自主性,快递企业在协会内的地位有待进一步提高。

其次,我国快递协会的社会形象和组织权威有待进一步提升。提升组织的社会形象和权威是所有行业组织发展的主要目标,良好的社会形象和组织威信将有助于提升行业自律水平。目前在我国快递市场,行业协会的组织权威、自身形象以及社会影响力还有待进一步提升:①中国快递协会还没有形成能够代表并影响全行业的特定权威,在政府监管部门面前,快递协会更多的是扮演了监管政策执行者的角色,并未实现真正的行业自治,对快递企业和整个快递市场的影响力明显不够;②我国快递协会目前还不能约束会员企业的各种不正当竞争行为,保障快递市场的健康有序发展,在快递企业面前缺乏权威性。

最后,我国快递协会的职能需要进一步完善,服务能力也有待提高。当前快递协会更多的还是围绕政府监管部门的活动开展工作,作为行业自治组织,快递协会还要进一步完善自身职能,特别是要发挥行业协会对各快递企业的服务职能、协调职能和监管职能,从而维护快递企业的合法权益,降低企业参与市场运行的成本,实现行业自律和健康发展。此外,由于我国快递协会自身的性质和特点,导致快递协会的工作人员福利待遇普遍不高,加之快递领域专业人才相对匮乏,使得快递协会高素质专业人才相对较少,严重制约了协会服务水平和服务能力的提升。

(四) 消费者

经济生活中,买方和卖方参与经济运行,构成了买方市场和卖方市场。在我国快递市场中,买方市场是各快递企业,而卖方市场则由所有使用快递服务的消费者组成。近几年,网购渐成常态,消费者对快递服务的需求越来越大,特别是我国人口众多,快递市场发展的潜力十分巨大。任何人只要有寄件的需求,在支付一定费用后,就可以享受到相应的快递服务,成为消费者大军中的一员。近年来,国家大力发展农村电子商务,支持快递下乡进村,广大快递企业也将目光投向具有广阔发展前景的农村地区,使广大农民也逐渐成为快递市场的主要消费群体之一。在消费者数量不断增长的同时,消费者对快递服务的要求也在不断提高,但由于我国快递业发展速度快,针对消费者权益的制度建设还不尽完善,再加上消费者维权意识淡薄,使得快递市场中消费者合法权益被损害的现象时有发生。总体来看,现阶段,快递市场中消费者的行为特征主要体现在以下三个方面。

第一,消费者对快递服务的需求旺盛,一般情况下都会对快递企业各因素进行考量后做出消费选择。根据理性经济人的观点,消费者总是希望每一次消费都能够实现"物美价廉",在快递市场中也不例外。我国有多家快递企业,消费者存在多种选择,理性的消费者会对价格、企业品牌、服务质量以及服务网点与居住地距离等多种因素进行考量后做出选择。

第二,我国消费者维权意识相对较低。由于快递市场还存在市场失灵,特别是信息不对称造成消费者在快递企业面前处于劣势,导致消费者在使用快递服务过程中合法权益被侵害的事件时有发生,而根据我国《宪法》《邮政法》《消费者权益保护法》以及《快递市场管理办法》等法律法规的规定,消费者在使用快递服务时依法享有通信权、知情权以及自主选择权,同时法律法规还保障消费者在验收快件、申诉举报、获得赔偿以及人身财产权利不受损害等方面的合法权益。但总体来看,现阶段我国消费者的维权意识还比较淡薄,在维权行为上主要呈现两方面的特点:一是部分消费者不知道可以通过哪些途径保障自己的合法权益。当自身合法权益遭受损害时,有的消费者仅仅向快递员或快递加盟网点反映问题,往往得不到满意的答复,而不知道还可以通过拨打电话向快递企业或向国家邮政局提出申诉。二是消费者维权的积极性不强,有些消费者担心自己花大量时间和精力去投诉却并不能得到满意结果,有些消费者则担心举报快递员的违规行为会不会遭到报复,这些担心的存在使很多消费者在合法权益受损时通常采取息事宁人的态度,或者刚开始时积极维权,到后期出于各种原因就不了了之。

第三,我国消费者的责任意识淡薄,快递市场中消费者不负责任的行为也时有发生。我国法律法规在明确消费者享有合法权益的同时,也规定了消费者应该承担的责任和义务,国家邮政局《禁寄物品指导目录及处理办法(试行)》中明确列举了我国法律法规禁止寄递的物品。对于这些禁寄物品,一方面快递企业有责任在收寄快件时严格执行"收寄前验视"制度,对禁寄物品一律不予寄递,并及时通知有关部门做进一步处理;另一方面消费者也有遵守国家关于禁寄、限寄物品有关规定的义务。但总有一些消费者责任意识淡薄,各地也经常出现消费者邮寄禁寄、限寄物品导致各类事故发生的新闻。例如,2013年元旦,安徽省六安市一名男子为了报复收件人,将自制爆炸装置送往快递公司,企图利用快递将该爆炸装置寄到收件人手中实施报复,然而该爆炸装置却在快递员执行验视过程中发生爆炸,导致快递员严重受伤。再如,2014年5月,南京某公司员工购买有毒化学品,并通过快递邮寄,导致快递员在收取包裹中因闻到有毒气体而中毒,并入院接受治疗。诸如上述不负责任的消费行为一方面需要政府监管部门加大监管和宣传力度,提高消费者的责任意识,另一方面还需要快递企业严格执行收寄验视制度,对违禁物品坚决不予寄递。但更为关键的是消费者要树立起遵守国家法律法规的责任意识,规范自身消费行为,和政府、企业一起以实际行动维护快递市场的安全稳定。

(五)媒体等社会力量

在"政府监管、行业自律和社会监督"三位一体监管模式中,社会性监督力量的作用正随着科技的进步和人们观念的改变而变得越来越重要。在发达国家,以媒体、消费者协会以及各种维权组织为代表的社会性监督力量在揭露和纠正企业违法违规行为、教育引导消费者、维护市场健康环境等方面所发挥的作用越来越大,作为政府监管和行业自律的有益补充,需要不断扩大媒体等社会性监管力量对市场监管的正向作用,从而推动监管模式的变革。近几年,新媒体的快速发展,使舆论监督在快递市场监管中扮演了十分重要的角色。总体来看,舆论监督呈现出以下两个主要特征。

第一,舆论监督可以在一定程度上消除快递市场监管中存在的信息不对称。快递市场中还存在广泛的信息不对称问题,快递企业与消费者之间,监管部门与快递企业之间以及消费者与监管部门之间都存在信息不对称。特别是消费者对于快递企业违法违规行为的信息缺失,更容易导致其合法权益受到侵害,同时监管部门由于无法完全了解快递企业的行为,也容易出现监管缺位、监管不及时等问题,而媒体的新闻报道则可以在一定程度上消除上述信息不对称。一方面,由于媒体在新闻的采集、报道和传播上具有独特优势,使快递企业的违法违规行为能够迅速、直观地呈现在监管部门和消费者面前,从而使监管部门和消费者能够获取到更多的信息。例如,2014年,一些媒体报道了部分快递企业在执行分拣作业时"野蛮抛扔包裹"的新闻,引起了广大消费者和监管部门的注意;2016年,中央电视台"3·15晚会"曝光了一些快递企业参与"刷单"的行为,也轰动一时。这些都充分说明媒体通过新闻报道和舆论力量在一定程度上消除了快递市场监管中的信息不对称,为监管部门和消费者提供了有益信息。另一方面,媒体能够通过新闻报道教育和引导消费者行为。当前,除了报纸、广播、电视等传统媒体,网络、微博、微信等新媒体也日益成为一股重要的力量,各类媒体平台通过多样化的方式教育、引导消费者提高消费鉴别意识,并通过制作各种专题节目的方式向消费者普及使用快递服务时应注意的事项。例如,近几年的消费者权益保护日,各大网络门户网站纷纷开辟"诚信快递、你我共建"等相关专栏,向消费者传播使用快递服务的各项权利和义务,教育引导消费者积极主动维护自身合法权益。

第二,舆论监督可以促使监管部门、快递企业以及消费者行为的改变。首先,舆论监督可以督促监管部门加强监管,防止监管不力或监管失灵。目前,快递市场监管还普遍存在监管能力不足、行政效率低下、执法不严以及各部门推诿扯皮等现象,新闻报道所形成的舆论压力可以在一定程度上督促行政部门加强监管,更好地履行监管职责。例如,近几年媒体对于"快件野蛮抛扔""快递企业违法'刷单'"以及"快递过度包装"等事件的新闻报道都引起了监管部门的高度关注,直接推动了对上述问题的治理。其次,媒体报道可以促进快递企业依照法规经营,不断提高服务质量。一方面媒体通过对快递企业违法违规行为的曝光,促使快递企业下大力气纠正自身存在的问题,另一方面媒体还可以通过对守法依规、服务水平高的快递企业加以宣传,形成对企业的正向激励作用,并带动其他企业向优秀企业学习,从而促进全行业服务水平的改善。例如,2014年由新华网主办的"寻找最美快递员"活动,对于推动我国快递行业从业人员服务水平的提高起到了积极作用。媒体的报道和宣传也可以促进消费者行为的改变,各种新闻报道、专栏节目向消费者普及了快递业的基本知识,增强了消费者的权利意识,从而当合法权益受到损害时,能够积极主动维护自身合法权益,同时也能够帮助消费者明确自己的责任和义务,意识到消费者"权责利"的统一性,规范自身消费行为。

思考与讨论

中国快递市场相关主体的博弈分析

快递市场监管涉及主体众多,但总体来看政府监管部门、快递企业和消费者是快递市场运行的基本参与主体。在现实世界中,由于各主体之间所代表的利益不同,导致其做出的行为各不相同,再加上信息不对称的广泛存在,使利益主体之间存在各种各样的博弈。那么,我国快递市场监管中各利益主体之间又是怎样展开博弈的呢?以下是利用博弈论的思想和方法对我国现实快递市场相关主体博弈行为的简单分析,从中可以看出快递市场监管过程中各主体的行为特点。

这一博弈模型来源于现实中快递市场运行的基本场景,首先对模型做出如下基本假设。

① 博弈方

本模型参与方有三个,一是政府监管部门,在本案例中主要是指对快递企业拥有监管权力的邮政管理部门;二是快递企业;三是消费者。

② 策略行动

政府监管部门的有两个可选择的策略,即"监管"和"不监管",快递企业也有两个可选择的策略,即"提供高质量快递服务"和"提供低质量快递服务"。在本模型中,提供高质量快递服务是指企业按照国家有关规定向消费者提供快速、便捷且有保障的快递服务,提供低质量的快递服务则是指企业提供的快递服务未达到甚至违反国家有关法律法规和标准。消费者也有两个可选择策略,即"申诉"和"不申诉",这里的"申诉"指的就是当快递企业向消费者提供低质量快递服务时,消费者为维护自身合法权益向邮政监管部门提出申诉并要求快递企业进行赔偿的行为;"不申诉"就是指尽管快递企业提供了低质量服务,但消费者出于各种原因(如申诉成本)未向邮政管理部门提出申诉的行为。

③ 信息

本次博弈中参与方的行动是有先后顺序的,同时博弈中信息是不完全的,后决策的一方不清楚先决策的一方会做何种选择,只知道其他参与方有哪几种选择以及各种选择出现的概率。

④ 假设条件

第一,政府监管部门对快递企业进行监管的概率为 P_1,不监管的概率为 $(1-P_1)$,同时监管需要付出一定的成本 C_1。

第二,当面对政府的监管时,如果快递企业为了避免提供低质量服务被处罚,按照国家有关规定诚信经营,积极配合监管部门并提供高质量的快递服务需要付出一定成本 C_2,概率为 P_2,同时媒体也对快递企业通过高质量服务的事迹进行广泛宣传报道,对快递企业产生正向声誉激励,使其收获一定的声誉收益 I_1。反之,如果快递企业为了短期内节约成本,冒一定风险选择提供低质量的快递服务,被监管部门发现后会处以罚款,付出罚款成本 C_3,同时快递企业的违法违规行为经媒体宣传报道后,其声誉也会遭受一定损失 I_2,这种情况出现的概率为 $(1-P_2)$。

第三,当消费者享受到高质量快递服务时,正常情况下是不会进行申诉的。消费者向监管部门进行申诉需要付出一定成本 C_4,进行申诉的概率为 P_3,也有些消费者担心申诉后不能得到满意的处理结果,反而浪费了自己的时间和精力,因此也可能选择不申诉,其概率为 $(1-P_3)$。

第四,政府监管部门在接到消费者的申诉时,能积极处理申诉,要求快递企业对消费者进行赔偿并做出整改,这时消费者能够得到一定补偿 C,同时快递企业一方面需要向消费者做出赔偿,另一方面还需要接受监管部门的再处罚,因此需要付出成本 $\varphi C_3 (\varphi \geqslant 1)$,同时媒体的宣传报道会让快递企业受到声誉损失 $\mu I_2 (\mu \geqslant 1)$。由于政府积极处理消费者的申诉,因而可以赢得一定的声誉激励 I_3,同时由于监管部门积极处理消费者申诉,因此需要付出一定成本 C_5,假定政府部门积极处理申诉的概率为 P_4。若政府部门因为各种原因不积极处理消费者的申诉,消费者通过媒体反映监管部门的不作为,导致监管部门产生声誉损失 I_4,这种情况出现的概率为 $(1-P_4)$。

第五,当消费者不申诉,但监管部门仍依法履职,通过走访调查、突击检查等方式发现快递企业提供低质量服务的情况,积极进行处理,这时监管部门需要付出一定成本 C_6,但是也能够赢得消费者的信任,特别是通过媒体的宣传后,会产生正向的声誉激励 I_5,这种情况出现的概率为 P_4。若消费者不进行申诉,监管部门也不积极处理快递企业的违法违规行为,这时消费者权益将得不到有效保障,政府监管部门因为监管失责和缺位导致其声誉遭受损失 I_6,同时假定当消费者不主动进行申诉时,就不能获得来自快递企业的赔偿 C。

第六,假定当监管部门不对快递市场进行监管,同时快递企业提供低质量服务时,快递市场中违法违规行为将普遍存在,这时因监管部门缺位和失责所造成的社会净损失为 C_7(包括政府声誉以及各种社会成本)。

在以上基本假设的基础上,我们得到如下博弈决策树,并根据博弈决策树模型分别计算本模型中政府监管部门、快递企业以及消费者的收益支付函数。表中即为根据博弈树模型计算出的节点监管部门、快递企业和消费者的收益矩阵。

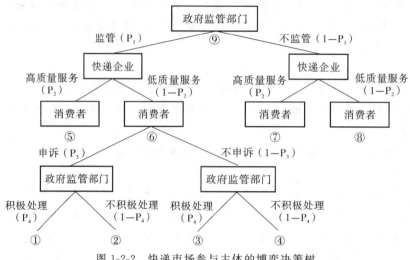

图 1-2-2 快递市场参与主体的博弈决策树

表 1-2-1 监管部门、快递企业和消费者收益支付矩阵

节点序号	收益矩阵		
	监管部门收益	快递企业收益	消费者收益
①	$I_3+(1+\varphi)C_3-C_1-C_5$	$-(1+\varphi)C_3-(1+\mu)I_2-C$	$C-C_4$
②	$C_3-C_1-I_4$	$-C_3-I_2$	$-C_4$
③	$I_5+(1+\varphi)C_3-C_1-C_6$	$-(1+\varphi)C_3-(1+\mu)I_2$	0
④	$C_3-C_1-I_6$	$-C_3-I_2$	0
⑤	$-C_1$	I_1-C_2	0
⑥	E_{11}	E_{12}	E_{13}
⑦	0	I_1-C_2	0
⑧	$-C_7$	0	$-L$
⑨	E_{21}	E_{22}	E_{23}

（注：E_{ij} 表示各参与方的期望收益，如 E_{11} 即表示监管部门的期望收益）

在博弈树及各节点收益支付矩阵基础上，对于此两阶段动态博弈模型需要通过逆向归纳法求出均衡策略。

第一，在动态博弈的第一阶段（节点⑥），根据四条博弈支树，可以分别求出监管部门、快递企业和消费者的期望收益 E_{11}、E_{12} 和 E_{13}，即：

监管部门在博弈第一阶段的期望收益为：

$$E_{11}=P_3P_4[I_3+(1+\varphi)C_3-C_1-C_5]+P_3(1-P_4)(C_3-C_1-I_4)+\\P_4(1-P_3)[I_5+(1+\varphi)C_3-C_1-C_6]+(1-P_3)(1-P_4)(C_3-C_1-I_6)$$

快递企业在博弈第一阶段的期望收益为：

$$E_{12}=P_3P_4[-(1+\varphi)C_3-(1+\mu)I_2]+P_3(1-P_4)(-C_3-I_2)+\\P_4(1-P_3)[-(1+\varphi)C_3-(1+\mu)I_2]+(1-P_3)(1-P_4)(-C_3-I_2)$$

消费者的期望收益为：

$$E_{13}=P_3P_4(C-C_4)+P_3(1-P_4)(-C_4)$$

监管部门、快递企业以及消费者三方的期望收益函数已知，接下来就要求出参与方各自的最大期望收益，对于监管部门，在博弈的第一阶段其期望函数 E_{11} 关于 P_3 的一阶导数为零，就可以求出最大期望收益 E_{11}^*；对于快递企业，使其期望函数 E_{12} 关于 P_4 的一阶导数为零，也可以求出其最大期望收益 E_{12}^*；而对于消费者来说，在博弈的第一阶段，其进行申诉的主要目的是保证自己的收益为正，因此只需要保证其期望收益 $E_{13} \geq 0$ 即可。根据以上条件可以得出：

$$P_3=-\frac{\varphi C_3+\mu I_2}{C}$$

$$P_4=\left(\frac{I_3-I_5-C_5+C_6}{I_6-I_4}-1\right)^{-1}$$

$$P_4 \geq \frac{C_4}{C}$$

第二，在动态博弈的第二阶段（节点⑨），也有四条博弈支树，同博弈的第一阶段类似，也可以分别求出监管部门和快递企业的期望收益 E_{21} 和 E_{22}，即：

监管部门在博弈第二阶段的期望收益为：

$$E_{21}=P_1P_2(-C_1)+P_1(1-P_2)E_{11}+(1-P_1)(1-P_2)(-C_7)$$

快递企业在博弈第二阶段的期望收益为：

$$E_{22}=P_1P_2(I_1-C_2)+P_1(1-P_2)E_{12}+P_2(1-P_1)(I_1-C_2)$$

监管部门和快递企业在博弈第二阶段的期望收益函数已知，根据收益函数就可以求出监管部门和快递企业各自的最大期望收益。其中，当监管部门的期望收益函数关于 P_1 的一阶导数为零时，可以求出监管部门的最大期望收益 E_{21}^*；当快递企业的期望收益函数关于 P_2 的一阶导数为零时，可以求出快递企业的最大期望收益 E_{22}^*。根据以上条件并进行计算后可以得出：

$$P_1=\frac{I_1-C_2}{E_{12}}$$

$$P_2=\frac{C_7+E_{11}}{C_1+C_7+E_{11}}=\left(1+\frac{C_1}{C_7+E_{11}}\right)^{-1}$$

最后，我们对博弈结果进行如下分析：

首先，从监管部门角度分析。由于 $P_1=\frac{I_1-C_2}{E_{12}}$，说明当 I_1-C_2 一定时，监管部门进行监管的概率与快递企业对自身的期望收益 E_{12} 有关，当快递企业对自身的期望收益越大，也就越重视自己服务水平的提升，避免因提供低质量的快递服务而遭受处罚和声誉上的损失，这时监管部门监管的概率就会越小，反之则越大。此外，$P_4=\left(\frac{I_3-I_5-C_5+C_6}{I_6-I_4}-1\right)^{-1}$，说明监管部门是否能够积极处理消费者的申诉与监管部门、快递企业以及消费者的行为均有关。当声誉激励对监管部门的影响变大，监管部门重视自身声誉并严格履职时，监管部门的声誉收益就会变大，即 I_6 和 I_5 变大，同时快递企业提供低质量服务的可能性会变小，即 I_3、C_6 和 I_4 会变小。这时，监管部门积极处理消费者申诉的概率就会变大，反之会减小。

其次，从快递企业角度分析。由于 $P_2=\left(1+\frac{C_1}{C_7+E_{11}}\right)^{-1}$，可知快递企业提供高质量服务的概率与监管部门的监管成本以及监管部门的期望收益有关。当监管部门对快递企业进行监

管的成本 C_1 越大,快递企业提供高质量服务的概率就会越小;当监管部门对于第一阶段博弈的期望收益 E_{11} 越大时,快递企业提供高质量服务的概率就会越大;当因监管部门失责而造成的社会净损失 C_7(包括监管部门的声誉损失以及各种社会成本)越大时,快递企业提供高质量服务的概率越大。

最后,从消费者的角度分析。由于 $P_3 = -\dfrac{\varphi C_3 + \mu I_2}{C}$,说明消费者进行申诉的概率与消费者因申诉获得的赔偿以及快递企业因申诉所造成的损失有关(包括罚款损失和声誉损失)。当消费者因申诉而获得的赔偿越多,其进行申诉的概率就会越大,反之就越小;当快递企业因消费者申诉而造成的损失(包括罚款成本 φC_3 和声誉损失 μI_2)越大时,快递企业就越愿意提供高质量的快递服务,从而消费者申诉的概率就会降低。

思考与讨论:从以上博弈分析中,你能得到哪些结论?试从不同利益主体的角度做出说明。你认为上述博弈模型符合快递市场监管的实际情况吗?是否可以做进一步改进?

第二章 政府监管的基本理论

在经济学界,"政府与市场的关系"或"政府干预经济"一直以来都是学者和政策制定者们关心的话题,国内外经济学家对这一问题进行了长期的研究,并在过去的200多年间诞生了一系列理论成果,形成了有关政府干预市场的多种理论流派。尽管有关政府与市场关系的理论众多,但这些理论都在围绕一个核心问题进行辩论,即"政府是否应该干预市场?"亚当·斯密等古典主义经济学派代表人物反对政府干预市场,认为市场可以凭借自己的充分竞争,即"看不见的手"而实现高效运转,政府只需要充当"守夜人"的角色;而凯恩斯等人则反对市场自由竞争,主张政府应该全面干预经济。200多年来,不同理论流派围绕这一问题展开激烈的辩论,从西方对政府与市场关系理论体系的演进历程中不难看出,其一直存在着加强政府干预和反对政府干预两种思潮。通过对政府干预市场理论发展历程以及相关代表性理论的回顾,可以帮助我们了解"政府监管"这一问题的理论来源,同时为我们运用相关理论分析具体监管问题提供一定的启示。

第一节 政府与市场关系理论思潮的演进历程

一、从自由放任到全面干预

亚当·斯密于1776年发表了划时代著作——《国家财富的性质和原因的研究》,这部被全世界经济学研究者奉为圭臬的著作标志着以亚当·斯密为代表的古典自由主义经济时代的到来,这一思想统治西方经济学界150多年,直到大萧条时代的到来。古典自由主义思想诞生之前,在英国和法国等西方发达资本主义国家占统治地位的是"重商主义"思想。重商主义思想的核心是强调一个国家财富的积累,而衡量国家富有程度的标志就是贵金属的保有量。因此,重商主义者想当然地认为较高的货币积累就是经济繁荣,一个国家为了保证货币积累就要大力发展对外贸易,并使对外贸易常年保持顺差,以保证贵金属能够流入本国。由于重商主义者如此看重财富积累和对外贸易,因此其特别重视国家对经济的干预,主张政府制定政策的目标就是要保证本国财富的净流入,因而需要政府干预经济并制定保护本国商人、限制外国商人的经济政策。当时间推进到17世纪中叶,伴随着英国资产阶级革命的胜利,其国内资产阶级势力不断壮大,资本主义经济得到极大发展,特别是工业革命的到来使英国的社会生产力实现了极大飞跃,英国国内大部分商人都变成了产业资本家,客观条件的改变使重商主义越来越不符合时代的要求,英国资产阶级对重商主义和贸易保护主义的限制也越来越感到不满,他们要求解除政府对经济的干预,实现市场的充分竞争。在这样的背景下,古典自由主义经济思想应运而生。

提到古典自由主义经济思想就不能不提亚当·斯密,正是这位在西方经济学史上占有十分重要地位的经济学家开创了古典自由主义之先河,其思想至今仍然在世界经济发展中释放着独特的影响力。斯密反对重商主义国家干预经济的理论，主张"自由放任"，即经济应该实现充分的自由竞争，政府作为守夜人不应该干预市场。斯密在其《国家财富的性质和原因的研究》一书中指出："我们完全有把握相信，自由贸易无须政府注意，也总会给我们所需的葡萄酒；我们可以同样有把握地相信，自由贸易总会按照我们所能够购入或使用的程度，给我们提供以流通商品或用于其他用途的全部金银[①]。"斯密对政府干预经济的作用和动机表现出了极大的怀疑，反对国家通过各种手段插手经济运行，同样是在该书中，斯密指出"什么种类的国内产业最宜于投资，什么种类的国内产业的生产物，常有最大的价值呢？关于这个问题，政治家、立法家的判断，绝没有他个人自己（指市场主体）的判断那样准确。因为，个人处在当事人的地位。政治家指导私人应该如何投资营业，结局不过是加重自身的责任，去注意那种最不必注意的问题，从而扩大自身的权力。把这种权力委托在迂愚僭越，自认宜于为此的人手中，真再危险没有。其实，这种权力，决不能安然委在任何一人身上，亦不能安全委于议会或元老院[②]。"从这段论述中看出斯密对于政府干预市场正当性和合理性的高度怀疑，但是他并没有一味否定政府的作用，在市场自由放任实现充分竞争即"自私的动机、私有的企业和竞争市场"的基础之上，政府有三大职能：第一，保护社会，使其不受其他独立社会的侵犯；第二，尽可能保护每个社会成员，使其不受其他社会成员的侵害或压迫，即设立完全公正的司法机关；第三，建设并维护某些公共事业或公共设施，因为公共事业、公共设施收益极小，私人机构对建设或维护这些事业、设施不感兴趣，只能由政府建设和维护[③]。斯密对政府三大职能的论述表明其并没有彻底否认政府在经济发展中的作用，他认为政府不应该干预市场，但是政府可以为市场充分竞争提供良好的外部环境，这可以通过以上三个职能的完成来实现。斯密强调自由的市场经济是建立在市场主体（居民和企业）理性行为基础之上的，因而市场的自由运行就可以达到资源的最优配置，正如其在书中所说的："每个人都不断努力为自己所能支配的资本找到最有利的用途。当然，他所考虑的是自身的利益。但是，他对自身利益的关注自然会，或者说，必然会使他青睐最利于社会的用途。这就像'有一只无形的手'在引导着他去尽力达到一个他并不想要达到的目的[④]。"基于这样的认识，政府的作用就是充当自由经济的"守夜人"，也就是所谓"管得最少的政府就是管得最好的政府"。

亚当·斯密之后，另一位英国经济学家大卫·李嘉图进一步丰富和完善了斯密所提出的古典自由主义经济思想，因而他被誉为英国政治经济学的完成者，也被马克思誉为"英国古典政治经济学最后的伟大代表"。李嘉图的代表作是其于1817年发表的《政治经济学及赋税原理》，在这部著作中，李嘉图阐明了自己的经济思想，包括三个主要理论：劳动价值论、对外贸易论和分配理论。在对外贸易理论中，李嘉图明确指出国家对内应该施行自由经济，对外则应该放开贸易，实现贸易自由化，他指出"在没有政府干预时，农业、商业和制造业最为繁荣。需要国家做的全部事情，就是避免一切干预[⑤]"。李嘉图同斯密一样，并没有在肯定自由放任的同时完全否定政府在市场经济中的作用，他认为政府在保障资本家的合法权益、为经济创造良好的环境上可以有所作为，如政府应该大力保障私有财产不受侵犯，改革弊政，创造良好的政治环境，大力发展教育等。

斯密和李嘉图之后，又一个为古典自由主义经济理论发展做出巨大贡献的人便是法国经

---

① 亚当·斯密.国民财富的性质和原因的研究（下卷）[M].郭大力，等译.上海：商务印书馆，2008，19.
② 同上，24.
③ 同上，211.
④ 同上，22.
⑤ 李嘉图.政治经济学及赋税原理[M].丰俊功，译.北京：光明日报出版社，2009，28.

济学家让·巴蒂斯特·萨伊。作为自由主义经济学派的代表人物,萨伊坚决反对政府对经济的干预,反对重商主义和贸易保护主义,其最伟大的贡献就是提出了著名的"萨伊定律"。萨伊在其代表作《政治经济学概论》一书中指出:"在以产品换钱、钱换产品的两道交换过程中,货币只一瞬间起作用。当交易最后结束时,我们发现交易总是以一种货物交换另一种货物[①]"。这也就是说一种商品总量是用另一种商品来购买的,因而萨伊指出"一种货物一经产出,从那时起就给价值与它相等的其他产品开辟了销路[②]"。这就是所谓的"萨伊定律",这一定律的核心思想就是"供给可以自动创造需求",因而资本主义经济的自由运行具有自我调节性,能够使资源得到最优配置,不会出现大规模生产过剩,实现充分就业,所以政府对经济的干预是多余的、不必要的。萨伊甚至将政府干预视为"一种犯罪行为",并指出政府干预经济的最大危害不是偶然违反既定的准则,而是由于对自然规律的不正确看法,以及在这些看法基础上制定的准则,造成严重的弊政并使全社会遭受损失。

除斯密、李嘉图和萨伊之外,古典自由主义经济学派的另一位卓越代表人物就是英国经济学家、哲学家约翰·斯图亚特·穆勒。作为古典自由主义比较有影响力的经济学家,穆勒的思想在本质上还是倡导经济自由,但同时也提出国家对经济可以适度干预,因此其理论学说带有一定的折中主义。穆勒主张经济的自由放任,反对重商主义对经济的种种限制。在其《政治经济学原理》一书中,穆勒指出:"一般说来,生活中的事物最好还是由具有直接利害关系的人自由去做,无论是法令还是政府官员都不应对其加以干预和控制……即便政府能够最全面地掌握个人在某一时期内积累的有关某一职业的全部知识(这实际上是不可能的),个人也要比政府对结果具有更强烈得多、更直接得多的利害关系,因而听凭他们选择而不加以控制的话,则手段更有可能得到改进和完善[③]。"因此,穆勒主张实现经济增长的一般原则就是自由放任。穆勒还进一步列举出了反对国家干预经济的五个理由:第一,干预本身是强制性的,从而限制个人自由;第二,政府职能的增加会增加政府的权力和影响,从而限制了政治自由;第三,增加了政府的工作和责任,从而导致了官僚主义;第四,个人是自身利益的最好判断者,没有政府干预的私人自由经营具有较高的效率;第五,政府干预的扩大化会扼杀人民的主动性和创造性,无法使人民养成共同行动的习惯,从而习惯听命于政府的监督和指导,导致专制主义[④]。尽管穆勒强调自由放任是发展经济的一般原则,并列举出了诸多政府不应该干预经济的理由,但是穆勒并没有像之前的古典自由主义经济学家一样极度反感国家对经济的干预,他用相对折中的方式对政府干预经济的限度、方式等问题做了论述。穆勒认为"不干预原则在一些情况下不一定适用,或者不一定普遍适用。[⑤]"为此穆勒在《政治经济学原理》一书中列举了7种政府可以进行适度干预的例外情况。用穆勒自己的话对其带有折中色彩的政府适度干预经济的理论做一个总结就是:"在某一时期或某一国家的特殊情况下,那些真正关系到全体利益的事情,只要私人不愿意做(而并非不能高效率地做),就应该而且也必须由政府来做[⑥]。"

以上回顾了四位在古典自由主义经济理论思潮中比较有影响力的经济学家及其主要观点。总而言之,古典自由主义经济理论诞生于重商主义国家对经济的重重限制和干预以及资

---

① 萨伊.政治经济学概论[M].陈福生,等译.上海:商务印书馆,1982,144.
② 同上.
③ 约翰·穆勒.政治经济学原理[M].赵荣潜,等译.上海:商务印书馆,1991,542.
④ 约翰·穆勒.政治经济学原理[M].赵荣潜,等译.上海:商务印书馆,1991,520-540.
⑤ 同上,543.
⑥ 同上,1,570.

本主义生产力得到大发展的时代背景下,其核心观点就是"反对政府干预,主张自由竞争",认为自由放任的经济就是最好的经济,政府在经济发展中有自己的作用(创造良好的外部环境),但是不可以干预经济,不可以通过行政手段干预资源配置或限制竞争。自从亚当·斯密的《国家财富的性质和原因的研究》一书出版,古典自由主义经济思想在西方国家盛行了150多年,大部分的西方资本主义国家在这150多年间一直将斯密及其继承者们的"自由放任"思想作为指导本国经济发展的基本原则,这150年间政府对市场的干预或监管无论从理论上还是在实践上都是相对较少的,直到1929—1933年"大萧条"的到来改变了这一状况。一个新的与古典自由主义经济思想截然相反的经济学理论顺势而生——凯恩斯主义。

任何理论的出现都有其独特的时代背景和实践基础,凯恩斯主义也不例外。凯恩斯主义产生的时代背景就是20世纪二三十年代,资本主义国家爆发了严重的经济危机,古典自由主义经济学说面对这次大萧条无法自圆其说,也无法采取有效措施抑制危机蔓延,在这样的困境下,凯恩斯主义出现并引起了一场对西方资本主义国家影响深远的"凯恩斯革命"。可以说,1922—1933年爆发的大萧条使传统古典自由主义经济"市场可以通过自我调节实现资源的有效配置"这一神话彻底破灭。这次经济危机发端于"黑色星期四"美国金融的崩盘,进而蔓延至经济社会的方方面面,短短几年间,美国各产业生产大幅度下降,失业剧增,企业资金周转不灵,银根紧缺,信用制度受到严重破坏,银行纷纷宣布破产,大量中产阶级沦为贫民,人民生活水平大幅下降。但与此同时,大量积压的产品和食物被销毁或倾倒,由经济危机而引发的抢劫、暴力、罢工等社会问题也层出不穷。面对如此萧条的局面,古典自由主义经济学说并不能做出合理解释。1932年,富兰克林·罗斯福就任美国总统,针对大萧条采取了与古典自由主义经济理论截然不同的经济政策——大规模干预经济,最终成功将美国从此次经济危机的泥潭中救出,而作为罗斯福新政理论基础的正是凯恩斯主义,可以说理论上的凯恩斯主义和实践上罗斯福新政的完美结合帮助美国度过了此次经济危机。

凯恩斯是20世纪最伟大的经济学家之一,他的主要思想反映在他的代表作《就业、利息和货币通论》一书中,凯恩斯在这本书中抨击古典自由主义经济的理论基础,反对"自由放任"的经济思想,主张政府对经济的全面干预,并提出了一系列政府加强经济干预的政策措施。凯恩斯面对已经在西方经济学界盛行150多年的自由主义思潮时,实现了"先破后立",在对自由主义思想进行抨击后阐述了自己对政府和市场关系的看法。相较于古典自由主义的经济思想,凯恩斯在其经济理论、研究方法以及政策主张上均有不同的看法。

首先,凯恩斯主义在理论研究上实现了重大变革。古典自由主义经济认为"供给会自动创造需求",提出所谓"萨伊定律",主张资本主义经济自身会通过市场调节机制来实现资源的最优配置,实现充分就业。凯恩斯反对这种看法,认为需求会创造供给,供给是需求的函数。凯恩斯在《就业、利息和货币通论》中提出了三大心理规律,即"边际消费倾向规律""资本边际效率规律"和"流动偏好规律",并进一步指出这三大心理规律会导致有效需求不足,由于有效需求不足才导致美国在经济危机时出现产品过剩、失业率激增等问题。凯恩斯认为面对有效需求不足及其带来的种种经济问题时,传统自由主义经济所推崇的"市场自发调节"显得苍白无力。因此,凯恩斯认为不应该让经济"自由放任",而应该引入"国家干预"。资本主义经济的现实并不总是像自由主义者所描绘的那样能够凭借市场自己的力量实现充分就业,经济危机的现实表明"低于充分就业均衡"才是现实和常态,如果缺乏政府的指导和干预,经济就不可能实现充分就业,因而需要扩大政府职能,并加强对经济的干预。

其次,在研究方法上,凯恩斯否定了古典自由主义经济中将货币和实物区分开来的"二分法",开创了以宏观总量分析代替微观个量分析的研究方法。古典经济学采取微观个量的分析方法,对单个经济主体(单个厂商、单个商品、单个消费者)的行为进行微观分析。凯恩斯另辟蹊径,将整个宏观经济作为分析的对象,研究国民收入、消费总量、就业总量等宏观经济变量之间的相互关系,开创了宏观经济学研究的先河。

再次,在政策主张上,凯恩斯强调要扩大政府职能,全面干预经济。凯恩斯通过其"有效需求不足"理论分析了资本主义经济自身是存在缺陷的,并且这种缺陷是无法通过市场机制自行解决的。因而为了避免出现有效需求不足,经济不能实现充分就业,政府就要发挥自己的作用来干预经济,而不能做"守夜人"任由经济的自由放任。凯恩斯主张政府应该运用宏观经济政策,特别是财政政策和货币政策对经济进行调节和干预,尤其是在经济危机发生时,扩张性的财政政策如增加投资、刺激消费等能够扩大有效需求,为经济走出危机发挥巨大作用。凯恩斯不赞同古典经济学者所主张的"财政收支平衡"的政策主张,认为财政政策应当和经济发展状况相联系并作出适时调整,当出现大规模失业时,就不能固守收支平衡的财政政策,而应该扩大财政支出,实行赤字财政,以刺激经济,增加就业。

凯恩斯主义无论在理论上还是在实践上都产生了重要影响。一方面凯恩斯主义的出现标志着西方经济思想从经济自由主义转向国家干预主义,另一方面凯恩斯主义所引发的凯恩斯革命在世界各国掀起了政府全面干预经济的浪潮,对世界各国经济政策的制定产生了重要影响。凯恩斯主义之所以能产生如此大的影响,就是在于其合理性和有效性。凯恩斯经济理论的合理性在于它看到了古典自由主义经济理论和资本主义市场经济中运行层面上的片面性,其有效性在于在特定情况下,救治经济危机和萧条的暂时性效果[①]。当然,凯恩斯主义自诞生以来就因其自身的缺陷遭受着来自各方面的批评,如一些学者认为凯恩斯理论过分强调宏观经济,而忽视了研究与关注对宏观经济起重要作用的微观基础。还有学者指出凯恩斯仅仅关心经济总量的问题,却没有注意经济结构的协调问题等。当然,任何经济理论都有其不完美之处,凯恩斯理论也不例外,但这并不影响世界各国对其经济思想的推崇和研究,凯恩斯国家干预主义思想的出现一改自古典自由主义经济思潮诞生150多年来政府监管研究的薄弱,使政府监管问题在理论和实践上都得到加强。

第二次世界大战后,作为后凯恩斯时代主流经济学思想的新古典综合派诞生,"新古典综合派"顾名思义,其思想既有古典自由主义经济的成分,又有凯恩斯主义的影子。也就是说新古典综合派实现了古典自由主义经济和凯恩斯主义的结合,其代表人物有汉森、萨缪尔森、托宾以及索洛等人。新古典综合派经济思想最大的特点就是放弃国家全面干预经济的极端思想,主张市场价格、竞争机制和国家干预的有机结合,并在经济学研究中倡导将宏观与微观分析方法相结合。具体来说,新古典综合派在经济学理论研究上做出了以下几个方面的贡献。

第一,主张"混合经济"思想。在新古典综合派学者看来,资本主义经济是一种混合经济,所谓混合经济,主要包括两个部分:一是国家管理的公共经济部门,二是由市场调节的私人经济部门。萨缪尔森指出:"我国的经济是一种'混合经济',在其中,国家机关和私人机关都在实行经济控制[②]"。混合经济思想是新古典综合派所有理论的一个基本观点,其对战后西方各国所有经济问题的分析都是建立在"资本主义经济是市场机制发挥基础作用,但政府也可以对经

[①] 王志伟.凯恩斯主义经济理论与近年来的经济危机[J].福州:福建论坛(人文社会科学版),2013(02):39-44.
[②] 保罗·萨缪尔森.经济学[M].高鸿业,译.上海:商务印书馆,1986,59.

济进行干预"这一基本论点基础之上的。

第二,进行"IS-LM 分析",将市场调节理论与国家干预理论相结合。"IS-LM 分析"即"收入—支出分析",又称为希克斯-汉森模型。这一分析将马歇尔的均衡价格分析和凯恩斯的收入决定分析相结合,描述了商品市场和货币市场达到同时均衡以及在此状态下所决定的国民收入和利息率的均衡值。一般均衡分析说明,在产品市场中总需求或总支出将会对国民收入产生影响,而利率又会对总需求特别是投资需求产生影响,利率的决定又受到货币市场供求状况的作用,因此货币市场会对商品市场产生影响。同时,国民收入会对货币需求产生影响,进而影响利率水平,因此商品市场与货币市场之间相互作用、相互联系,当两个市场同时达到均衡时并不一定就意味着就业市场也实现了均衡,这时候政府的作用就出现了,可以通过实施扩张性的财政政策和货币政策对经济实施调节和干预。

第三,对通货膨胀和失业问题进行了详细研究。新古典综合派对失业率和通货膨胀率之间的关系给予了充分关注,并且尝试利用菲利普斯曲线来表示失业和通货膨胀之间的替代取舍关系。该曲线的核心观点在于指出了通货膨胀是由工资成本推动引起的,并且二者还存在着替代取舍关系。基于此,新古典综合派认为可以通过宏观经济政策来解决失业和通胀并存的问题,也就是当失业率较高而通胀水平较低时,可以实施扩张性的财政政策,用较高的通胀率换取较低的失业率;而当通胀率较高而失业率较低时,则应当实施紧缩的财政政策,用较高的失业率换取较低的通胀水平。

第四,提出经济周期和经济增长理论。经济周期和经济增长理论也是新古典综合派对现代经济学发展所做出的重要贡献。经济周期理论又称为乘数-加速数模型,这一理论指出经济发展存在周期性规律,并且存在繁荣、衰退、萧条、复苏这四个阶段。萨缪尔森通过乘数-加速数模型解释了经济存在周期的原因。其中,乘数原理说明了投资变动对收入变动的影响,指出投资数量的增长会通过乘数作用使收入增加,进而刺激消费,并进一步促进投资以更快的速度增长,从而产生循环放大效应。反之亦然。加速数原理则是说明收入变动或消费需求变动引起投资变动的理论。乘数和加速数相互作用导致经济周期的出现。新古典综合派的代表人物索洛对经济增长理论的研究做出了卓越贡献,提出了著名的"索洛模型",又称外生增长模型。这一模型指出技术进步是人均产出持续增长的唯一源泉,实物资本的积累既不是人均总产出持续增长的原因,也不是国家之间人均产出出现巨大差异的原因。

二、新自由主义的兴起和对政府干预的质疑

进入 20 世纪六七十年代,一些西方资本主义国家开始出现"滞胀"问题,经济发展陷入停滞的同时,还出现高通货膨胀和高失业率的现象。面对如此局面,凯恩斯主义及其后出现的新古典综合派显得束手无策。一方面,它们在理论上不能对"滞胀"现象做出让人信服的解释;另一方面,在政策措施上,也不能够提出有效方案应对高通货膨胀和高失业率。与此同时,英美等西方国家经过对凯恩斯主义数十年的奉行,一些弊端也开始逐渐显现,主要表现在政府机关官僚主义问题严重、办事效率低下,政府随意插手经济事务导致寻租等腐败行为滋生,出现了所谓"监管失灵"或"政府失灵"的问题。更为严重的是,由于长期推行凯恩斯主义,西方不少国家政府的财政开支庞大,财政赤字达到空前水平。在这样的背景下,凯恩斯主义及新古典综合派经济思想便不能保住其在西方经济社会的统治地位,被随之而来的新自由主义经济思潮所取代。新自由主义经济思潮又被称作"预期革命",大量新自由主义经济流派随之出现,"百家争鸣"的现象出现在西方经济学界,这场思潮最明显的特征就是减少政府对经济的干预,放松

管制,鼓励自由竞争。在新自由主义经济思潮中诞生了许多流派,主要有伦敦学派、弗莱堡学派、现代货币学派、理性预期学派和供给学派等。

(一)伦敦学派

伦敦学派诞生于20世纪40年代,其典型代表人物是英国经济学家哈耶克。伦敦学派思想的特点是"极端自由主义",即极力维护新古典经济学的自由竞争传统,坚决反对一切形式的政府干预。哈耶克主张经济自由需要私有制来保障,因此他认为以个人自由为基础的私人企业制度和自由市场制度是最好的制度,个人的积极性会在私有制的保护下得到充分发挥,同时自由主义也能对个人努力进行协调,竞争使市场价格能引导个人活动的进行,而政府的干预破坏了这一切,政府干预一方面使得自由主义不复存在,市场主体的积极性受到打压,另一方面也会造成严重的无效率。政府管制经济会让整个社会走向"极权主义统治"。当然,哈耶克所主张的市场自由并不是没有底线的自由,在强调自由的同时,伦敦学派还特别重视法治的原则。哈耶克认为自由一定要受到法律的制约,法律应该建立在尊重个人自由的基础之上,同时它又能制约着个人自由的发展。因此,国家的作用并不是插手干预经济,而是作为创立和维持一种有效竞争制度的积极参与者,创造条件让竞争尽可能有效。以哈耶克为代表的伦敦学派对20世纪70年代以后英、美等资本主义国家摆脱"滞胀",重新实现经济增长起到了十分重要的作用。

(二)弗莱堡学派

弗莱堡学派又称为社会市场学派,诞生并盛行于第二次世界大战后的联邦德国,主要代表人物有瓦尔特·欧根、弗兰茨、伯姆等人。相比较于伦敦学派的"极端自由主义",弗莱堡学派的经济思想则相对柔和,其思想被称为社会市场经济理论。社会市场经济理论既不认同古典自由主义完全自由放任的做法,也不同意凯恩斯主义政府应全面干预经济的做法,而主张"第三条道路",即社会经济秩序应在自由市场调节的基础上实现国家的有限干预,从而实现"全民福利"。弗莱堡学派反对政府既当裁判员又当运动员的做法,认为在社会市场经济中,政府的作用仅限于如何使经济保持有效竞争,而不是具体插手各项经济事务,政府应该充分尊重并支持企业,为其在自由的环境中从事竞争等经济行为创造条件。因此,弗莱堡学派主张联邦德国应建立社会市场经济体制,为此应该采取一系列措施,包括:通过制定法律保障个人自由和私有制;利用法律保障市场竞争秩序,杜绝垄断;施行累进税制保障分配公平;建立完善的社会保障体系以及政府应该为促进经济发展完善基础设施等。弗莱堡学派在德国产生了巨大影响,对第二次世界大战后德国从一片废墟上建立并成为欧洲经济强国起到了主要作用,此外战后德国建立起世界上最完善的社会保障和福利体系也与弗莱堡学派的思想有直接关系。

(三)现代货币学派

现代货币学派诞生于20世纪50年代末的美国,其代表人物是米尔顿·弗里德曼。现代货币学派将现代货币数量论作为理论基础,认为货币是支配资本主义经济产量、就业以及价格变动等问题的唯一重要影响因素,反对国家干预,并认为经济出现衰退和波动的原因就在于政府的不恰当干预,而政策的"时滞效应"会让经济变得更加不稳定。现代货币学派将货币的数量看成是影响社会生活的最主要因素。弗里德曼不同意凯斯认为的利息率在货币传导机制中的主要作用,认为货币需求是相对稳定的,货币供给量的变动才会直接影响人们的支出水平,从而直接影响国民收入水平。弗里德曼[①]认为当中央银行增加货币供给量时,短期内名义收入会增加并表现为产量增加、失业减少和物价上涨等,但是长期名义收入的增加只会全部表现为物价上涨。因此,中央银行企图通过增加货币供给来增加产量、减少失业是不可能的。为此,货币主义学派提出了"单一货币规则",即把货币政策视为唯一有效的政府稳定经济的手段,并认为政府的货币政策目标应该是控制货币供给量的增长速度,而非控制利息率、失业率以及物价水平。这就明确地否定了凯恩斯主义者国家应全面干预经济的思想,因为在现代货币学派看来,政府最重要的一个职责就是控制货币数量,除了这一方面以外,政府没有理由干预经济,市场机制将充分发挥其作用。

(四) 理性预期学派

理性预期学派诞生于20世纪70年代中期,其主要代表人物是美国经济学家卢卡斯、托马斯·萨金特等。理性预期学派是从现代货币学派中分化出来的,比货币主义学派更加彻底地支持经济自由主义。理性预期学派认为参与经济活动的主体都是具有行为理性的、明智的人,因而能够对未来发生的情况做出理性预期;由于人们能够做出合理的理性预期,因此也就能够通过搜集到的各种信息进行理性决策。而政府对经济信息的掌握远不如个人那样灵活有效,因而政府做出的决策往往不如个人的决策准确和及时,从而政府对经济的各种干预将会变成无效的措施,并被个人的理性决策所取代。因此,理性预期学派认为政府所有对经济的干预都是无效、多余的,为了保持经济增长,就要充分尊重市场机制,反对政府干预。理性预期学派特别反对政府对财政、金融等政策的短期随意变动,主张政府应实行长期不变的政策,即应该实现经济政策的长期性和稳定性。同时,政府的政策目标只能是保证物价的稳定,防止或减少通货膨胀,而不是同时解决通货膨胀和失业问题。理性预期学派认为通货膨胀和失业之间并没有必然的替代关系,减少货币供应量会降低通货膨胀水平但却不一定能够降低失业率,因而菲利普斯曲线是无效的。理性预期学派在西方经济学界掀起了一场理性预期革命,对20世纪七八十年代西方资本主义国家摆脱凯恩斯主义起到了十分重要的作用。

(五) 供给学派

供给学派也诞生于20世纪70年代中后期,其代表人物是拉弗。这一学派主张从供给方面实现经济的均衡发展,反对国家干预经济。供给学派认为西方国家之所以出现"滞胀"就是因为凯恩斯主义过分重视需求所致,需求过度膨胀、供给过度衰退是导致资本主义国家出现"滞胀"的根本原因。供给学派重提"萨伊定律"的重要性,认为供给会自动创造良好的需求,没有供给就没有需求。供给会自动创造出需求,因此国家不需要干预经济,只要让市场机制自行发挥作用,产品就不会出现过剩,失业问题也就不复存在了。供给学派还认为由于凯恩斯主义主张人为刺激需求,干预利息变化,进而导致投资和储蓄不相适应,当投资大于储蓄时,通货膨胀就不可避免地出现了。因此,供给学派主张增加供给,恢复总供求的平衡,按照"萨伊定律"制定一系列供给管理政策,如大规模减税等来刺激储蓄,使储蓄自动转化为投资,通过投资增加来提高劳动生产率和产量,进而促进经济增长,实现充分就业和物价稳定。供给学派对美国经济的影响是巨大的,里根在当选美国总统不久后推出的经济复兴计划就是供给学派很多思想和政策主张的最佳体现。

---

① 刘维奇.米尔顿·弗里德曼—现代货币主义理论创始人[M].北京:人民邮电出版社,2009.

三、新凯恩斯主义的反思

20世纪70年代中后期,伴随着西方资本主义国家严重"滞胀"问题的出现,传统的凯恩斯主义遭到了各方的批判,新自由主义经济思潮的兴起更是让凯恩斯主义退出了资本主义国家经济官方指导思想的宝座,凯恩斯主义经济学理论似乎陷入危机之中。尽管如此,仍有一批经济学者仍然坚持凯恩斯主义的基本原则,并试图通过对凯恩斯主义的修正,来证明凯恩斯主义依旧是正确的、具有指导意义的经济思想,这一批经济学者被称为"新凯恩斯主义者"。他们通过对传统凯恩斯经济学进行一些修正和补充,并利用计量经济学的工具,在20世纪80年代建立了所谓"新凯恩斯主义经济学",新凯恩斯主义的代表人物有格雷戈里·曼奎、约瑟夫·斯蒂格利茨以及本·伯南克等人。

作为新凯恩斯主义,其在继承传统凯恩斯主义基本观点的同时,也对其进行了不少修正和补充。首先体现在新凯恩斯主义与传统凯恩斯主义在经济研究基本假设问题上存在的差异。

与新自由主义经济派将市场出清作为其基本假设不同,传统凯恩斯经济学和新凯恩斯经济学都坚持非市场出清的假设,并且这一假设被新凯恩斯主义经济学家视为最重要的假设。所谓"非市场出清"就是指当市场需求或供给出现问题时,工资和价格不能迅速调整到使市场出清的状态。工资和价格的调整往往十分缓慢,这使得经济恢复到实际产量等于正常产量的状态需要很长时间,在一段时间内经济始终处于非均衡状态。尽管新凯恩斯主义和传统凯恩斯主义均坚持非市场出清的基本假设,但是二者在具体内容上存在很大差别:传统凯恩斯主义非市场出清假设名义工资是刚性的,也就是工资和价格是不能调整的;而新凯恩斯主义则认为非市场出清工资价格具有粘性,它们是可以进行调整的,但是调整的过程十分缓慢,需要较长的时间。此外,新凯恩斯主义相较于传统凯恩斯主义增添了经济人最大化原则和理性预期原则两个基本假设,前者是指市场中两大经济主体均追求最大化原则,企业追求利润最大化,消费者则要实现效用最大化。后者理性预期假设则是借鉴了新自由主义学派的一些观点,将理性预期思想引入宏观经济分析框架中。新凯恩斯主义认为经济人会根据对宏观经济变动的预期进行理性决策,采取最优行动,经济人的各种微观行动会引起宏观总量的相应变动。从中可以看出新凯恩斯经济学希望在微观分析的基础上研究宏观经济,与传统凯恩斯主义只考虑宏观经济而忽视微观分析不同,新凯恩斯主义希望在微观经济学基础上重建宏观经济学。

对比传统凯恩斯主义,新凯恩斯主义在理论上提出了许多新的观点,综观新凯恩斯主义提出的所有理论观点,其最有特色也最为重要的理论就是"粘性理论",包括"价格粘性"理论和"工资粘性"理论,前者具体包括"菜单成本理论""风险成本理论"以及"合同定价理论"等,后者则主要包括"长期劳动合同理论""隐性劳动合同理论""局内人—局外人理论"以及"效率工资理论"。在此仅对"菜单成本理论"和"效率工资理论"进行简要介绍。

"菜单成本理论"也称为"价格调整的成本理论"。所谓"菜单成本"是指厂商(这里指垄断厂商,因而能够决定价格)调整价格要花费的巨大成本,包括进行调查和研究从而确定新价格、进行谈判协商、编印价目表、进行电话通知等,所有这些活动都会有相应的成本支出,由于这些成本与餐馆重印菜单时的成本类似,因此称其为"菜单成本"。新凯恩斯主义认为当需求出现变动时,厂商是否进行价格调整就取决于"菜单成本"与调整价格后厂商利润之间的关系,只有当利润大于"菜单成本"时厂商才会降低价格,所以"菜单成本"的存在会使厂商不那么轻易地调整价格,造成"价格粘性"。原因就在于厂商并不会总是预期利润会大于"菜单成本",当厂商不愿意通过价格调整以适应需求变化时,就会将目光转向产量调整,这时"价格粘性"在所难免,市场便无法达到出清状态。

新凯恩斯主义提出了"效率工资模型"。效率工资是指劳动生产率依赖于工资水平。这一理论指出厂商和工人之间存在着信息不对称,厂商并不能观察到工人的所有行为,因而厂商就无法和工人签订一份旨在能够让工人为其所有行为负责的有效契约,进一步劳动质量和生产效率就有可能因为企业支付更多工资而上升。因此,新凯恩斯主义者认为厂商不愿意降低工资,原因就在于当厂商面临大量失业时,提高工资反而能够减缓人员的更替,而降低工资则会增加人员流动频率,降低劳动生产率,减少企业利润。所以,厂商倾向于向工人支付高于均衡工资的工资,也就是使相对工资水平提高,这会增加工人工作的积极性,使其不愿意离开现在的企业并努力工作。这就可以理解所谓"工资粘性"的含义,也就是当失业问题出现时,厂商为了增加企业利润,让现有工人不离开企业从而安心工作,不会通过支付低于均衡工资的水平的相对工资来雇佣失业者,因而工资在这时就出现了粘性并阻碍了工资的下降,这也就是工资调整无法达到市场出清的原因。

新凯恩斯主义正是基于对市场总是处于非出清状态以及资本市场的不完备性等的分析,主张国家必须干预经济。但是相较于传统凯恩斯主义,新凯恩斯主义国家干预思想略有不同。传统凯恩斯主义从需求方面入手,主张通过宏观经济政策手段来防止或解决失业与通货膨胀问题;而新凯恩斯主义则从供给方面入手,指出国家干预可以不用操之过急,应根据经济发展实际,在保证政策连贯性和渐进性的前提下进行干预。

在实践方面,新凯恩斯主义的政策主张在20世纪90年代的美国得到了重视,1992年克林顿当选美国总统,在其两届任期内实行的所谓"克林顿经济学"就是新凯恩斯主义思想的体现。克林顿在任期间加强了政府对经济的干预,但同时强调不能过度干预,克林顿任内通过一系列财政政策刺激经济复苏,着力增加就业、削减赤字并增加公共投资,使美国经济在20世纪90年代实现连续增长的奇迹。

第二节　规制经济学概述[①]

一、规制经济学综述

"规制"是指具有法律地位的、相对独立的规制者(机构),依照一定的法规对被规制者(主要是企业)所采取的一系列行政管理和监督行为[②]。规制经济学作为一门新兴学科,是对政府规制活动的过程以及规制结果进行的系统分析,是产业经济学的一个重要分支。作为一门应用性较强的学科,规制经济学自诞生以来,其理论研究就与人类经济社会发展实际密切相关,并且规制经济学理论还与经济学、管理学、政治学、法学等学科密切相关,因此也是一门交叉性、边缘性学科。

(一) 规制经济学的产生和发展

20世纪70年代以前,对于规制问题的相关研究仅仅停留在一部分学者对于价格规制、市场准入规制、反托拉斯规制等少数特定领域的研究,研究成果缺乏联系和普适性。进入20世纪70

---

① 英文中的"regulation"一词在学术界可以被译成"管制""规制"或"监管",但上述三种译法在本质上都是一致的。本书根据我国学术界的一般惯例,采用"规制经济学"的表述方法。

② 王俊豪.管制经济学原理[M].2版.北京:高等教育出版社,2014.

年代,一部分经济学家开始利用经济学理论和方法系统研究规制问题,发表了一系列重要的研究成果,如施蒂格勒、威廉姆森等经济学家在《贝尔经济学》杂志上发表了多篇对美国垄断规制问题争论的经典文章,这都对规制经济学的形成和发展产生了十分重要的作用。到了 20 世纪 80 年代,规制经济学研究得到进一步深化,一方面规制经济学的理论研究与经济社会实践的结合更加紧密,这主要得益于美国、英国和日本等国在 20 世纪 80 年代兴起了对自然垄断产业政府规制的改革;另一方面,信息经济学、委托代理模型以及机制设计等研究方法的出现也极大地促进了规制经济学的发展。20 世纪 90 年代以来,规制经济学的研究重心逐渐从理论转向了具体应用,这一方面是由于以拉丰为代表的经济学家认为现实规制问题得不到合理解决的原因在于传统规制经济学假设存在问题,即认为规制者与被规制者之间具有完全信息是不合理的;另一方面世界各国纷纷掀起了规制改革运动,放松规制的呼声日渐高涨,使得传统规制理论受到了挑战。在这样的背景下,规制经济学的研究领域和方法都得到了一定的拓展。例如,一部分学者开始了对规制失灵问题的研究,规制理论关注的领域由传统的经济性规制,如价格规制、进入规制、反垄断拓展至社会性规制,如环境规制、卫生健康规制以及工作场所安全规制等多个领域。研究方法也伴随着计量经济学和统计学等学科的发展由规范分析逐步转变为实证研究,使得规制经济学的研究成果更具科学性和说服力。尽管规制经济学自诞生以来已经得到长足发展,但是目前即便在发达国家,规制经济学还不是一门完全成熟的学科,这主要表现在对规制经济学的一些基本概念、基本理论还存有较大分歧,对一些社会性规制的研究较为薄弱。

(二) 规制经济学的研究对象

规制经济学的研究内容广泛,根据学术界一般看法,可以将规制经济学的研究对象分为经济性规制、社会性规制和反垄断规制这三大类,如图 2-2-1 所示。

日本经济学家植草益在其代表作《微观管制经济学》中指出"经济性管制是指在自然垄断和存在信息不对称的领域,主要为了防止发生资源配置低效率和确保利用者的公平利用,政府机关用法律权限,通过许可和认可等手段,对企业的进入和退出、价格、服务的数量和质量、投资、财务会计等有关行为加以管制①。"从上述定义中可以看出经济性规制的主要领域是自然垄断领域(如通信、电力、铁路运输、自来水等产业)和存在信息不对称的领域(如银行、保险、金融等产业)。

图 2-2-1 规制经济学的理论框架

在自然垄断产业中,企业往往具有较强大的市场垄断能力,如果政府不进行规制,企业就可能通过垄断优势制造高价格赚取垄断利润,导致社会分配不公和配置效率的扭曲。而在存在信息不对称的产业中,企业相较于消费者而言拥有信息优势,而消费者只能是信息的被动接受者,仅凭借自身力量无法识别企业(或产品)信息的真假优劣,企业为了实现利润最大化,则会利用不完全信息欺骗、坑害消费者,最终导致资源配置无法实现帕累托最优,因此也需要政府对其进行规制。一般来说,经济性规制的主要内容主要包括价格规制、市场准入和退出规制、投资规制以及质量规制等。

植草益认为社会性规制是"以保障劳动者和消费者的安全、健康、卫生、环境保护、防止灾害为目的的,对产品和服务的质量和伴随着提供它们而产生的各种活动制定一定标准,并禁

---

① 植草益.微观管制经济学[M].朱绍文,等译.北京:中国发展出版社,1992.

止、限制特定行为的规制①。"20世纪70年代以后,人们对环境质量、卫生健康以及职业安全问题的关注程度越来越高,随之而来的就是对社会性规制研究的重视。相比较于经济性规制,社会性规制的内容更为广泛和丰富,综合植草益、王俊豪等人的研究,可以将社会性规制的内容分为三大类:一是卫生健康规制,包括食品市场规制、药品市场规制以及医疗卫生服务市场规制等;二是工作场所安全规制,包括工作场所有害物质规制、危险工作场所限制等;三是环境质量规制,包括大气污染规制、水污染规制、固体物污染规制以及噪声污染规制等。

在现实经济中,经济性规制往往和反垄断规制相结合,许多人都把经济性规制和反垄断规制混淆在一起。实际上反垄断规制是一个相对独立的研究领域,其主要研究对象是竞争性领域中具有市场垄断力量的垄断企业及其垄断行为,特别是由市场集中形成的经济性垄断性行为②。植草益认为反垄断规制是以形成并维持市场竞争秩序为基础,不直接介入经济主体的决策而仅制约那些阻碍市场机制发挥职能的行为的一种规制,属于间接规制。经济性规制与社会性规制都是由政府部门直接实施的干预,属于直接规制。垄断行为指的就是特定经济主体为了一定目标而排除、限制竞争以及可能排除、限制竞争的行为。不恰当的垄断行为往往会导致资源配置的低效率,因此需要政府通过制定反垄断政策对相关产业或企业进行规制。

(三)规制经济学的研究方法

规制经济学作为一门新兴的边缘性学科,其研究方法既具有一般经济学、管理学以及政治学等学科研究方法的共性,也具有自身的特性。根据王俊豪等人的观点,规制经济学的研究方法主要体现在"四个结合"上。首先是实证研究和规范研究相结合的方法,规制经济学具有明显的应用性,这决定了其研究方法更应注重实证性,通过对现实问题的实证研究找到规制经济学理论的解决办法。同时还要通过规范性研究寻找经济运行的理想状态,为实证研究提供标准和依据。其次是静态研究与动态研究相结合的方法,静态研究是横向研究,侧重于对某一时间点的研究,动态研究是纵向研究,目的是通过较长一段时间对研究对象的分析找到一定的规律。对于规制经济学研究来说,一方面需要对特定产业或领域规制问题的现状进行研究,另一方面还要对特定产业和领域规制问题的发展演变进行研究,以便从规制发展历史中找到规律。再次是定性研究和定量研究相结合的方法,现实中规制问题的复杂性决定了并不是所有规制问题都能够通过数量研究得到结论,因此需要定性研究方法,但是对于诸如适度规模经济的测定、市场集中度和进入壁垒高度的测定等问题则必须通过定量研究的方法予以解决,因此在规制经济学的研究实践中要实现定性研究与定量研究的结合。最后是系统研究和案例研究相结合的方法,规制经济学是与经济社会紧密结合的学科,在现实生活中拥有大量真实的案例可供分析,因此需要借助案例研究的相关方法(如案例讨论)对具体案例进行分析。此外,作为一门独立的学科,规制经济学拥有相对完整的知识体系和理论框架,也需要人们具有系统思维、运用系统研究的方法对这一学科内部各部分组成内容之间的关系有全面的把握。

二、经济性规制概述③

(一)经济性规制的概念与特征

经济性规制是指政府的行政机构经过法律授权,通过制定法规、设定许可、监督检查、行政

---

① 植草益. 微观管制经济学[M]. 朱绍文,等译. 北京:中国发展出版社,1992.
② 王俊豪. 管制经济学原理[M]. 2版. 北京:高等教育出版社,2014.
③ 经济性规制的有关内容可参考:文学国. 政府规制:理论、政策与案例[M]. 北京:中国社会科学出版社,2012.

处罚和行政裁决等行政处理方式对企业在价格、产量、进入和退出等方面决策进行限制。当一个行业是自然垄断行业，或在竞争性市场上存在信息不对称时，不受限制的竞争并非就运作良好，因此需要政府的干预。当出现市场失灵问题时，政府需要发挥自身的经济职能，即在以市场机制为基础的经济体制下，通过干预市场经济主体的行为来矫正和改善市场机制的内在问题——"市场失灵"。有学者将政府的经济职能划分为"宏观调控""微观规制"和"微观管理"三个方面，其中的微观规制职能指的就是经济性规制。相较于其他两项职能，政府的经济性规制职能具有如下四个特点：①从政策主体上看，经济性规制的政策制定主体一般为专业性的行政机构，纵向的包括能源、交通、通信等部门，横向的则包括反垄断、职业安全、消费者权益保护等机构；②从政策实施的对象看，经济性规制政策主要针对的是自然垄断性质行业企业和竞争市场上的企业；③从政策目标上看，经济性规制的主要目标是维护公平竞争，保障公共资源的有效利用以及保护消费者的合法权益；④从政策工具上看，经济性规制的手段主要包括行政程序、资格审查、价格控制、标准设立、行政监督和处罚等。

（二）我国经济性规制的机构

在我国，依据不同的角度可以对我国经济性规制机构进行不同类别的划分。按照最容易理解的划分方法即从政府部门的归属划分，我国目前承担经济性规制职能的机构有四大类：①国务院组成部门，如交通运输部、工业和信息化部、国家卫生健康委员会等；②国务院部委管理的国家局，如中国民用航空局、国家铁路局、国家邮政局等；③国务院直属机构，如国家市场监督管理总局、国家广播电视总局等；④国务院事业单位，包括中国银行保险监督管理委员会、中国证券监督管理委员会等。若根据规制机构职能来划分，我国自然垄断产业的规制机构分为两种：一是产业政策和规制机构混合型，如中国民用航空局、国家邮政局等机构既承担着制定本行业发展方针、战略和法规政策等宏观职能，又对本行业的相关主体进行监督管理。二是单独设置的规制机构，如国家电力监督管理委员会就是我国自然垄断领域第一个专业性规制机构，具有较强的专业性和相对独立性。

（三）经济性规制的主要手段

经济性规制的手段众多，但最重要的就是价格规制以及进入和退出市场规制。价格规制被认为是经济性规制的核心内容，它是指由规制机构为企业指定一个特定的价格或是要求企业在一定的范围内定价，抑或是为企业设定一个价格体系。价格规制的目标是通过指定价格的方式限制企业的利润，使其只能获得正常的收益率。进入规制分为两类：一类是控制新企业进入，规制机构对受规制企业进入其他行业也会进行进入控制；另一类是通过进入控制来限制劳动力市场上劳动者和潜在雇主的数量。质量规制是政府为了保护消费者利益而要求产品或服务必须达到一定标准的规制，规制机构一般会为某个产品或某项服务的可信度确立最低标准。

（四）经济性规制的过程

政府机构针对某一行业或领域进行规制，需要经历实施规制直到规制解除等一系列过程，一般来说经济性规制的过程主要包括：①信息搜集。绝大部分的规制都必须掌握充足的市场信息，价格的制定与批准、网路资源的分配、许可证或特许经营权的颁发以及产品质量等标准的制定都需要足够的市场信息，一般来说规制机构在信息搜集和分析方面的开支是非常高的。②规制法规的制定。要想对某一产业或特定领域实施规制，必须由国家或地区的立法部门或者政府相关部门颁布一项法律或法规来建立对某一特定产业或领域的规制权力。一般的规制法规主要包括三方面内容:确定政府规制机构的法律地位、明确政府规制机构的职责和权力、规定规制政策的目标和内容。③法规的实施和调整。随着经济技术环境的改变、意识形态和规制政策的变化,在规制的执行过程中政府往往会对原有规制法规做出修改和调整。④规制的放松或解除。对某些自然垄断产业经过一段时间的规制发展后,可能由于技术等原因转变为竞争性行业,抑或由于整个社会关于规制的主流思想的改变而主张对很多行业放松规制甚至完全取消规制。

思考与讨论

快递市场的信息不对称

信息不对称是市场经济中又一个普遍存在的现象,由于信息不对称或不完全,市场的信息就无法正确且有效引导经济主体的决策行为,从而使资源配置出现无效率,产生一系列消极的经济后果,导致市场失灵。日本经济学家植草益认为经济性规制的主要目标之一就是消除市场中存在的各种信息不对称问题。

信息不对称问题按不同的标准有不同的分类。按照市场主体进行分类的话,则可以分为卖方比买方拥有更多信息和买方比卖方拥有更多信息两类。前者在消费者购物时表现得最明显,对于商品的性能、质量、安全、成本等信息消费者总是不如商家知道得多,商家比消费者拥有更多的信息,因而消费者往往处于劣势,无法凭借自身力量识别商品的优劣;后者则在金融保险市场中经常出现,投保人在购买保险之后,肯定比保险人对自身的风险大小信息掌握得更多,这也就是为什么在保险市场中经常会出现"骗保"事件的原因之一。根据信息不对称发生的时间,还可以分为事前信息不对称和事后信息不对称两类,前者是指在市场交易发生之前存在的信息不对称,如商品出售前商家比消费者知道更多的商品信息;后者则是在市场交易发生后产生的信息不对称,如投保人在购买人身保险后,要比保险公司更加了解自己的身体和安全状况。

信息不对称所引发的经济后果有很多,总体来说它会带来两种低效率的市场行为,也就是"逆向选择"和"道德风险"。所谓逆向选择就是"劣币驱逐良币"的一种现象,由于买卖双方在产品市场拥有不对称的信息,消费者根据自己所掌握的有限信息很难分别出哪些产品是优质产品,哪些是劣质产品,因此优质品就不能被消费者所识别。这样,当优质品和劣质品以相同价格在市场上出售,生产优质产品的商家的盈利就会少于生产劣质品的商家,作为理性经济人,生产优质产品的商家必然会减少。长此以往,优质品将在市场上越来越缺乏竞争力,直至消失。而"道德风险"问题最早来源于对保险市场的分析,在保险市场上,投保人在购买保险之后,其行为的成本将由保险公司来承担,这时保险公司就面临着道德风险。如果投保人违约造成损失,他自己并不会承担责任,而保险公司将会承担责任,这时投保人就缺乏不违约的激励,其是否违约就完全依赖于投保人的道德自律。

总而言之,由信息不对称所引发的"逆向选择"和"道德风险"等问题会对市场经济的健康运行造成许多负面影响,使得假冒伪劣产品充斥于市场中,消费者和生产商行为扭曲。因此,政府需要在增加市场信息供给上发挥自己的作用,消除或减少市场交易主体之间的信息不对称,打击信息垄断者利用信息优势扰乱市场秩序的行为,杜绝不公平交易的出现,从而促进资源合理配置和市场经济的健康发展。

我国快递业正处于加速发展的关键阶段,信息不对称问题在我国快递市场中表现得相对突出,从快递市场运行参与主体的角度,可以将快递市场中的信息不对称问题分为以下几类。

第二章 政府监管的基本理论

1. 快递企业和消费者之间的信息不对称

对于消费者来说，选择快递实际上是选择了一种服务，每一位消费者在给快递企业支付相应的价格之后，都希望自己的快件能够快速、准时、安全地送到收件人手中，这也是快递市场运行最理想的状态。但是在现实中，实现以上理想状态并不容易，快件延误、遗失、被盗、损坏以及违规收费等各种问题时有出现，这些问题的出现恰恰反映了快递企业和消费者之间存在着信息不对称。

尽管快递是一种服务性商品，但与其他服务不同的是，在快递运行的各个环节消费者并不是都能够切身参与其中，而在那些消费者看不到的环节上，信息不对称就会发生。一般而言，快递业务会经过收寄、运输、分拨和配送这四个环节才能将包裹从寄件人手中送至收件人手中，而当寄件人将包裹交给快递企业到收件人签收快件之间的环节，即运输、分拣和配送这三个环节消费者并不能亲眼看见，信息不对称在这几个过程中就非常容易出现。由于消费者在包裹运输、分拣等环节无法看到自己的包裹，快递企业则会出于降低成本、方便操作等考虑不按规定处理包裹，如在分拣和投递过程中进行野蛮抛扔，以及快件运输过程中不采取保护措施等，造成包裹的被盗、遗失、损坏、延误等问题，严重损害了消费者的利益。

根据国家邮政局 2016 年前三个月的邮政业消费者申诉情况的报告数据显示，全国消费者对快递服务申诉的主要问题包括投递服务、丢失短少、延误、损毁、收寄服务、违规收费以及代收货款等几个方面，其中投递服务、丢失短少、延误和损毁问题占消费者所有申诉问题的绝大多数。以 2016 年 3 月为例，消费者对投递服务、延误、丢失短少和损毁四类问题的申诉比例就占所有问题比例的 96.9%，而这四类问题均是在快件运输、分拣和投递这三个环节发生的，更凸显出这些环节中信息不对称问题的严重性。实际上，消费者在将快件交由快递企业后，基本上除了靠登录快递企业官网输入快递单号、查询运送进度外，基本上没有任何途径可以了解自己快件的信息，也就是说消费者在这些环节上处于信息的绝对劣势，信息不对称现象尤为严重。而作为快递企业，一方面也没有非常恰当的手段和方法向消费者公开快件运输、分拨等信息，另一方面出于成本等因素的考量也不愿意公开这些信息。这时，作为维护消费者权益代表的政府监管部门就应该发挥作用，在消除或降低消费者与快递企业信息不对称问题上加强监管。

2. 监管部门与快递企业间的信息不对称

狭义上，我国快递市场的监管主体是国家邮政局和地方各级邮政管理部门；广义上，快递市场的监管主体还应包括各级立法机关以及对快递市场运行各不同环节拥有监管职能的其他政府部门，如公安、工商、食药监等部门。以上各类监管主体与快递企业间存在着信息不对称。

邮政管理部门与快递企业间的信息不对称。国家邮政局和地方各级邮政管理部门是我国负责快递市场监管的主要部门，其工作人员作为维护消费者权益的代表，依法对快递市场进行监管，并对违法违规的快递企业进行查处和惩罚。但是，一方面由于各种客观条件的限制，监管部门目前还无法做到对快递企业全面、准确、实时监管，因此在快递市场监管实践中，快递企业可能会通过上报虚假信息、隐瞒违法行为等方式应对邮政管理部门的监管，使其无法全面、准确获取快递企业的信息，导致一些违法违规行为在快递市场中出现。另一方面，由于监管本身是依靠人来执行的，而人都具有自私的一面，因此邮政管理部门在对快递市场进行监管时，也存在着被快递企业"俘获"的可能性，部分工作人员可能为一己私利，利用手中权力以权谋私，对快递企业的违法行为不闻不问，造成监管部门与快递企业之间的信息不对称，最终使消费者利益受到损害。

立法部门与快递企业之间的信息不对称。政府监管依据的是我国各级立法机关制定的法律法规，而立法机关与快递企业之间也存在着信息不对称。这主要表现在立法机关很难了解快递企业对于违规经营处罚的承受水平，快递企业不会主动将自己可承受的处罚水平告诉立法机关，这就使得立法者在制定针对快递企业违法行为处罚力度时缺乏合理性，而立法者一般对快递企业制定的惩罚力度偏轻，这就使快递企业在违规经营还是守法经营上做起了权衡，由于快递企业经营的目标是利润最大化，如果立法者针对快递企业违法行为所制定的惩罚手段单一、力度较轻、罚金较少，也就是当快递企业因受处罚而付出的代价小于其违规经营所带来的利润时，不排除作为理性经济人的快递企业会为了获取更大利润而违反法律法规经营，使立法的目的和意义大打折扣，也侵害了消费者的利益。此外，立法者和快递企业之间的信息不对称还表现在立法者并不能清楚了解快递企业所有的违法行为信息，主要原因还是在于信息获取成本较大，这直接导致了立法者所制定监管法律法规并不能涵盖快递企业的所有行为，特别是在当前电子商务和快递业协同发展的背景下，快递市场出现了许多新业态和新模式，立法者须对这些快递市场的新业态、新模式充分了解，才能合理立法。因此，当立法者对这些新事物把握不及时、不准确时，信息不对称就会出现，并直接导致监管部门的监管活动缺乏法律依据，不利于快递市场监管工作的顺利开展。

　　3. 快递企业内部的信息不对称

　　快递企业内部的信息不对称主要发生在企业高层与一线员工特别是快递分拣员、快递业务员之间。快件的丢失、损毁以及延误等问题的发生与执行这些任务的一线员工有直接关系。快递企业高层管理人员希望一线员工能够按照国家和企业的有关规定，依法依规完成快件的收寄、运输、分拣和投递等作业，但是快递企业高层不能完全掌握一线业务员的信息，对其的了解基本上停留在快递从业人员资格考试分数上，但是快递业务员的职业能力和综合素质等信息主要反映在其平时的工作中，而快递企业要想对一线员工的工作能力、工作态度等信息进行全面考查是比较困难的。由于二者之间存在着这样的信息不对称，一些快递业务员出于自身操作的方便便不按照规定处理快件。最典型的例子就是快递企业普遍存在的"野蛮抛扔快件"现象，这一问题至今仍没有得到有效解决，对于快递业务员来说，随意抛扔邮件已经成为业内公认的现象，并不少见。再如有关快件的验视签收问题，快递企业高层并不能清楚地知道该公司送出的每一份快件都有客户的验视签收，一些快递员为了方便，不认真履行客户对快件的验视签收职责，而当快件出现损毁等问题，消费者向快递公司进行投诉时，快递业务员就会将责任推卸给消费者，最终使快递企业和消费者蒙受损失。

　　快递企业内部存在的信息不对称一方面反映出快递企业内部监管存在的问题，另一方面则更折射出我国对快递从业人员管理存在的问题。其中"快递员"作为一个新兴职业，在2015年才正式纳入我国新修订的《中华人民共和国职业分类大典》中，对于这一职业人才的管理还有很长的路要走。现阶段的问题主要表现在我国快递从业人员综合素质普遍不高，职业能力和工作态度有待提升，特别是对于快递分拣员和快递业务员这类处于快递市场第一线的工作人员，由于对其综合素质和专业能力等信息了解不够，再加上一线快递业务员流动性强，岗前培训不足，使快递企业很难对其进行全面考查后再进行雇佣，因而由此信息不对称所导致的问题最终会损害消费者的权益，同时对快递企业的公司形象也会产生负面影响。

　　思考与讨论：如何解决因信息不对称而导致的各种快递市场失灵问题？

三、社会性规制概述

（一）社会性规制的概念

学术界一般都采用植草益对社会性规制所做的定义（见第二章第一部分相关内容），社会性规制被提出并得到蓬勃发展主要依托于两种社会背景：一是随着经济发展，出现了大量环境、健康和社会安全问题。这些问题的出现与市场活动中微观主体的经济行为导致的大量外部性和信息不对称有密切关系。二是随着生活水平的提高，人们日益关注自己的生命价值和生活质量，从而关注环境、安全和质量问题。社会性规制理论认为政府进行规制是建立在市场失灵基础之上的，即市场中广泛存在的外部性问题、信息不对称问题、公共物品和非价值物品等。

（二）社会性规制的目标和政策工具

社会性规制旨在规避人类活动中由于外部性、信息不对称等原因引发的各种问题，以实现保护环境，保障国民安全、健康、卫生等目标，从根本上增加社会福利。总体来看，社会性规制的目标主要有三个：一是保护自然环境，实现可持续发展；二是保护劣势信息方的权益，提高社会安全度和公众健康水平；三是提供公共产品，增进正外部性。社会性规制的方法有两大类，一类是基于"命令—控制"型的规制方法，具体手段包括"禁止特定行为、营业活动限制、执业资格制度、标准认证和检查制度、税收和补偿制度以及信息公开制度"等；另一类是基于市场的政策工具，具体方法有"排污收费制度、押金返还制度、可交易的许可证制度、取消市场壁垒以及减少政府补贴"等。

（三）社会性规制的过程

社会性规制的过程一般包括以下四个基本步骤：一是建章立制，建立政策行为预期；二是设立标准，使政策目标可操作化、明确化；三是建立奖惩机制，引导规制对象将自己的行为限制在政策范围之内；四是建立完整的政策执行系统，以监控和确保规制对象的服务。

（四）我国社会性规制的法律和组织体系

与西方国家不同，我国社会性规制的出现要早于经济性规制，并且社会性规制的制度建设也相对完善。改革开放以来，我国颁布了一系列有关社会性规制的法律法规，初步建立了社会性规制的制度体系。在环境保护方面，我国先后制定并出台了《中华人民共和国环境保护法》《中华人民共和国水污染防治法》《中华人民共和国海洋环境保护法》《中华人民共和国大气污染防治法》《水污染排放许可证管理暂行办法》《环境噪声污染防治条例》等法律法规。在产品质量和卫生规制方面，我国先后出台了《中华人民共和国食品卫生法》《中华人民共和国药品管理法》《中华人民共和国计量法》《中华人民共和国标准化法》《化妆品卫生管理条例》等法律法规。在生产安全和劳动保护方面，出台了《职业病范围和职业并处理办法的规定》《中华人民共和国海上交通安全法》《中华人民共和国消防法》等多部法律法规。这些法律法规明确了我国环境规制、产品质量规制和安全规制的基本原则和方法，使我国社会性规制开始走上了法治化的轨道。在社会性规制机构方面，我国逐步建立了社会性规制组织体系，初步明确了社会性规制的主体。在环境规制方面，原国家环保总局逐步升格为生态环境部，此外水利部、自然资源部、农业农村部、交通运输部等部委也都在各自领域内承担着环境保护方面的社会性规制职能。在产品安全和卫生规制方面，农业农村部、国家市场监督管理总局、国家药品监督管理局等部门承担着该领域的规制职能。在职业安全与健康规制方面，应急管理部、人力资源和社会保障部、交通运输部等部委负责相关社会性规制的政策制定和实施。

思考与讨论

快递业的外部性

一般来讲，社会性规制处理的主要是外部性问题，为了保障劳动者和消费者的健康、安全、卫生以及赖以生存的环境，对产品或服务的质量制定一定的标准。外部性又称为"外部经济"或"外部效应"。公共选择学派代表人物布坎南对外部效应给出过一个经典的定义，即：只要某一个人的效应函数（或某一厂商的生产函数）所包含的变量是在另一个人（或厂商）的控制之下，即存在"外部效应"。斯蒂格利茨也指出：每当个人或厂商采取的一种行动直接影响到他人，却没有对其有害后果付费，或因其有益后果获得补偿时，就出现了外部性。当存在外部性时，就意味着厂商或个人没有承担其行为的全部后果。总而言之，外部性就指的是一些个人或厂商的行为对其他人产生了影响，这种影响可能是正面的也有可能是负面的，但是这些个人或厂商却没有因此付出相应成本或获得相应报酬。这也就是说由于外部效应的存在，使得除交易双方之外的第三者受到了影响，而该第三方因此获得的效益或因此付出的成本并未在双方交易中予以考虑，这使得社会资源配置出现了扭曲，无法实现帕累托最优。由于外部性的存在，使得政府对市场外部性的矫正成为可能。而作为政府矫正负外部性的基本手段，社会性规制所面对的公共安全、卫生、环保以及福利等都是转型社会和转型经济可能遇到的最普遍的社会问题。尚不完善的市场机制不能有效地解决外部性问题，造成广泛的市场失灵以及社会福利的严重受损。对外部性最基本的分类就是从外部性产生的影响入手分析，可以将其分为"正外部性"和"负外部性"。"正外部性"指的就是一些人的生产或消费使另一些人受益，但是却无法向后者进行收费索取补偿的现象。"负外部性"则是指一些人的生产或消费同时会损害另一些人的利益，但后者却无法向前者索取赔偿的现象。不论是正外部性还是负外部性，都会带来效率的损失。当一种产品存在正外部性时，这种产品的私人收益会小于社会收益，因而会出现私人企业对产品供给的不足，带来效率损失；当一种产品存在负外部性时，私人生产商会忽视产品的外部成本，造成产品的供应量大于帕累托最优的供给量，出现产品过度供给，同样也会带来社会福利的净损失。由于外部效应很难依靠市场自身机制化解，因此需要政府对外部效应进行治理，使外部效应内在化，也就是将产品、劳务的价格能够反映其全部的社会边际效益。

我国快递业发展到今天，其间伴随着许许多多的问题，其中外部性问题是我国快递市场失灵的主要表现之一。

首先来看快递市场的正外部性。近年来，快递业的大发展给我国国民经济和人民生活所带来的正面效应是有目共睹的。总体来看，快递业的正外部性主要表现在三个方面：第一，促进就业。快递业快速发展的一个显著正外部效应就是其对就业所做的贡献，仅在2014年快递业直接吸纳就业人口就达120多万，而根据2016年5月由阿里研究院等单位联合发布的《全国社会化电商物流从业人员调查报告》中的预测，到2020年，中国电商物流包裹数量有望达到每年1 000亿个，从业人员将近600万人。原因就在于电子商务快速发展使得电商企业和消费者对于快递业务的需求激增，从而使快递企业催生出一大批就业岗位，包括企业的管理人员、一线的快递员、仓库操作人员、货车司机、客服人员等，这些就业岗位可以吸引广大求职者前来应聘。不难看出快递业在吸纳就业人口上确实发挥了十分重要的作用。第二，拉动社会需求，带动相关产业发展。电子商务与快递业之间的关系是相辅相成的，一方面电子商务的迅速发展带动了快递业务量的激增,另一方面快递企业所提供的快捷服务也促使广大消费者愿意通过网上购物的方式进行消费,如果没有快递可以在较短时间内将商品送至消费者手中,消费者还会愿意通过网购方式购买商品吗?特别是近年来,随着快递企业间竞争的加剧,一些快递企业开始在配送速度和服务质量上下功夫,使更多消费者愿意在网上购物,快递通过拉动消费需求对电子商务产业的蓬勃发展起到了十分重要的作用。当然,快递业发展所带动的产业并不仅仅局限于电子商务领域,快递对广告、交通运输、科技等相关领域或产业的带动作用也是非常明显的。第三,无形中提高了人们生产和生活的效率。在没有快递的年代,人们只能依靠传统的运输方式寄送收发物品,耗时费力且效率非常低下。快递的出现改变了这一状况,快速、便捷且相对安全的运输极大地缩短了人们寄送物品的时间,提高了全社会生产效率,同时提高了个人的工作效率,由快递发展所带来的时间成本的节约和效率的提高无疑是快递业所具有的正外部性之一。

再来看快递市场的负外部性。快递市场负外部性的典型表现就是快递包装所引发的环境污染和资源浪费问题。当前,连年激增的快递业务量所造成的包装垃圾问题越来越严重,并且已经开始对环境产生负面影响。据国家邮政局相关统计数据显示:仅2015年全国快递业务量就达到了206亿件,同比增长了48%,一共消耗了编织袋29.6亿条、塑料袋82.6亿个、包装箱99亿个、胶带169.5亿米,其中胶带的长度可绕地球赤道425圈。如果按照每个包装箱0.2千克估算,这些快递就会产生包装垃圾400多万吨。这么多因快递包装而产生的垃圾给我国自然环境所带来的负面影响不能不引起重视,特别是以下几个方面需要特别关注:第一,各类快件普遍存在过度包装的问题。由于我国目前尚未对快递包装做出法定标准,加之监管上的困难,各快递企业对快件的包装或多或少存在不规范问题,快递员为了保证快件在运送过程中的不出现破损,因此会不自觉地对快件进行重复包装、过度包装,最明显的表现就是大多数快递包裹上都会有多于实际需要的胶带。这种过度包装、重复包装使快递垃圾每年成倍递增。第二,快递企业出于成本考虑,所使用的包装材料大多为非环保材料,极易对环境和人体健康造成危害。目前,市场上的快递包装使用的材料主要有聚乙烯、纸板、牛卡纸、气垫膜等,其中塑料袋使用量最大。而快递用的塑料袋往往成分比较复杂,主要由化工材料、生活垃圾等再加工而成,残留了大量的塑化剂、阻燃剂等有毒有害物质,不能重新加工,也不能降解,大多数只能填埋或焚烧,这对人的身体健康和环境都有很大的危害。由于国家并没有对快件包装材料做出明确规定,加上近年来企业每单快递的单价处于下降趋势,因此几乎没有快递企业愿意使用成本较高的环保材料来包装快件。因而所造成的污染问题愈发严重。第三,快递企业对快递包装垃圾回收处理的积极性不高。目前我国对快递企业回收和再利用快递垃圾并未作出规定,因此包装垃圾最后都由快递企业和消费者自行处理,特别是我国消费者环保观念整体偏低,垃圾分类处理意识淡薄,大部分消费者都是直接将快递塑料袋和外包装扔进垃圾箱,有些人甚至将其随意丢弃,而一个快递塑料包装的降解就需要几百年的时间,对土壤所造成的污染将是十分严重的。出于对成本等因素的考虑,快递企业对于快递包装回收再利用的积极性也不高,回收再利用工作无论从管理体系建设上,还是从人财物等硬件条件准备上都没有明显进展,因此大量快递垃圾只能是进入垃圾场进行焚烧、掩埋等处理,这不仅会对环境造成破坏,而且对可回收资源也是一种浪费,因为用于包装快递的纸质材料是可以进行二次回收利用的。总之,"包装垃圾"这一快递市场的负外部效应的解决仅靠市场自身是远远不够的,需要政府发挥一定作用:首先,我国目前对快件包装缺乏强制性的法律法规或标准,政府在这方面需要发挥主导作用并且大有可为;其次,因为近几年我国快递企业之间竞争十分激烈,各快递企业均缺乏使用环保包装材料、回收快递包装垃圾的积极性，需要政府的鼓励和支持；最后，政府有义务在全社会倡导分类处理快递包装垃圾，重复使用纸质快递包装箱的风气。

思考与讨论：快递包装治理的难点到底是什么？政府监管和市场机制该如何发挥作用？

四、反垄断规制概述

（一）垄断的含义、类型以及垄断行为

西方经济学认为的"垄断"一般是指少数资本主义大企业，为了获得高额利润，通过相互协议或联合，对一个或几个部门商品的生产、销售和价格进行操纵和控制。根据竞争程度的差异可以将市场中的垄断现象分为三类：一是垄断竞争，在这一市场中，企业具有一定的市场支配力，有将价格提到高于边际成本的能力。二是寡头垄断，主要是指仅有少数几家企业供给市场的市场类型，即由少数企业完全控制一个产业的市场结构。三是完全垄断，即由一家企业供给整个市场，市场中只有一个供给者，不存在相近的替代品，一般认为完全垄断市场的资源配置效率低。垄断行为是指经营者为占有更多的市场份额和市场控制力所实施的具有或者可能排除、限制竞争效果的行为。垄断行为主要包括三个方面：一是经营者达成垄断协议，二是经营者滥用市场支配地位，即经营者在相关市场内具有能够控制商品价格、数量或者其他交易条件，或者能够阻碍、影响其他经营者进入相关市场能力的市场地位，占有市场支配地位的经营者无节制的利用其影响力排除或限制公平竞争，并损害消费者合法权益的行为就是滥用市场支配地位。三是具有或者可能具有排除、限制竞争效果的经营者集中，又称之为企业合并。

（二）反垄断及其必要性

广义上的反垄断就是指政府职能部门采取的为了保护市场竞争、推动经济又好又快发展的、对垄断结构和垄断行为进行干预和规制的政策措施以及法律法规。因此，广义上的反垄断主要包括行政手段和法律手段两种。对于我国来说，狭义上的反垄断就是指国务院商务主管部门和国务院有关部门依照《中华人民共和国反垄断法》的具体规定预防和制止垄断行为、保护市场公平竞争。反垄断的必要性主要体现在三个方面：一是反垄断有利于维护市场机制，制止垄断企业为了追求高额垄断利润，利用市场控制力对市场价格进行干预和影响的行为，保证经营者之间的公平竞争；二是反垄断能够推动技术进步，促进市场主体之间的充分有序竞争是推动生产力水平提高的重要途径，也是国家经济活力的源泉，反垄断就是要保证市场竞争不受垄断行为的侵蚀，保证在一定的垄断结构下，竞争机制能够持续推动市场的繁荣发展；三是反垄断能够保护消费者的利益，因为只有在市场竞争环境中，经营者才可以为消费者提供不同质量、数量、规格、型号和品种的产品或服务，以满足消费者需求，同时在竞争环境下经营者也不能够以消费者无法接受的市场价格进行产品销售，这一切均依赖于反垄断的实施。

（三）反垄断法的规制体系

反垄断法就是反对垄断和保护竞争的法律制度，世界各市场经济体制国家均制定了以反垄断法为核心的反垄断规制体系。例如，美国在1890年出台了《谢尔曼法》，这是世界上最早的反垄断法，此后美国政府又颁布了《克莱顿法》《联邦贸易委员会法》等法案以维护自由竞争，美国联邦贸易委员会承担反垄断的行政职能，联邦法院则对这些法律进行解释和修订。德国也在1957年颁布了《反对限制竞争法》，该法案规定德国联邦卡特局承担执行反垄断法的职责，德国《反对限制竞争法》明确禁止以阻碍、限制和扭曲竞争为目的或者使竞争受到阻碍、限

制或扭曲的卡特尔行为。此外,该法案还对禁止纵向协议、市场支配限制竞争的行为做出了详细规定。日本的反垄断法规制体系在20世纪中期就已经基本建立起来,第二次世界大战后的1947年,日本制定并颁布了《禁止私人垄断及确保公正交易法》,该法案明确禁止了私人垄断、不正当交易限制以及不公平的交易方法,对推动战后日本经济的复苏和繁荣起到了重要作用。1996年日本对该法案进行了修改,根据该法案规定,日本设立了公正交易委员会作为反垄断的执法机构,对私人垄断以及不正当竞争进行监管。我国反垄断立法的起步相对较晚,2007年,《中华人民共和国反垄断法》经十届全国人大常委会第二十九次会议表决通过,并于2008年8月1日起正式施行。我国的《反垄断法》以"预防和制止垄断行为,保护市场公平竞争,提高经济运行效率,维护消费者合法权益和社会公共利益,促进社会主义市场经济健康发展"为目标,是一部关系国计民生以及市场经济全局利益的重要法律。根据《反垄断法》规定,国务院规定的承担反垄断执法职责的机构负责反垄断执法工作。目前,国家市场监督管理总局及其下设的反垄断局承担我国反垄断规制的主要职责,同时国家发改委根据有关法律规定也享有一部分反垄断执法权,国务院设立反垄断委员会,负责组织、协调和指导反垄断工作。

思考与讨论

马云"物流行业一定要竞争,未来的世界没有人可以做到垄断"

2018年5月31日,阿里巴巴集团董事局主席马云在2018全球智慧物流峰会上发表演讲。马云说:"快递行业的发展,真正想消灭的是所有的库存,因为'害死'很多全世界中小企业最主要的原因之一就是库存量。"马云表示,"物流原来靠的是集装箱,未来将靠的是包裹。靠集装箱的时候,美国也好,欧洲也好,日本是物流大国,但今天物流靠的是包裹的时候,中国应该当仁不让地担当起物流的责任,形成对全世界有效、有价值的作用,建立起全球的智能物流骨干网。为明天的物流思考,为解决真正世界、行业、社会的问题去思考。这就是我们所有物流企业应该投入,应该思考的一些问题。"

"我相信我们做企业,从未来来思考,未来已来。未来我们谁也避免不了,世界贸易因为物流会发生变化,世界贸易由集装箱变成了包裹,世界贸易从简单的国与国之间的贸易,变成企业之间的贸易。所以这一切的变化我们必须为之准备、为之奋斗。"马云表示,"世界贸易将不可阻挡,经济全球化更不可能阻挡,所以我们物流快递行业兵马未动粮草先行,物流行业要先做好这个准备,因为我们的准备、我们的努力,能够让全球化更加普惠,让全球化真正普及全球。"

马云特别指出,"我们必须有全球的思考、必须要有全局的思考,物流行业要不要竞争,一定要竞争,不竞争'四通一达'不会有今天,不竞争这个世界不会诞生UPS这些了不起的企业,但是竞争的目的是为未来竞争,让自己更强大,让合作伙伴更加协同。在未来的世界里面,没有人可以做到垄断,垄断并不存在。只有你的努力,真正帮你做大做强的是你的服务、你的技术、你的创新还有你的客户。所以,我相信物流企业解决的问题越大,自身的发展也会越来越大,'菜鸟'将以建设智慧物流骨干网来建立现代的物流体系。所以,我们希望所有的物流行业参与进来,一起为很快来临的每天10亿个包裹做好准备,一起为解决全社会、全行业的问题进行探讨。"

思考与讨论:如何看待中国快递业未来的发展格局?马云成立"菜鸟网络"的目的是什么?中国快递业会出现垄断吗?

第三节　对我国快递市场监管的初步认识

之所以对市场进行监管,是因为市场失灵的存在。监管作为政府干预经济的一种手段,是为了矫正由于市场失灵所造成的资源配置低效率等问题而产生的。快递业作为我国经济的一匹"黑马",其对国民经济的贡献越来越大,对人民生产生活的影响也越来越大。一个健康、有序的快递市场将有助于推动经济发展、改善民生。但是受历史和现实等诸多因素的影响,我国快递市场尚处在发展的初期,还存在着一些市场失灵问题,这些问题不利于快递业的健康发展,同时也侵害了消费者等市场主体的合法权益。因此,加强快递市场监管十分必要。

一、快递市场监管的概念

政府与市场关系的问题已经在西方经济学界经历了两百多年的激烈争论,关于这场争论的一个核心议题便是政府是否应该对市场进行干预,是自由放任还是加强监管?这一议题涉及政府与市场的合理边界到底该如何定位。尽管对这一问题的讨论仍在进行中,不同流派的学者都站在各自的角度提出了不同的看法,但是从近两百多年世界经济发展的历史实践来看,政府对市场的干预已经成为不可争议的事实,现在关键问题就在于辩清政府干预市场的方式、深度以及广度。近两百年各国经济发展的历程反映了一个客观事实:恰当的政府监管能够有效纠正由于市场失灵而产生的各种资源配置低效率和不公平问题,不恰当的政府干预则会扭曲市场经济的客观规律,抑制市场主体参与竞争的积极性,进而影响整体经济的健康发展。2011年,经济发展与合作组织(OECD)在其《监管政策与治理的建议》报告中强调"政府监管是与财政政策、货币政策并列的国家正式权力的三大杠杆之一,它在形成经济和社会福利方面是至关重要的"。

(一)"监管"相关概念的辨析

"监管"一词对应于英文中的"regulate""regulation"或"regulation constraint"。在《韦氏高阶英语词典》中,对"regulation"的解释有两条:一是"an official rule or law that says how something should be done",即"一个官方的法律或规则用于告诉或指导人们事情该如何去做";二是"the act of regulating something",即"管理、调节或控制"。在我国,以上这些英文单词除了被译为"监管"以外,还经常被译为"规制"或"管制"。监管、规制和管制这三个词都与英文"regulation"的意思相近,其本质是相同的,不过也有细微差别。"规制"即规则、制度,和《韦氏英语高阶词典》中对regulation的第一种解释相类似,强调依照法律或规章制度进行管理。"管制"即强制管理,表达了一种对违法的行为、个人或群体的强制性约束或控制。而"监管"即监督管理,其强烈程度明显弱于"管制",但二者均和《韦氏英语高阶词典》中"regulation"的第二个意思相一致,表示一种动作或状态。从本质上讲,以上三种译法均来源于"regulation",因此没有本质区别,只是在我国不同学者根据自身研究对象和研究问题的不同会习惯性地采用不同的译法。如当对电力、铁道、水利等自然垄断行业进行研究时,通常会采用"规制",在我国对电信业常常使用"管制"一词,而当对企业的行为进行监督管理时,则经常用"监管"一词。

对于本书来说,选取"监管"一词的理由不仅仅是因为对快递市场的监管主要针对的是广大快递企业,还主要因为"监管"一词表达了当规则制度通过以后,政府依照相应的法律法规对市场主体进行监督管理的行为,这就强调监管主体需要依法监管,同时被监管对象的行为也要与法律法规相一致,若出现不一致将会对其不符合规则的行为进行限制、纠正甚至惩罚。由此可见,"监管"一词的含义比较丰富。对快递市场来说,我们既要对快递行业的法律法规进行研究,同时还要研究快递市场各主体不符合法律法规的行为。因此,采用"监管"一词更加符合本书的主旨。同时,相比较于"管制"和"规制","监管"一词在表达上更加柔和,我国政府与普通百姓也都比较习惯使用"监管"一词,因而本书决定使用"快递市场监管"作为书名。

(二)关于"监管"的定义

国外多位经济学者都对"监管"一词进行了定义,以下是比较有代表性的学者或经济组织的观点。

美国经济学家丹尼尔 F.史普博指出"监管是由行政机构制定并执行的,直接干预市场配置机制或间接改变企业和消费者供需决策的一般规则或特殊行为。"这一定义侧重于揭示监管的目的。

美国管制经济学者小贾尔斯·伯吉斯认为"政府管制(或政府监管)就是政府采取的干预行为,它通过修正或控制生产者或消费者的行为,来达到某个特定的目的,是衡量政府和市场之间相互作用的一个尺度。政府监管可以决定商品的价格,或者生产什么以及生产多少产生影响。在一些特殊情况下,政府管制甚至能够决定由谁生产商品或劳务及如何生产它们。"这一定义反映了政府管制的目的及其影响。

日本经济法学家金泽良雄指出"政府监管是在以市场机制为基础的经济体制下,以矫正、改善市场机制内在问题(广义的市场失灵)为目的,政府干预和干涉经济主体(特别是企业)活动的行为"。这一定义阐明了监管的主体、对象和监管的目的,同时还特别强调市场机制的基础性作用是进行政府监管的前提。

日本产业经济学家植草益认为"通常意义上的监管或规制,是指依据一定的规则对构成特定社会的个人和构成特定经济的经济主体的活动进行限制的行为"。植草益根据对日本国内政府规制实践的研究,将针对市场失灵的政府规制政策分为直接规制和间接规制,直接规制又可以分为经济性规制和社会性规制,并指出"直接规制是指为应对自然垄断、外部性等弊端,防止公害、环境保护、保障健康和安全,对在公益事业中的进入、退出、价格、投资等的制约"。植草益对监管概念的探讨深入到了政府监管的主要内容,并从实践角度提炼出政府监管的类型。

美国著名经济学家斯蒂格勒则指出"作为一种规制,规制通常是产业自己争取来的,规制的设计和实施主要是为受规制产业的利益服务的。"斯蒂格勒对规制的理解不同于前几位学者,他是从"规制俘获"的角度理解规制的内涵。

除了以上经济学家对"监管"或"规制"做出的定义之外,一些国际组织也对监管进行了定义。如美国预算管理办公室(OMB)指出"监管是政府行政机构为解决市场失灵、维持市场秩序、促进市场竞争、扩大公共福利,根据法律制定并执行的一系列规章和行为"。经合组织(OECD)在1997年的文件中指出"监管包括法律、各级政府制定的正式和非正式的指令以及次级规则、获得政府授予监督权的那些非政府或自我监管组织发布的规则等。"以上对监管内涵的解释都强调监管是依照法律、法规而进行的行为,其中美国预算管理办公室的定义还指出了政府监管的四大作用,即解决市场失灵、维持市场秩序、促进市场竞争和扩大公共福利。

国内学者对监管概念的探讨也有几十年的历史,以下列举几位代表性学者的观点。

北京大学的张维迎认为,政府监管就是使企业按某种规则行事,而且政府监管与政府干预不同,政府干预只是让政府行政部门而不是让被监管者自己去决策的一种博弈规则。

浙江财经大学的王俊豪将 regulate 译为"管制",并指出政府管制是具有法律地位的、相对独立的政府管制者(机构),依照一定的法规对被管制者(主要是企业)所采取的一系列行政管理与监督行为。

中国社会科学院的余晖认为,政府监管是指行政机构为防治市场失灵,以法律为依据,以颁布法律法规、规章、命令及裁决为手段,对微观经济主体不完全公平的市场交易行为进行的直接控制或干预。

武汉大学曾国安认为,监管是管制者基于公共利益或其他目的,依据既有的规则对被管制者的活动进行的限制。

综合国内外学者对监管的定义,并结合本书的研究对象——快递市场,我们认为对监管的理解要把握以下几个基本点:监管主体、监管对象、监管目的、监管依据以及监管实现的方式,以上几个基本点共同组成了一个完整的监管活动。因此,本文对监管做出如下定义:监管是指具有相对独立地位的监管者,依据法律赋予的权限对市场中各个参与者行为的监督与管理,并通过制定和实施相关规则,对被监管者不符合法律法规的行为进行约束、控制甚至惩罚,以规范市场参与者的行为,保证公共利益和经济健康。

二、我国快递市场监管的历史沿革

纵观近四十年中国快递市场监管实践的发展历程,不难发现我国快递市场的管理体制经历了多次变化,特别是在2001—2002年"快递风波"出现之前,行业监管体制长期不顺畅,监管主体未能明确,而一个行业要想健康发展,理顺行业管理体制并明确监管主体是必不可少的。由于我国自新中国成立后长期实行高度集中的计划经济体制,在进行改革开放并逐渐向社会主义市场经济体制转变的过程中,必然会遇到各种困难和阻力,特别是对于快递这一诞生于西方市场经济环境下的新兴业态,要不要对其进行监管?如何进行监管?由谁来进行监管?上述问题都是政府和整个行业必须深入思考的重大问题。本节将对我国近四十年来快递市场监管的基本历程进行回顾,从而窥探我国快递市场管理体制演变的基本特征和主要规律。

我国快递市场监管实践的发展历程较为复杂,总体来看可以分为三个基本阶段,即:20世纪80、90年代由当时的外经贸部"委托管理"时期,20世纪90年代的"多头管理"时期以及进入21世纪以后邮政管理部门成为行业主管部门的时期。

(一)阶段一:外经贸部"委托管理"

1979年6月,日本海外新闻普及株式会社(OCS)与中国对外贸易运输总公司签订了快件代理协议,这标志着快递在中国的诞生。当时的快递只经营国际快递业务,因此这时的快递业并不是由邮政部门监管,而是由当时负责国家间贸易往来的对外贸易经济合作部(以下简称外经贸部)负责管理,外经贸部即商务部的前身。1986年,国家邮政部门决定成立中国邮政快递服务公司(EMS),也是经由当时的外经贸部批准允许后经营快递业务的。但是,自从快递进入中国之后,由于其业务特性,关于中国货代企业所从事的快递业务是否属于邮政专营的问题一直是各方关注的焦点,尽管20世纪80年代快递业务审批等行业管理事项由外经贸部负责,但是有关快递业务是否属于邮政专营的争论一直存在,并逐渐反映到了1981年开始起草的《邮政法》上来。1986年8月,国务院常务会议审议通过了《邮政法(草案)》,并决定提请全国人大常委会审议,当时邮电部的主要负责人还就《邮政法(草案)》中有关邮政专营的问题向全国人大常委会进行了说明,指出信函、明信片和其他具有通信性质文件的寄递业务是邮政的基本业务,事关通信自由和保密安全,也事关国家和人民的利益,因此需要国家统一经营。全国人大常委会对《邮政法(草案)》审议意见指出:"信函、明信片和其他具有通信性质的文件、物品寄递的邮政业务,由邮政机构专营,除邮政机构委托代办者外,其他任何单位或者个人不得经营。"随后,一些地方和部门提出,现在已经有一些非邮政单位经邮电部同意,办理某些商业文件的快递业务。经国务院法制局和邮电部研究,建议将意见修改为:"信件和其他具有通信性质的物品的寄递业务由邮政部门专营,但是国务院另有规定的除外。""邮政企业根据需要可以委托其他单位或者个人代办邮政企业专营的业务。代办人员办理邮政业务时,适用本法关于邮政工作人员的规定。"在以上审议意见的基础上,六届全国人大常委会第十八次会议通过了《中华人民共和国邮政法》,之后在1986年底,当时的国家工商行政管理局发文指出:"关于划清邮政和航空货运速递业务范围的问题,应以《邮政法》第八条的规定为准。"1986年《邮政法》和相关部门文件的陆续出台,才使邮政部门和快递企业有关"专营问题"的争论告一段落。但是在这场争论中,非邮政快递企业的呼声在《邮政法》起草过程中并未得到重视。

(二)阶段二:有关部委"多头管理"

20世纪80年代有关专营问题争论的结束并不意味着关于我国快递存在合法性和管辖权争论的结束,1992年邓小平"南方谈话"发表后,出现了又一轮关于快递市场监管问题的争论,这次争论直接导致我国快递市场监管开始进入多部委"多头管理"的阶段。

1992年1—2月,邓小平同志先后赴武昌、深圳、珠海和上海等地视察,沿途发表一系列重要讲话,明确指出"中国要毫不动摇地坚持社会主义,毫不动摇地继续推进改革开放,并提出改革开放要加大力度,胆子大一些,现行先试,抓住有利时机,集中精力把经济建设搞上去"。"南方谈话"极大地鼓舞了当时的中国经济,我国民营快递业也抓住这一有利时机,如雨后春笋般破土成长,第一批民营快递企业应运而生,使我国快递行业呈现出勃勃生机。同时,国务院于1995年印发《中华人民共和国国际货物运输代理业管理规定》,规定国家货物运输代理企业可以接受委托代为办理除私人信函外的国际快递业务,这促使一大批从事快递业务的国际货物运输代理企业的诞生。

快递市场的蓬勃发展使邮政部门感受到本行业邮政专营权和监管权遭受挑战,于是又一次重提邮政专营问题,企图收复失地。从20世纪90年代初到1995年"邮电分营"之前,一些地方的邮电局、安全局、公安局、工商行政管理局以及海关等部门联合发文,以维护国家安全和通信秩序为名,禁止非邮政部门办理印刷品、文件资料等速递业务,并限期已办理速递业务的非邮政单位到地方工商行政管理部门办理注销登记手续。邮政部门采取的一系列措施引起了当时外经贸部的反对,并导致了不同部委间就快递市场监管权的争论。

外经贸部认为"国际快递业是国际货运代理业务的一部分"已经由国务院予以明确,凡是经外经贸部批准经营国际快递业务并在国家工商行政管理部门登记注册的企业,均享有合法经营权。货代企业所经营的快递业务并不包括《邮政法》规定的属于邮政专营范围的信函业务,而是商务文件、贸易单证、样品、小件货物等。《邮政法》所规定的属于邮政专营范围的是信件和其他具有信件性质物品的寄递业务。地方邮电局和其他部门的联合通知将"信件"改为"文件",是违反《邮政法》的。此外,外经贸部还指出,《中华人民共和国邮政法实施细则》第四条中对信函做出的解释是"信函是指以封套形式传递的笺封信息的载体",而快递企业所经营的商务文件是可以接受海关开封查验的,因此信函和文件的寄递属于两种不同性质的业务。同时,由于外经贸部是国务院授权的管理货运代理业务(包括快递业务)的行业主管部门,因此外经贸部认为邮电部门不具有快递业务的监管权。但是邮电部门始终以拥有邮政专营权及其监管权为由,采取相关措施。尽管各地方人民政府就相关问题进行了协调,并对各地货运代理市场开展了专项整顿,最大限度保护经营快递业务企业的合法权益,但是有关快递市场监管权的争论仍未结束。

继邮电部门发声参与快递市场监管后,中国民用航空总局也在1998年1月根据《航空法》颁布了《中国民用航空快递业管理规定》。规定指出各地民用航空管理部门要加强快递航空业务活动的管理,推动航空快递业务的健康发展。该规定首次提出"航空快递"的概念,并明确要对航空快递业务实施行业监管,核发经营许可证。至此,在我国拥有快递市场监管权力的主体增多,监管形势也变得更加复杂。

(三)阶段三:邮政部门成为行业监管部门

20世纪90年代我国快递市场监管形成了"九龙治水"的复杂局面。在1998年邮电分营之前,外经贸部、邮电部、商务部、中国民航局等部门一直围绕快递市场监管权进行争论,各部门均以各自名义发布一系列规定、意见以及通知等并付诸实施,形成了典型的"多头管理",直到2001—2002年的"快递风波"后,邮政部门要求强化邮政专营和邮政委托,国家邮政局才成为我国快递行业的主要监管部门,基本结束了之前快递市场"多头管理"、各部门各行其是的局面。

进入21世纪,随着加入WTO,社会主义市场经济体制的基本确立以及对外开放力度的进一步加大,我国各行业行政管理体制改革也开始快速推进。2003年10月14日,中国共产党第十六届中央委员会第三次全体会议通过《中共中央关于完善社会主义市场经济体制若干问题的决定》,提出"加快推进铁道、邮政和城市公用事业等改革,实行政企分开、政资分开、政事分开",邮政体制改革被提上议事日程。2005年7月20日,时任国务院总理温家宝主持召开国务院常务会议,讨论并原则通过了《邮政体制改革方案》,决定组建国家邮政局,作为国家邮政监管机构;组建中国邮政集团公司,经营各类邮政业务;成立邮政储蓄银行,实现金融业务规范化经营。2007年1月29日,重组后的国家邮政局和中国邮政集团公司在人民大会堂揭牌,邮政体制改革取得重要阶段性成果。到目前,我国基本形成了以国家邮政局为行业主要监管部门,公安、交通、民航、海关、商务、工商、食药监等其他相关部门共同参与的快递市场监管格局。

延伸阅读

2002—2003年的"快递风波"

美国发生"9·11"恐怖袭击事件和"炭疽病信件事件"后,为防止出现类似的信件威胁,国务院办公厅于2001年11月下发了《关于加强信件印刷品等寄递业务管理防止炭疽杆菌传播的紧急通知》。根据这一通知精神,2001年12月20日,信息产业部、对外经济贸易合作部和国家邮政联合下发了《关于进出境信件和具有信件性质的物品的寄递业务委托管理的通知》(国邮联【2001】629号),规定:"本通知下发之前经外贸部批准设立的国际货代业务和经营国际快递业务,应在60天之内到邮政部门办理委托手续。"2002年2月4日,国家邮政局发布了《关于贯彻信息产业部等部门有关进出境信件寄递委托管理文件的通知(国邮【2002】64号)》,通知的核心内容可以概括为"一委托四不准",即快递企业必须经过邮政部门办理委托手续才可以经营进出境信件和具有信件性质的物品的快递业务,不准经营单件重量在500克以下的、不准经营单件资费比EMS低的信件及具有信件性质的物品的寄递、不准经营具有公民个人名址的信件和县以上党政军等机关的公文。由于500克以下信件快递业务占到国际快递企业文件快递业务的60%,个别企业甚至超过90%,因此该文件的下发意味着EMS将部分甚至全部垄断快递市场。从而引起了国际货代企业的强烈反响,国内外有关企业和媒体也为此展开激烈讨论,这就是业界所谓新世纪的"快递风波"。

邮政局方面认为,国家快递企业开展了法律规定的邮政专营业务,快递企业必须在邮政局办理委托经营手续。这实际上将快递企业纳入邮政局的管辖范围。国际快递企业方面则认为,快递是竞争性业务,不属于邮政专营,而且在中国加入WTO前的国际货运代理管理规定中,就已经开放国际快递的业务经营,邮政局的规定有悖于中国加入WTO议定书"将不会使之比中国加入之日时更具限制性"的承诺。

通过国家有关部门及行业协会的积极协调,2002年9月5日,信息产业部、对外贸易经济合作部、国家邮政局联合下发了《关于办理进出境信件和具有信件性物品寄递业务的补充通知(国邮联【2002】472号)》,作为邮政与国际快递企业双方妥协的结果,该通知规定:办理进出境信件和具有信件性质物品寄递业务(私人信函和县以上党政军公文除外)的企业,应在规定日期内到邮政部门办理国际快递委托经营手续,部分取消了国家邮政局64号文件所规定的对中外快递企业的限制。2002年10月21日,国家邮政局发布了《关于简化国际货代企业办理邮政委托手续的通知(国邮【2002】556号)》,该文件是对国邮联【2002】472号的补充通知,进一步简化了经营国际快递业务企业办理委托的手续。直到2002年11月7日,绝大部分非邮政快递企业才根据该文件到邮政局办理了委托,但非邮政企业一直对此持保留意见。外经贸部2002年12月11日发布了【2002】第36号令,重申了472号文件关于邮政委托的规定。至此,基本结束了"2002年版的快递之争",此后双方争论的焦点转移到了对邮政法的修改方面。这一次风波已经成为主张开放竞争的市场经济体制,与坚持形成垄断、政企不分的计划经济旧体制之间冲突的一个典型案例。

三、快递市场监管的作用

政府干预理论指出,政府对市场进行干预本质上是因为市场存在缺陷。自然垄断、破坏性竞争、外部性、信息不对称以及公共物品等问题的存在,使得市场自身无法解决市场失灵问题。同时,要想让市场实现有序高效运转,一个良好的制度环境必不可少,正是因为市场自身内部矛盾的存在及其对良好制度环境的需求,使得通过外部干预纠正市场失灵成为可能和必要。此外,公共利益理论也提出"政府公益人"的假设,尽管这一假设饱受批评,但却不能完全忽视其合理成分,因为在当前环境下,政府无疑是维护公共利益的主要代表,消费者在面对快递企业时明显处于弱势地位,当消费者利益受损时,最先想到的就是寻求政府的帮助。因此,出于维护公共利益的目的,政府进行制度设计和市场监管就显得尤为必要。无论在什么情况下,纠正市场失灵,维护公共利益都是我国快递市场监管的核心目标。具体来看,加强快递市场监管的作用表现在以下三个方面。

(一)加强快递市场监管是弥补快递市场失灵的需要

当前,我国快递业正处于飞速发展的关键时期,全行业正在由低水平发展阶段迈向高质量发展阶段,在这个转型期,快递市场难免会出现各种各样的市场失灵,表现为潜在垄断的可能性、外部性、信息不对称以及公共物品等诸多方面,这些市场失灵问题不仅给消费者的合法权益造成了损害,同时也不利于快递业的健康发展。解决市场失灵,单靠快递市场自身的机制显然不行。如在2014年底,经媒体曝光,快递企业"野蛮抛扔"、不按操作规定处理快件的问题引起了社会广泛关注。对于这一问题,消费者是最大受害者,信息不对称使自己无法得知快件在分拣运输等环节中经历了怎样的处理过程,而目前企业又不会把这些信息提供给消费者,各快递企业出于盈利需要,也会对企业内部存在的违规操作"睁一只眼闭一只眼",不会有主动矫正违规行为的积极性和主动性。这时只有监管部门出面对快递企业的违法违规行为进行曝光查处，才能纠正市场失灵、维护消费者的利益。再如，因快递业飞速发展而导致的快递包装污染问题越来越严重，这类问题是市场失灵的典型表现，快递企业以利润最大化为目标，考虑到运营成本，作为理性经济人的企业不会主动使用环保材料包装快件，也不会有积极性去回收快递包装并二次利用，只有政府才有能力破解这一难题。一方面，政府可以通过制定并完善相关标准来逐步规范快递企业的行为；另一方面，政府也可以通过财政拨款、税收减免等利好政策鼓励快递企业使用环保材料。此外，政府还可以组织科研力量研发环保包装材料并向全行业推广。总之，由于我国快递业目前所处的特殊发展时期和发展环境，为了维护消费者合法权益，促进快递业又好又快发展，政府对快递市场进行监管是必要的。

（二）加强快递市场监管是实现我国快递业发展政策目标的需要

我国十分重视快递业发展和快递市场管理。无论是中央政府还是地方各级政府，近几年都出台了一系列政策措施旨在促进行业发展、规范市场秩序。2014年初，国务院总理李克强专程前往位于西安市肖里村的西安顺丰速递有限公司看望慰问一线快递员工，指出快递业是中国经济的"一匹黑马"，要大力支持快递业发展。同年9月，李克强主持召开国务院常务会议，决定进一步开放国内包裹快递市场，推动内外资公平竞争。11月，李克强总理又来到位于浙江省义乌市的中通快递网点，指出物流是现代经济的核心部分，而快递又是物流的重要组成部分，从大处说，农村的东西送到城市去，城市的东西送到农村来，缩小了城乡差距；从小处说，快递不仅创造了就业岗位，也创造了新生活。工作虽然很普通，但很关键，并称赞快递员的工作很了不起。由此也可以看出中央对快递业的高度重视。不仅如此，近几年，旨在推动快递业发展的利好政策也接连出台。2014年10月，国务院印发《物流业发展中长期规划（2014—2020）》，规划对包括快递业在内的物流产业提出了具有前瞻性、实操性的发展要求和目标。2015年10月，国务院颁布《国务院关于促进快递业发展的若干意见》，意见中明确了我国快递业今后一个时期发展的四大内容，提出了五项任务、六大举措。该意见是我国第一次出台全面指导快递业发展的纲领性文件，对快递行业来说是一个重要的里程碑，充分体现了国家对快递业的高度重视。此外，在《国务院办公厅关于促进农村电子商务加快发展的指导意见》《国务院关于大力发展电子商务加快培育经济新动力的意见》《国务院办公厅关于深入实施互联网+流通行动计划的意见》等重要文件中也针对快递业发展制定了各种政策。不仅中央政府持续出台利好政策推动快递业发展，地方政府也不例外，各省、市、自治区纷纷出台了促进本地区快递业发展的规划、实施意见等，明确了各地推进快递业发展的目标和实现途径。

推动快递业发展的各项政策举措是我国政府宏观经济调控的重要组成部分，政策是否能够实现预期效果，关键在于政策的执行，而良好的执行离不开良好的市场环境。我国快递业起步晚、发展速度快，还存在一些市场失灵问题，这些问题必然对促进快递业发展政策的落实产生诸多不利影响，导致政策目标难以实现。因此，加强快递市场监管，营造公平、高效、有序的市场竞争环境，对于实现我国快递业发展的政策目标具有重要意义。

近年来，国家已经意识到快递市场失灵问题对行业健康发展的负面影响，并开始加大监管力度。2013年3月1日，新修订的《快递市场管理办法》开始施行，新条例对快递市场上消费者经常反映的一些问题，如快件延误、投递服务问题、丢失短少，损毁等做了补充规定。2016年11月16日，国务院法制办公布了《快递条例（征求意见稿）》全文，并向社会征求意见，这标志着快递立法工作的步伐进一步加快。在《快递条例（征求意见稿）》颁布不久，2016年1月21日全国政协召开委员双周座谈会，围绕《快递条例》的制定建言献策，时任全国政协主席俞正声主持并参加座谈会，各有关部门负责人和政协委员就快递行业政策法规体系不够完善、基础设施滞后、管理方式粗放、安全隐患较多等问题进行了交流讨论，一致认为要加快推进相关立法，进一步完善快递业治理体系。2017年7月12日，国务院常务会议审议《快递条例（草案）》，并决定将已审议的《快递条例（草案）》再次向全社会征求意见。2018年3月，经过一年多时间的意见征求和审议，国务院总理李克强签署国务院令，公布《快递暂行条例》，并于2018年5月1日起施行。除《快递暂行条例》外，国家邮政局以及各地方邮政管理部门也针对行业监管出台若干规范性文件，目的都是要不断改善快递业的市场环境，为各项行业发展政策的有效落实保驾护航，加快推动我国由快递大国走向快递强国。总之，国家近年来出台的旨在促进快递业健康发展的各项政策本质上是一种制度安排，它为我国快递业的发展指明了方向、提出了任务，实现这些政策和发展规划所提出的目标，需要良好的市场环境，从这个意义上来看，加强快递市场监管是必要的。

（三）加强快递市场监管是维护并促进社会公平的需要

党的十八大报告明确指出："公平正义是中国特色社会主义的内在要求。是对新世纪新阶段党坚持和发展中国特色社会主义经验的深刻总结，也是对实现全面建成小康社会和全面深化改革开放目标作出的新部署。促进和维护公平正义是全面建成小康社会的主要着力点，也是全面深化改革的重要价值取向。"《"十三五"规划纲要》中也强调要"维护公平正义，保障人民平等参与、平等发展权利"。实现公平是人类社会发展的一项基本共识，也是衡量人类社会发展进步的基本价值尺度。纵观人类社会发展史，一个缺乏公平的社会，其发展将会是畸形的，不具备可持续性，而一个没有公平的社会，则注定走向崩溃。因此，推动各行业公平发展，保障人民群众共享发展成果是任何国家、任何社会都必须遵循的基本原则。

快递业作为现代服务业的重要组成部分，公平普惠是快递业发展的应有之义。但当前我国快递业发展不平衡、不充分的现象依然存在，这集中表现在快递业在城乡和区域两个层面上发展的不平衡。在城市，特别是大城市，快递网点遍布大街小巷，城市居民使用快递服务十分便捷；而农村由于各种原因，快递网点相对较少，一些农村居民并不能像城市居民一样享受同样便利的快递服务，在一些偏远山区，快递更是一种遥不可及的奢望，这些现象凸显了我国快递发展城乡间的不平衡。此外，我国快递业在区域发展上也存在不平衡问题。由于区位和历史发展等因素，我国东中西部经济发展不平衡问题一直存在，在快递行业这一问题显得尤为突出。第一章中列举的近几年我国东中西部三个地区快递业务量和业务收入数据就清楚表明：与东部地区快递业的繁荣发展相比，中部特别是西部地区快递业发展相对滞后，业务种类、网点数量、服务价格以及基础设施建设等均与东部地区存在一定差距，尽管这与中西部地区经济发展水平、人口数量以及居民消费需求等因素有关，但不可否认的是快递服务在三个地区尚未实现公平普惠，西部地区的广大消费者也渴望能够享受到与东部地区一样便捷的快递服务。对于这种城乡和地域发展的不平衡，单纯依靠市场力量显然不够，在国家出台相关政策的同时，还需要通过加强监管来为政策的落实保驾护航。

第四节 快递市场监管的目标和原则

一、快递市场监管的目标体系

目标指的是不同主体的行为或努力所想要达到的境界或目的，客观主体的各种行动总是伴随着各种各样的目标，它贯穿行为主体活动的始终，在人们的实践中发挥重要作用，一个明确的目标可以增强主体行动的针对性和有效性。

市场监管作为政府干预经济的主要方式,监管的内容、工具以及力度等都需要在明确监管目标的前提下做出说明,一个清晰、准确且与市场经济发展水平相适应的监管目标将有助于监管活动的开展。只有明确监管的目标,并且准确无误地将实现监管目标的责任委托给监管机构,监管才有可能有效进行。由此可见,作为市场监管活动的第一步,一个明确且恰当的监管目标将会给政府的监管行为带来重要影响。

一般来说,政府监管目标总体上就是要通过弥补市场失灵,使市场功能得到充分发挥,从而保证市场经济的有序竞争和健康发展。但是具体到不同国家、不同制度环境以及不同行业,市场监管的目标亦有所不同,并且在市场经济发展的不同阶段,监管目标也会体现出差异性。因此,如何根据行业的所处的发展阶段和外部环境制定适合本行业的监管目标就显得十分重要,监管目标设置的高低将关系到监管能否有效开展,过高的监管目标容易使政府为了达到这一目标而盲目采取不恰当的措施,结果反而可能导致"揠苗助长",甚至出现监管失败。而过低的监管目标则不能使市场失灵问题得到有效解决,使政府监管失去了意义。因此,一定要综合行业发展水平、市场经济完善程度以及监管的难易程度等因素,确定合适的监管目标,以保证监管目标具有针对性和可实现性。

和其他行业的市场监管一样,快递市场监管目标不可能用一句话来简单概括,而应该从根本目标、中间目标以及具体目标三个层面对其进行科学分析,这样才能最大限度地综合考虑各种因素制定出一个相对全面、准确并适合我国快递业发展实际的监管目标体系。我国快递市场监管目标体系的框架如图 2-4-1 所示。

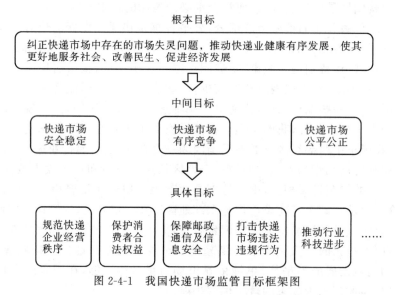

图 2-4-1 我国快递市场监管目标框架图

居于快递市场监管目标体系最高层的是监管的根本目标。根本目标在整个目标体系当中起支配作用,它的存在会对中间目标和具体目标的制定与实现产生重要影响。我国快递业近四十年的发展历程已经充分证明,快递作为现代服务业的先导性产业,其对国民经济发展和人民生活水平的提高发挥了重要作用,快递业通过各大快递企业向不同类型的顾客提供多样的快递服务,带动了一批相关产业的发展,实现了资金、人力等各种资源的流通,在方便人民群众工作和生活的同时,也提高了生产效率。因此,快递市场监管的根本目标就是要通过纠正快递市场中存在的各种市场失灵问题,促进行业健康有序发展,使其更好地服务社会、改善民生、促进经济发展。

快递市场监管的中间目标就是建立一个高效运转的快递市场体系,这是实现快递市场监管根本目标的必然要求,市场体系如果存在各种缺陷,其功能的发挥必将大打折扣。快递市场监管的中间目标主要包括三个方面:一是保证快递市场的安全稳定。安全监管一直是各国快递市场监管的主要内容,也是各项监管工作的重中之重,保证快递市场的安全稳定是建立良好快递市场秩序的基础。二是促进快递市场的有序竞争。衡量一个行业发展健康程度的重要指标之一就是该行业是否实现了有效率的竞争,良好的产业总是能够以具有竞争力的价格提供优质的服务。快递市场的有序竞争能够助推各企业提高生产效率和服务水平,进而推动全行业的高质量发展。三是实现快递业发展的公平公正,快递市场监管既要保护消费者合法权益免受快递企业不当行为的侵害,也要为快递企业创造一个公平竞争的外部环境。

快递市场监管的具体目标是根本目标和中间目标的具体化,具有更强的操作性和实践性,体现了我国快递市场监管实践活动的不同侧重和实现路径。具体目标往往更能体现出快递市场监管随外部因素改变而做出的各种调整,因此也具有较强的灵活性。在快递市场监管实践中,不同时期、不同区域所显现的问题可能有所不同,因此监管的具体目标也要随着这些客观因素的改变而做出调整。总体来看,我国快递市场监管的具体目标至少包括:规范快递市场经营秩序、保护消费者的合法权益、打击快递市场各种违法行为、保障邮政通信和信息安全、促进行业科技进步、建立完善的法律法规体系等。

二、快递市场监管的基本原则

原则指的是做事情的准则和标准。监管目标的实现不仅依赖于目标设定是否恰当准确,还需要在监管实践中遵循一定的原则,这些原则有助于政府合理使用自己手中的监管权力,在监管实践中掌握好尺度,管好该管的事。快递市场监管的基本原则主要包括以下几个方面。

(一) 快递市场监管需遵循依法监管原则

全面推进依法治国,建设社会主义法治国家是我国全面建成小康社会的必然要求。党的十八大以来,党中央明确提出了"四个全面"的战略布局,即全面建成小康社会、全面深化改革、全面依法治国、全面从严治党,从对党和国家长远发展的高度再一次强调了依法治国的重要性。依法行政是依法治国的关键和基础。当前,我国正在大力推进依法行政,市场监管作为政府行使权力的一种方式,也必须坚持法治原则,在法律规定的范围内充分、合理行使监管权力。

快递市场监管就是政府职能部门依据立法机构和监管部门制定的快递业法律法规,对各市场主体进行监督管理的过程,这一过程伴随着立法和执法两个层面。首先,在立法层面,快递市场监管必须有全面、明确的法律依据,法律是政府对快递市场进行监管的法制基础。一方面法律法规为政府监管快递市场提供了合法性依据和法制保障,另一方面也为政府监管提供了必要的法律程序,同时还规定了政府行使权力的边界及责任追究。其次,在执法层面,监管机构根据法律法规所赋予的权力,按照一定程序对快递市场进行监管,其权力行使范围要受到法律的明确限制,政府不得超越法律规定擅自扩大监管权限和监管范围,更不能做出与法律法规相违背的监管行为,如滥用职权、徇私枉法等。与企业违反法律法规要接受处罚一样,政府不按照法律规定行使监管权力也要进行责任追究,这是依法监管的必然要求。最后,政府部门行使监管权力所依据的法律法规要随着市场环境的改变而适时做出调整,从而更好地适应监管实践的要求,对于发展迅速,变化日新月异的快递行业来说,这一点显得尤为重要。总之,如果政府不能依法行使监管权力,必然会出现权力的滥用和腐败,导致监管失灵甚至监管失败。因此,依法监管是快递市场监管的根本原则。

(二)快递市场监管需遵循有效性原则

市场监管的有效性原则考察了政府监管是否有效的问题。传统规制经济学一般利用"成本—收益"分析的思想和方法来衡量政府监管是否有效。"成本—收益"分析就是将监管所造成的损失及其所带来的收益结合起来进行比较分析,它对于判断政府是否应该进行监管以及怎样进行监管具有重要意义。经济学施蒂格勒认为,将总消费者剩余和生产者剩余的变化量相加,减去规制成本,如果所得为正,则说明规制增加了社会福利,如果所得为负则说明监管造成了更大的浪费,社会福利也在遭受损失。因此,只有当监管的收益大于成本时,监管才是必要和有效的。在运用"成本—收益"分析法进行监管有效性分析的时候,不仅要考虑到监管主体和监管客体可计量的直接成本,更要考虑监管活动对经济社会发展的影响,评估监管所引发的效率损失。虽然对于监管成本和收益的准确衡量在实践中存在各种各样的困难,但在政府监管有效性问题的分析上依然可以借助"成本—收益"分析模型来明确政府监管的合理区间及其强度。政府对市场进行监管的目的是弥补市场失灵,因此,政府监管的合理区间也必须严格限定在市场失灵的区域,否则过度干预市场机制将造成监管失灵等问题,在某些情况下监管失灵比市场失灵更可怕,更会造成巨大的效率损失。因此,政府在制定监管政策时应当慎之又慎,充分进行"成本—收益"分析。由于目前在监管成本和监管收益的衡量上存在困难,"成本—收益"分析在我国各级政府中并没有得到足够重视。但这不应当成为政府不考虑监管成本和收益的理由,虽然目前很难对社会公共利益、政府监管成本等进行精确衡量,但是也应该不断创造条件进行尝试性测量,并在实践中形成"成本—收益"分析的意识,从而约束政府监管的随意性。

我国快递市场监管的历史并不长,"成本—收益"分析在快递市场监管领域还未得到足够重视。政府监管部门对快递行业做出的监管政策涵盖行业发展、市场准入、价格制定、行业标准、市场安全、消费者权益保护等诸多方面,这些政策的实施成本如何?政策又会给整个行业和社会带来怎样的影响?这些影响是积极的还是消极的?如何衡量这些成本与影响?这些问题目前还有待深入研究,这对于确定政府监管的合理范围和监管强度是十分重要的。因此,我国快递市场监管部门必须把监管有效性原则作为监管政策制定的基本原则,一方面树立起进行监管"成本—收益"分析的意识,另一方面创造条件并采取实际措施对一些重大监管政策的出台进行"成本—收益"分析,以保证政府监管的必要性和有效性,避免过度监管等监管失灵问题的出现。

(三)快递市场监管需遵循协调性原则

市场监管的协调性原则是指监管部门能在行业生产运作过程各阶段、各环节的监管上实现协调配合、紧密衔接。协调性原则对于快递市场监管具有重要意义,这是因为我国快递市场监管所涉及的职能部门并不只是各级邮政管理部门,工商、交通、安全、检验检疫等部门也具有快递市场监管的部分职能。因此,如果各部门间的协调沟通不畅,就容易出现监管重叠、监管缺位等问题,从而降低监管的有效性。

快递市场监管的协调性原则对监管部门提出了更高的要求:一是要理清快递市场监管规则和程序,实现监管制度体系内各法律、法规和政策的兼容,新出台的监管制度要与现行制度相协调;二是要明确快递市场监管各部门的职责,在理清快递行业生产运作过程的基础上,确定各监管部门的职责和权限,特别是要明确主要监管部门的权力边界,避免重复监管和监管缺位;三是要加强各监管部门之间的协调,建立健全部门合作机制,实现部门间的沟通顺畅,避免推诿扯皮现象的出现。

(四) 快递市场监管需遵循可操作性原则

监管的可操作性原则指的是监管政策需要在充分调研和论证的基础上广泛听取民意,确保政策具有可操作性,使监管能够取得预期效果。操作性不强的监管政策往往在实施过程中遭到各种抵制,使政策效果大打折扣。对快递市场来说,做到监管的可操作性应注意以下三个方面。

一是要有清晰的监管目标。明确的监管目标是制定具体监管政策的前提和基础,也是衡量监管政策有效性的标准。监管目标越清晰就越有利于形成有针对性的监管政策,也有利于实现政策的细化和具体化,提高政策的可操作性。目前,我国快递市场监管的主要目标就是要促进快递市场的有效竞争,打击各种违法行为,提高全行业服务质量和水平。为了实现这一目标,要加强快递监管各环节的立法工作,提高立法的针对性、科学性和系统性。

二是要有明确、简洁且易于理解的监管制度和程序。监管制度是监管实践的基础,表达模糊、繁杂或晦涩难懂的监管规则不利于监管部门的执行,也会给企业和消费者带来诸多不便。因此,必须建立明确、简洁且易于理解的监管制度和程序,提高监管的可操作性。一方面要控制好监管法律法规的数量,保证其质量。法律法规不是越多越好,也不是越细越好,关键在于法规制度是否能够真正解决市场失灵问题。快递业涉及多环节、多主体,因此在监管制度建设上一定要避免出现"立法过剩",杜绝规则的重复制定;另一方面要保证制度和规则的简洁易懂,杜绝繁文缛节,特别是在快递企业资质审批、市场准入等方面的规则设定上,一定要力求简洁明了,省去不必要的行政环节,提高工作效率,并且在规则的表达上尽量做到通俗易懂、描述准确。

三是要保证监管政策的可行性。监管政策要与当前经济社会发展水平和政府行政能力相适应,避免监管政策脱离实际而难以执行。我国快递市场监管政策的制定和实施需要在充分听取基层监管部门、快递企业、消费者、专家学者、行业组织以及其他社会力量的基础上,经过科学论证和民主商议后施行,在保证监管机构有能力执行监管政策的同时,消费者、快递企业也有意愿接受该政策。

(五) 快递市场监管需遵循激励性原则

监管的激励性指的是通过设置具有激励性的监管内容和机制,促使被监管者主动采取与监管目标相一致的行为,从而实现监管目标。因此,贯彻市场监管的激励性原则关键在于设计出一套有效的激励性监管机制,使监管对象有内在需求去努力执行监管政策。激励性机制和约束性机制的最大不同就在于二者的执行成本,激励性机制通过调动监管对象的积极性让其主动采取有利于监管目标实现的行为,达到所谓"激励相容",这就为监管部门省去了很多不必要的工作,在提高监管效率的同时也节约了监管成本。而约束性监管机制则是依靠监管部门强制禁止市场参与主体的某些行为来实现监管目标,因此在约束监管对象相关行为的过程中就要花费大量的时间、金钱、人力等成本,并且还不一定能够取得预期效果,因而相较于激励性监管机制具有"成本高效率低"的特点。因此,贯彻监管的激励性原则对于提高监管有效性,降低监管成本具有重要意义。

当前,我国快递市场监管的主要实现方式是国家邮政局以及地方邮政监管部门通过颁布诸如《快递市场管理办法》《快递业经营许可条件审核规范》以及《快递业务指导操作》等文件,要求有关企业和个人按照文件规定做好有关工作,大多数的文件多以条例、规范、指导意见、规定以及办法等方式呈现,这些监管文件的内容一般都是约束性规定,表达上多采用"禁止""严禁""应当""必须"等字眼,向快递企业提出要求居多,主动激励的机制设计偏少,因此在今后的监管实践中,应加强激励性监管机制的设计运用,调动市场主体参与的积极性。国家邮政局推出的快递服务申诉平台是激励性监管机制的一个典型案例,它不仅调动了消费者维护自身合法权益的积极性,还减轻了监管部门的负担,促使快递企业更加重视消费者的服务体验,不断提高服务水平。

(六)快递市场监管需遵循独立公正原则

监管部门的独立性指的是监管职能部门在法律地位上能够独立或相对独立于传统行政部门,从而保证监管的公平公正。在我国,除了中国银行保险监督管理委员会、中国证券监督管理委员会和国家电力监管委员会这三个国务院事业单位是独立于传统行政部门的监管机构,其余大部分监管部门要么是与传统行政部门相合并,要么就是直接隶属于某行政部门。监管机构缺乏相对独立地位会给监管实施来不利影响。一方面,由于监管机构长期依附于传统行政机关,导致监管部门行政化现象严重,监管职责难以清晰界定,受传统行政文化影响,部门间推诿扯皮,互相攀比行政级别等问题尤为突出;另一方面,缺乏必要的独立地位会给监管实践带来严重的行政色彩,依法监管、高效监管的基本要求受传统行政管理方式的影响也难以实现,最终影响监管绩效的提升。因此,保证监管部门一定的独立地位,对于监管的有效开展具有重要意义。我国快递市场监管的责任主体为国家邮政局,而国家邮政局属于国务院部委管理的国家局,在行政上接受交通运输部的领导,属于典型的隶属于传统行政部门的监管机构,历经多次邮政管理体制改革后,国家邮政局的监管独立地位已经得到不断加强,但由于我国过去长期"政企不分""政监不分"邮政管理体制,传统行政管理方式在邮政管理部门中依然存在。因此,坚持快递市场监管责任主体的独立性原则要求我国邮政管理部门不断破除传统行政管理方式的弊端,探索和建立一套符合我国快递市场发展实际的、具有相对独立性的监管体制机制,逐步消除"官本位"和"行政化"的思维定式,树立科学监管、依法监管、独立监管的理念,不断规范快递市场监管程序。

监管机构的公正性原则要求政府监管部门在执行监管任务时,能够保证监管行为的公平公正和公开透明,杜绝监管违法行为的发生。在各领域监管实践中,总会出现监管部门不作为、乱作为甚至利用手中权力徇私枉法等不当行为,这主要是因为缺乏对监管部门的监督和制约机制。因此,监管的公正性原则一方面要求监管部门在执法过程中做到依法监管,严格规范行政执法行为,按照事实和法律要求公正对待每一位被监管者,正确行使手中的权力;另一方面则要求建立起针对监管部门的权力制约机制,采取信息公开、接受社会监督等方式来保证监管部门的权力在阳光下运行。我国邮政业过去政企不分的历史造成邮政管理部门在对各不同类型快递企业进行监管时容易出现政策偏向,这就要求邮政管理部门加强内部信息公开,公平公正对待国有、民营以及外资等不同属性的快递企业,对违反法律法规的有关部门和工作人员进行追责问责,坚决杜绝违法监管行为的发生。

第三章　快递市场监管体制

体制即体制制度,从广义上看,体制是管理政治、经济、文化以及社会生活方方面面的基本规范体系。不论是公共组织、非营利组织还是盈利性的企业组织,体制决定了各类组织的机构设置方式、职责权限划分以及组织内各组成部分的相互关系。因此,体制是关于组织形式的制度。由于体制是制度外在的表现形式和实施方式,因此制度规范和组织机构是体制的两大组成部分。其中,制度规范是体制形成的基础,它对组织的活动及其成员的行为进行规范、制约与协调,同时也规定了组织内部各机构之间的关系及其职能,具有稳定性与强制力。而组织机构则是体制的外在表现形式,组织机构依照制度规范的要求而设立,不同机构承担不同的职责,享有相应的管理权限,并按照制度规范的要求维持与其他机构之间的关系。快递市场监管体制就是有关快递市场监管的组织机构设置及其管理范围、权限职责以及相互关系的制度的总和。其中核心是快递市场监管机构的设置、各监管机构职权的分配以及各机构间的相互协调。我国快递市场监管体制的建立和完善与快递业的蓬勃发展密不可分。20世纪70年代末80年代初,我国快递业刚刚起步,业务仅局限于国际快递业务并且由国企一家独大,由于当时还未形成快递市场监管的概念,市场监管的需求也不明显,使得快递市场监管主体和被监管对象之间的区分并不明显。随着我国经济的高速发展和宏观环境的不断变化,快递业得到长足发展,快递市场由最初的国企占绝对主导地位转变为国有企业、民营企业和外资企业等多属性市场主体共同发展的格局,快递业务量和业务收入不断上升,业务种类不断丰富,特别是电子商务的兴起,使快递逐渐成为人们生活中不可缺少的一部分。但快递业的飞速发展也带来了不少问题,如行业安全、市场准入、企业间无序竞争等,这些问题的出现让人们意识到加强快递市场监管的必要性,强化监管已成为行业健康发展的内在需要。因此,建立健全快递市场监管体制就成为政府面临的一项重要任务。从快递业诞生初期监管者和被监管者角色不分到现如今基本建立起相对完善的快递市场监管体制,我国快递市场近四十年的监管实践充分说明:一个科学合理、健全高效的市场监管体制对于解决快递市场失灵,促进行业健康有序发展是至关重要的。

第一节　快递市场监管的法律依据

一、快递市场监管法律依据概述

全面推进依法治国是"四个全面"战略布局的重要组成部分,是推动我国经济社会可持续发展,实现中华民族伟大复兴的必然要求。对于快递业来说,建立健全完善的快递市场监管法律法规体系,依法推进快递市场监管是我国由快递大国迈向快递强国的必然要求。推动快递市场健康有序发展,不能离开法治的力量。我国快递业起步虽晚,但发展迅速,特别是近几年快递业迎来了发展的黄金期,与此同时,快递业法律法规体系建设也开始加速推进,至今已经出台了多部法律法规和其他规范性文件,这对规范快递企业经营行为、推动快递市场监管法制化起到了重要作用。

当前,已出台的快递行业法律法规构成了我国快递市场监管的法律依据,按照这些法规文件的制定机构及其效力等级可以划分为如下几类:①由中华人民共和国全国人民代表大会表决通过,并由国家主席签署命令公布施行的法律,在快递行业主要是指《中华人民共和国邮政法》;②根据我国《宪法》规定,国务院可以根据宪法和法律,规定行政措施,制定行政法规,发布决定和命令,因此由国务院根据《行政法规制定程序暂行条例》的规定而制定的行政法规和条例的效力仅次于全国人大表决通过的法律,在快递行业,《快递暂行条例》是仅次于《邮政法》且高于邮政部门规章和规范性文件的行政法规,它是地方性法规、地方政府规章的上位法,2018年3月,国务院总理李克强签署国务院令,公布《快递暂行条例》,自2018年5月1日起施行;③我国快递市场监管职能部门(交通运输部、国家邮政局等相关部委)按照法律和国务院颁布的行政法规、决定、命令、意见等,在本部门权限内发布的命令、指示(南)和规章等文件。这一类部门规章目前构成我国快递市场监管法律依据的主体,其数量多于上述两类法律法规,如《快递市场管理办法》《快递业务经营许可管理办法》《快递业务旺季服务保障工作指南》等;④地方立法机关制定或认可、在地方区域内发生法律效力的规范性法律文件,如《广东省快递安全管理办法》《新疆快递服务车辆运行管理办法》《深圳市发展快递业管理规定》等;⑤快递行业监管部门所制定的具有普遍约束力和指导意义的其他类型规范性文件,如针对某些具体问题而形成的会议纪要、指导意见、通知、规划等,如《国家邮政局、国家市场监督管理总局关于规范经营快递业务的企业许可审批和登记管理有关事项的通知》《中央综治办、公安部等九部门关于加强邮件、快件寄递安全管理工作的若干意见》《京津冀地区快递服务发展规划(2010—2014年)》等。

如果根据法律法规的内容,当前我国快递行业法律依据还可以做如下划分:①快递行业一般性法律规定,如《中华人民共和国邮政法》《邮政行政执法监督办法》《交通运输部、农业农村部、供销合作总社、国家邮政局关于协同推进农村物流健康发展、加快服务农业现代化的若干意见》等;②快递市场管理相关规定,如《快递市场管理办法》《快递业务操作指导规范》《快递业务经营许可年度报告规定》等;③快递行业标准与行业规划,如《邮政业标准体系》《快递营业场所设计基本要求》《快递服务"十二五"规划》等;④快递行业安全与消费者权益保护相关规定,如《禁寄物品指导目录及处理办法(试行)》《邮政业消费者申诉处理办法》《国家邮政局关于做好快递业务旺季服务保障工作的意见》等;⑤快递行业发展相关规定,如《快递业务员国家职业技能标准》《国家邮政局关于快递企业兼并重组的指导意见》《国家邮政局、工业和信息化部关于推进快递服务制造业工作的指导意见》等。

二、快递市场监管主要法律依据简介

完善的行业法律制度体系是实现快递市场有效监管的前提。改革开放以来,我国针对快递业发展过程中不断出现的一些新问题适时制定并颁布了一批法律法规和规范性文件。根据上一小节提到的按照法律法规内容进行分类的方法,可以将快递业现行主要法律法规分为五大类,再加上地方性法规一共是六大类。尽管上述分类可能存在一定交叉,但整体上看较为清晰合理。本节将对这六大类中较为重要或有代表性的法律法规及规范性文件进行梳理和简要介绍,据此可以对我国快递行业法律法规体系有更加直观的认识。

(一) 一般性规定

快递行业的一般性规定主要着眼于快递业整体发展,这些一般性规定包括邮政业的基本法律,对所有邮政和快递企业普遍适用的行业监督管理办法,以及旨在推动快递行业发展的宏观性指导意见、通知等。其中,比较重要的法律法规和其他规范性文件的主要内容如表3-1-1所示。

表3-1-1　快递行业部分一般性规定简介

编号	法律法规文件名称	出台或修订时间	类型	颁布单位	主要内容(或与快递业有关的内容)
1	《中华人民共和国邮政法》	2015年4月24日修订	法律	全国人大常委会	该法为我国邮政行业唯一一部法律,对邮政普遍服务、邮政市场监管做出了基本规定。其中第六章为"快递业务"的相关规定,对我国快递业务的经营许可条件、申请受理、业务范围以及快递协会的建立管理等进行了一般性规定。该法的其他章节如"监督检查""法律责任"等也都有涉及快递企业的相关内容
2	《国务院关于促进快递业发展的若干意见》	2015年10月23日	指导意见	国务院	《意见》从战略高度提出了今后一个时期我国快递业发展的总体要求。其中特别强调要依靠科技手段创新管理方式、提升监管能力,保障寄递渠道安全。《意见》从五个方面对我国快递业发展提出了重点任务,其中就包括要"加强行业安全监管",并在总体要求和重点任务的基础上提出了促进快递业发展六大政策措施,包括深入推进简政放权、优化快递市场环境、健全法规规划体系、加大政策扶持力度、改善快递车辆管理以及建设专业人才队伍的等
3	交通运输部、农业农村部、供销合作总社、国家邮政局关于协同推进农村物流健康发展、加快服务现代化的若干意见	2015年2月16日	指导意见	交通运输部等四部委	该《若干意见》是为了响应中央有关推进农业现代化建设相关规定精神而出台,目的是为了加快推进农村物流发展水平,支撑农业现代化发展。《意见》重点强调了加快完善农村物流基础设施的主要举措,并就推广先进的农村物流运作模式、推广先进适用的农村物流设备、提升农村物流信息化水平等问题进行了说明。此外,《意见》指出要着力培养农村物流经营主体,培育龙头骨干企业,引导和支持中小企业联盟发展,推进农村物流企业的诚信体系建设。《意见》最后要求政府监管部门应当强化政策措施保障,从健全体制机制、加大资金支持、加强市场监管、开展试点示范等多个角度助力农村物流健康快速发展

延伸阅读

解读《国务院关于促进快递业发展的若干意见》

2015年10月23日,国务院印发了《关于促进快递业发展的若干意见》(以下简称《意见》),这是我国改革开放以来第一次以中央政府名义出台的关于推动快递行业发展的政策文件,正如国家邮政局局长马军胜所说:"这是我国第一次出台全面指导快递业发展的纲领性文件,是快递业发展的一个重要里程碑,充分体现了国家对快递业的高度重视。"《意见》绘就了快递业到2020年的发展蓝图:快递年业务量、业务收入分别达到500亿件、8 000亿元,快递市场规模稳居世界首位,基本实现乡乡有网点、村村通快递。在这份收到社会各界广泛关注的《意见》中,一共提出了34个重要的具体政策点,每一个政策点都对应着当前制约我国快递业发展的瓶颈问题。国家邮政局表示,《意见》注重综合施策,针对我国快递业发展存在的问题提出了一揽子的解决方案,打出了一套政策"组合拳"。34个政策点具体政策涉及简政放权、优化市场环境、健全法规规划体系、加大财税土地政策支持、改进快递车辆管理、建设专业人才队伍等方面。这些政策力度大、含金量高、导向性强,为快递业扫清前进障碍,促进健康发展提供了有力保障。具体来说有以下看点。

一是推进简政放权,释放发展活力。《意见》提出:简化快递业务经营许可程序,改革快递企业年度报告制度,精简企业分支机构、末端网点备案手续,探索实行快递企业工商登记"一照多址"模式,扩大电子商务出口快件清单核放、汇总申报的通关模式适用地域范围。

二是完善配套保障,支持设施建设。《意见》提出:有关方面要将发展快递业纳入国民经济和社会发展规划,在城乡规划、土地利用规划、公共服务设施规划中合理安排快递基础设施的布局建设。中央预算内投资支持农村和西部地区公益性、基础性快递基础设施建设。各地区要统筹安排快递专业类物流园区、快件集散中心等设施用地,研究将智能快件箱等快递服务设施纳入公共服务设施规划。

三是改进车辆管理,解决通行难题。《意见》提出:制定快递专用机动车辆系列标准,及时发布修订生产企业和产品公告。对快递专用车辆城市通行和临时停靠作业提供便利。出台快递专用电动三轮车国家标准以及生产、使用、管理规定。各地可结合实际制定快递电动三轮车用于城市收投服务的管理办法。

四是加强财税支持,减轻企业负担。《意见》提出:各级财政专项资金要将符合条件的企业和项目纳入支持范围。快递企业可按现行规定申请执行省内跨地区经营总分支机构增值税汇总缴纳政策,依法享受企业所得税优惠政策。鼓励金融机构创新服务方式,开展适应快递业特点的抵押贷款、融资租赁等业务。快递企业用电、用气、用热价格按照不高于一般工业标准执行。

五是加强队伍建设,提升人才素质。《意见》提出:引导高等学校加强物流管理、物流工程等专业建设,支持职业院校开设快递相关专业。探索学校、科研机构、协会和企业联合培养人才模式,建立一批快递人才培训基地。实施快递人才素质提升工程,建立健全人才评价制度,落实就业创业和人才引进政策。支持快递企业组织从业人员参加相关职业培训和职业技能鉴定,对符合条件的企业和人员可按规定给予补贴。

六是加强市场监管,优化市场环境。《意见》提出:充实监管力量,创新监管方式,强化事中事后监管,全面提升市场监管能力。建立健全用户申诉与执法联动机制,依法查处违法违规行为,规范市场经营秩序。发挥行业自律和社会监督作用,利用企业信用信息公示系统和行业监管信息系统,建立违法失信主体"黑名单"及联合惩戒制度,营造诚实守信的市场环境。

(二)快递市场管理类相关法律依据

相较于一般性规定,快递市场管理方面的法律法规和其他规范性文件的针对性和专业性更强,绝大多数法律法规都和快递业发展息息相关,包括快递市场管理的一般性规定,有关快递经营许可的相关法规,与快递业务操作有关的法规以及快递市场行政争议处理有关的法规等。一些相对重要的快递市场管理类法律法规和其他规范性文件的主要内容如表3—1—2所示。

表 3-1-2　部分快递市场管理类法律法规简介

编号	法律法规文件名称	出台或修订时间	类型	颁布单位	主要内容(或与快递业有关的内容)
1	《快递暂行条例》	2018年3月2日	行政法规	国务院	该《条例》以促进快递业持续健康发展为重点,规定了一系列保障行业发展的制度措施,包括经营快递业务的企业及其分支机构开办快递末端网点,按要求备案后无须办理营业执照;县级以上地方人民政府应当将快递业发展纳入本级国民经济和社会发展规划,统筹考虑快件大型集散、分拣等基础设施用地的需要;县级以上地方人民政府公安、交通运输等部门和邮政管理部门建立健全快递运输保障机制,依法保障快递服务车辆通行和临时停靠的权利;企业事业单位、住宅小区管理单位采取多种方式为开展快递服务提供必要的便利;支持在大型车站、码头、机场等交通枢纽配套建设快件运输通道和接驳场所;鼓励经营快递业务的企业依法开展进出境快递业务,支持在重点口岸建设进出境快件处理中心、在境外依法开办快递服务机构并设置快件处理场所;海关、出入境检验检疫、邮政管理等部门应当建立协作机制,完善进出境快件管理,推动实现便捷通关等。立足于守住安全底线,《条例》规定了一系列安全制度,包括寄件人交寄快件和企业收寄快件应当遵守禁止寄递和限制寄递物品的规定;要贯彻落实法律规定的实名收寄制度,执行收寄验视制度;经营快递业务的企业可以自行或者委托第三方企业对快件进行安全检查等。《条例》完善了快递服务规则,明确各方权利义务,保护消费者合法权益,包括明确快件收寄规则、投递规则;细化无法投递、无法退回快件的处理规则和快件损失赔偿规则;专门规定用户个人信息保护制度,对于出售、泄露或者非法提供快递服务过程中知悉的用户信息等违法行为,规定了严格的法律责任
2	《快递市场管理办法》	2013年1月11日公布	部门法规	交通运输部	该《办法》为我国快递市场管理法规中的一般性规定,旨在加强快递市场管理,维护公共安全,保护用户合法权益,促进快递业健康发展。《办法》共七章五十二条,对快递市场经营主体、快递服务、快递安全、快递市场监督管理以及所涉及的法律责任等问题进行了规定和说明。《办法》明确规定我国快递业实行经营许可制度。快递企业经营快递业务、向用户提供的快递服务应当符合国家有关标准,维护用户的合法权益。快递企业从业人员需参加职业技能鉴定。《办法》对禁止寄递物品进行了说明。《办法》对邮政管理部门的监管职责和任务做出了规定,包括对企业的安全监督检查、处理消费者申诉等有关内容。对快递企业和邮政管理部门违反相关规定需要承担的法律责任,规定中也有具体说明

续表

编号	法律法规文件名称	出台或修订时间	类型	颁布单位	主要内容(或与快递业有关的内容)
3	《快递业务经营许可管理办法》	2015年6月24日修订	部门法规	交通运输部	由于我国快递业实行的是经营许可制度,故制定该《办法》以规范快递业务经营许可管理,促进快递业健康发展。《办法》共七章三十七条,分别就经营快递业务的许可条件、审批程序、许可证管理、监督检查以及相应的法律责任等问题进行了规定。《办法》分别对申请经营快递业务,申请在省、自治区、直辖市范围内经营快递业务的,申请跨省、自治区、直辖市经营快递业务的,申请经营国际快递业务的企业需具备的条件进行了说明,并对具备上述条件企业快递经营业务的需提交的材料和办理流程做了说明。《办法》对《快递业务经营许可证》的颁发、变更以及注销等内容均做了说明,同时还就邮政管理部门对取得《快递业务经营许可证》的企业监督检查的内容等问题进行了说明,《办法》还对违反本《办法》的企业和监管部门的处罚等问题做出了一系列规定
4	《快递业务操作指导规范》	2011年8月11日印发	部门规范性文件	国家邮政局	该《规范》是为了进一步规范快递业务操作,保障用户合法权益而制定的。《规范》共七章三十七条,对快递业务操作五大方面,即收寄、分拣、运输、投递和信息记录提出了具体的操作指导规范。在《规范》的附录中还就快递营业场所设施设备的基本要求,快件处理场所设施设备的要求进行了说明,提出了具体的标准
5	《无法投递又无法退回快件管理规定》	2014年3月10日印发	部门规范性文件	国家邮政局	该《规定》是为了应对近些年来经常出现的因邮件无法投递又无法退回而产生的一系列安全问题而制定,《规定》共十九条,对无法投递且无法退回邮件的认定、登记、保管、监督管理、处理、销毁、转交等各种问题进行了规定。《规定》明确提出快递企业应当建立管理制度,加强对无法投递又无法退回邮件的管理,建立有关台账记录无法投递又无法退回快件的核实、保管和处理情况,并将处理情况纳入快递经营许可年报制度。《规定》要求邮政管理部门应当对快递企业执行该规定的情况进行监督检查
6	《邮政行政处罚程序规定》	2013年3月1日印发	部门规范性文件	国家邮政局	该《规定》是为了规范邮政行政处罚行为,保障和监督各级邮政管理部门有效实施行政管理,依法规范行政处罚,保护公民、法人和其他组织的合法权益所制定的,共七章六十四条。该《规定》普遍使用于违反邮政行政管理秩序的公民、法人或其他组织,并且由邮政管理部门依法给予行政处罚,快递市场中涉及的快递企业、消费者等都在本《规定》的适用范围之内。《规定》对邮政行政处罚的管辖范围、一般程序、听证程序、简易程序、执行与结案等有关问题进行了规定。这一规定对于规范包括快递企业在内的所有邮政行业内相关主体违法行为的处罚起到了重要作用

> **延伸阅读**

《快递暂行条例》解读[①]

快递业是现代服务业的重要组成部分,也是推动流通方式转型、促进消费升级的现代化先导性产业,在稳增长、促改革、调结构、惠民生、防风险等方面发挥着重要作用。我国快递业历经十年持续快速发展,规模增速依然高位运行,新业态、新动能不断呈现。《快递暂行条例》的出台,是为了持续推动快递业健康发展,保障快递安全,保护用户合法权益,促成快递业治理体系和治理能力现代化。

一、立法背景

《快递暂行条例》是在我国快递业实现发展的基础上制定的。2007年以来,特别是2009年邮政法明确了快递企业的法律地位后,我国快递业由小到大迅猛发展,市场结构持续优化,资源要素加速聚集。2017年,全国快递业务量完成了400.6亿件,是2007年的33.4倍,年均增长达到42%;2017年快递业务收入近5 000亿元,是2007年的14.5倍,年均增幅达30.6%。我国快递业务量规模已经连续4年位居世界第一,每年新增就业20万人,包裹快递量超过美国、日本、欧洲等发达经济体,对全球包裹快递量的增长贡献率超过了50%,我国已经成为名副其实的快递大国。随着业务规模的壮大,我国快递企业迎来了上市的高峰期,已经有7家企业陆续上市,形成了7家年收入超过300亿元的企业集团。快递业科技创新和绿色发展取得了积极的进展,全国建成上百个智能化分拨中心,投入运行的智能快件箱突破20万组。无人仓、无人机、无人车的研发应用步伐持续加快,主要品牌快递企业的电子运单普及率提升至80%,新能源运输车保有量突破7 000辆。在发展过程中,快递业仍面临制度层面的现实问题,快递车辆通行难,快件集散、分拣等基础设施薄弱,末端网点法律地位不明晰,快递加盟等经营秩序需进一步规范,有关服务规则不够明确,寄递渠道安全压力较大,亟须制定行政法规予以规范和保障。党的十九大为快递业高质量发展指明了方向,国务院要求坚持包容审慎监管原则,对优化快递业的政策环境,增强快递服务能力,提升快递服务质效提出了新的要求。制定《快递暂行条例》正是为了保障我国快递业实现由大到强的转变,促进高质量的发展,建设邮政强国,更好地满足人民对美好生活的用邮需求。

二、立法思路

《快递暂行条例》致力于促进快递业持续健康发展,使人民群众拥有更大的获得感,在立法过程中坚持了公开透明、广泛参与的原则,积极听取和兼顾了公众、政府部门、协会、企业和员工的意见和诉求,努力画大同心圆,取得最大公约数。《快递暂行条例》贯彻了包容审慎、创新务实的原则,将快递业作为与新经济、新业态关系紧密的新兴产业,充分融入了快递业的发展需求、改革需求和管理需求。立法思路主要体现在三个着力点。

(1)促进发展。将促进快递业持续健康发展作为立法的着力点,着重解决制约发展的体制机制问题,释放制度红利。《快递暂行条例》设专章规定了发展保障,制定了一系列促进快递

[①] 国家邮政局网站.《快递暂行条例》解读[EB/OL]. http://www.gov.cn/xinwen/2018-03/27/content_5277898.htm,2018-03-29/2018-04-05.

业发展的制度措施,既解决业内存在的问题,也解决快递业与其他行业衔接协调方面的问题。同时,以经营快递业务的企业作为制度调节重点,制度红利以企业的实际感受为衡量标准,充分考虑企业感受向消费者传导的过程,在制度设计上坚持有效保护消费者合法权益。

(2) 服务民生。着力完善快递服务规则,规范快递秩序,理顺法律关系,使企业和用户形成明确的法律预期,引导企业不断提升服务水平。通过具体的规范明确行为预期,特别是针对业内普遍采用的加盟经营模式,明确了制度规范,对快递服务中容易产生纠纷的问题作出相应规定。

(3) 保障安全。从制度上牢牢守住安全底线,着力保障公共安全和用户信息安全。《快递暂行条例》立足实际情况,聚焦快递业安全发展的老问题和新挑战,对用户的电子数据信息安全进行了专门规定,立法过程中充分研究了企业使用电子运单等形式保障信息安全的做法,对企业违规行为规定了严格的法律责任。

三、立法过程

《快递暂行条例》立法工作得到了党中央、国务院领导的关怀,得到了有关部门、地方政府和人民群众的支持,也凝聚了全行业的智慧和力量。制定快递行政法规,是国务院立法计划明确的"全面深化改革急需的项目",立法进程随着我国快递业的发展而加速推进。立法工作的重要时间节点与快递业发展中的标志性事件紧密结合在一起。2013年,全国快递年业务量达到90亿件,国家邮政局按国务院部署正式启动条例草案起草工作。2014年,快递年业务量突破100亿件,国家邮政局起草形成了条例草案,并向社会广泛征求意见。2015年,快递年业务量完成200亿件之后,全国政协双周协商会将快递条例的制定纳入协商范畴。2017年初,全国快递年业务量超过300亿件,国务院法制办确定了条例草案的内容。2017年7月,国务院常务会议进行了第一次审议,将这部行政法规命名为《快递暂行条例》,同时决定再一次向社会公开征求意见。2017年10月,在充分征求和吸收快递员、企业、协会、公众意见的基础上,国家邮政局会同国务院有关部门修改完成了草案,按程序提交国务院。2018年2月7日,国务院常务会议原则通过了《快递暂行条例(草案)》,3月2日,李克强总理正式签署。此时,恰逢快递年业务量突破400亿件。《快递暂行条例》的立法工作,见证了我国快递业实现跨越发展的历程,激励鼓舞着快递业始终坚持发展第一要务,推动行业发展不断迈上新台阶。

四、主要制度安排

《快递暂行条例》共8章48条,内容丰富、实用,对经营、使用、监督管理快递业务作出了规范与保障,是有关部门、企事业单位、行业协会、从业人员和用户应当遵守的行为规则。《快递暂行条例》的制度安排在许多方面实现了突破和创新,有些突破可以说是历史性的。

(1) 命名为"暂行条例"。根据国务院常务会议决定,条例命名为"暂行条例"。如此命名,有两个方面的考虑。一是快递是新业态,存在很多未知事项,应当为制度安排留有空间。二是政府部门要坚持包容审慎监管,对此李克强总理指出,针对《快递暂行条例》执行过程中的一些问题,可以不断总结经验,及时调整制度措施,更好地适应新产业、新动能发展的需要。《快递暂行条例》是国务院行政法规,法律位阶较高,其强制力、规范性以及指引、评价作用,将为我国快递物流领域带来重大而深远的影响。条例中关于其他政府部门的名称表述,将在国务院机构改革全面施行后,参与行政法规的打包修改。

(2) 促进行业发展。《快递暂行条例》为保障快递业健康发展,制定了内容丰富的制度安排。一是加强外部支撑,对营商环境、竞争秩序、发展规划等提出了要求,为政府部门和行业协会设定了责任,强调地方政府要建立健全促进快递业健康发展的政策措施,保障企业及员工的合法权益。二是破解行业难题,对制约发展的共性问题安排了解决途径,要求将快递相关基础设施用地纳入地方城乡规划和土地利用总体规划,破解用地难;要求保障快递服务车辆通行和临时停靠权利,破解上路难;要求企事业单位、住宅小区管理单位为快递服务提供必要的便利,破解上门难。三是凝聚发展合力,建立了明确的制度导向,鼓励快递业与制造业、农业、商贸业等行业协同发展,推动快递业与电子商务融合发展,引导快递业与铁路、公路、水路、民航等行业进行标准对接。四是支持企业做强,支持企业创新商业模式和服务方式,鼓励企业采用先进技术,推广应用自动化、机械化和智能设施设备,鼓励共享末端服务设施,鼓励开展进出境业务,支持在境外依法开办服务机构和处理场所。五是引导绿色发展,建立了绿色生产消费的制度导向,明确鼓励企业和寄件人使用可降解、可重复使用的环保包装材料,鼓励企业采取措施回收快件包装,充分发挥相关各方积极性,共促快件包装材料的减量化利用和再利用。六是支持跨境发展,条例对优化通关管理服务提出要求,规定有关部门应当建立协作机制,完善进出境快件管理,推动实现快件便捷通关。

(3)推进"放管服"改革。《快递暂行条例》按照"放管服"改革的方向,进行了制度上的突破和创新。一是减少政府对微观经济活动的直接干预,条例明确禁止地方政府出台违反公平竞争、可能造成地区封锁和行业垄断的政策措施,以保证把市场机制能有效调节的经济活动交给市场。二是简化末端网点开办手续,条例明确了快递末端网点的法律地位,规定进行属地的事后备案,无须办理营业执照,并支持和鼓励在农村、偏远地区发展快递服务网络,完善快递末端网点布局,减轻了企业布局末端网络的负担。三是健全协同共治管理模式,条例注重发挥行业协会自律作用,要求协会促进企业守法、诚信、安全经营,督促企业落实安全生产主体责任,引导企业不断提高快递服务质量和水平。四是构建以信用为核心的新型市场监管体制,条例规定加强快递业诚信体系建设,建立健全快递业信用记录、信息公开、信用评价制度,依法实施联合惩戒措施,提高快递业信用水平。五是规范事中事后监管行为,限定了邮政管理部门监督检查的重点内容,固化了"双随机、一公开"日常检查制度,规定邮政管理部门利用先进技术手段进行检查,创新了监管方式。

(4)保护用户权益。《快递暂行条例》重视保护用户合法权益,对用户集中关注的快件损失索赔和个人信息安全问题做了安排。一是防止采用加盟模式的企业在用户索赔问题上推诿,条例针对快递网络化服务的特点,规定用户可以向商标、字号、快递运单的所属企业要求赔偿,也可以向实际提供服务的企业要求赔偿。二是要求企业提供统一的投诉处理服务,规定在7日内予以处理并告知用户,并对不按照规定提供投诉处理服务的行为设定了行政处罚。三是引入快件损失赔偿商业保险,条例鼓励保险公司开发相关责任险种,鼓励经营快递业务的企业投保,让用户多一层赔付保障。四是保障用户在节假日期间使用快递服务,条例要求企业向社会公告暂停快递服务的原因和期限,帮助用户建立合理的消费预期,鼓励企业根据业务量变化实际情况,在节假日期间为用户提供正常的快递服务,以此指引企业通过合理安排值班休假以及给予员工物质精神激励等多种有效措施,努力实现消费者与劳动者的互利共赢。五是从多个层面保护用户信息安全,条例禁止在快递运单上记录不必要的信息,减少个人信息泄露的风险点;限定实名收寄的快件范围,明确企业搜集用户信息的行为边界;规定了信息泄露时的补救义务,为企业设定了法律责任;加强监督检查,强化快递运单及电子数据管理。条例基本建立了企业合法获取、使用、保管信息,邮政管理部门依法引导、检查和追责的用户信息保护机制。

（5）完善服务规则。《快递暂行条例》针对实践中存在的服务质量问题，对快递服务规则进行了完善和强化。一是确立了快件保价基本规范。明确要求企业与寄件人按照约定的保价规则确定赔偿责任，要求企业在寄件人填写运单前告知保价规则，允许企业要求寄件人对贵重物品保价，衔接了未保价快件的赔偿责任。这一规定填补了邮政法只规定给据邮件保价、未规定快件保价的空白。二是强化了快件处理操作规范。明确要求企业规范操作，防止造成快件损毁，并衔接了运送特定物品的特殊规定，指引企业在操作中采取有效措施保障快件安全。这一规定肯定了"不着地、不抛件"的管理要求，进一步防范"野蛮操作"。三是明确了投递和验收规则，从行政法规层面肯定了快件收件人指定代收人的实践做法，并规定当面验收是收件人、代收人的权利，要求企业告知收件人或者代收人当面验收。四是补充了无法投递快件的处理规则。允许企业根据寄件人要求处理无法投递的快件，细化了无法投递又无法退回快件的处理程序，明确了有关部门和企业的责任。五是充实了快递服务赔偿规则。明确将快件延误纳入企业赔偿范围，并衔接保价和民事赔偿规则。这一制度安排将行业实践经验上升为行政法规的规定，在邮政法的基础上扩大了保护范围。

（6）保障快递安全。《快递暂行条例》坚持将安全作为前提和基础。针对快递服务点多、线长、面广的实际情况，根据快递操作过程中人货分离、递送便捷的特点，条例注重在提高人防、技防、物防的基础上，优化、实化、细化快件收寄验视、实名收寄、过机安检制度，增加数据安全管理制度，强化安全生产制度。一是在收寄验视和安检操作方面，要求企业必须作出验视标识和安检标识，明晰了企业在安全操作中的责任。二是在实名收寄方面，要求用户提供身份信息，对拒不提供身份信息或者身份信息不实的，企业不得收寄，在不降低安全防范水平的前提下，减少了开展实名收寄的压力和阻力。三是在安全检查方面，允许企业根据自身情况选择自行安检或者委托安检，有利于节约资源、提高效率，提升安检操作的专业化水平。四是在快递运单和电子数据管理方面，明确要求妥善保管电子数据、定期销毁运单，并设定了处罚措施，赋权国务院有关部门制定具体办法。五是在安全生产方面，重申企业应当建立健全安全生产责任制，要求企业制定应急预案，定期开展应急演练，发生突发事件妥善处理并向邮政管理部门报告。

五、开启新的征程

《快递暂行条例》是邮政业在党的十九大之后取得的重要立法成果，贯彻了习近平新时代中国特色社会主义思想，是邮政业推动科学立法、民主立法、依法立法的重要实践，给行业改革发展带来了历史性机遇，具有里程碑的意义。

（1）《快递暂行条例》的出台，是对邮政体制改革实践成果的权威总结和高度肯定。政企分开释放了邮政业的生机活力，十年快速发展，行业规模不断扩大，生产要素加快聚集，奠定了优化顶层设计的经济基础。全面加强法治邮政建设保护了邮政业持续发展的积极性和创造性，新业态新模式不断涌现，就业人数连年增长，社会各方高度关注，奠定了行政法规立法的社会基础。邮政管理体制的完善，维护了邮政市场秩序，带动全行业争取到更多利好、更大支持，强化了全行业推进制度建设的组织性、统一性，为推动条例出台奠定了行业基础。国务院颁布《快递暂行条例》是对邮政体制改革成功实践最有信服力的总结，更是对邮政业和邮政管理部门的新的更高要求。

（2）《快递暂行条例》的出台，从国务院行政法规的高度宣告邮政业全面转向高质量发展阶段。《快递暂行条例》立足我国邮政业发展实际，破解制约行业发展的体制机制问题，大大优化了发展环境,引导行业发展实现质量变革、效率变革、动力变革,巩固劳动力、土地、资本、创新等要素优化配置成果,推动提高行业全要素生产率,是邮政业深化供给侧结构性改革的重要制度保障。《快递暂行条例》将在维护市场公平竞争秩序,推进行业治理体系和治理能力现代化,提升行业发展水平,保障人民用邮权益,服务大众创业、万众创新等方面发挥基础性、关键性的作用,为我国迈向邮政强国赋予厚重而持久的能量。

(3)《快递暂行条例》的出台,开辟了邮政业服务人民美好生活的新起点。《快递暂行条例》贯彻了以人民为中心的发展思想,立足人民群众对美好生活的用邮需求,全方位优化了快递服务运行体系,引导广大用户、企业、从业人员对行政法规的制度安排形成明确预期。《快递暂行条例》坚持提升消费者使用快递服务的获得感、幸福感和安全感,注重培养和保护从业人员的存在感、归属感和自豪感,鼓励邮政业充分发挥劳动密集型产业优势,更好发挥对生产生活的服务作用,推动邮政业始终按人民期盼的方向大踏步迈进。

(4)《快递暂行条例》的出台,开创了邮政业持续健康发展的新境界。《快递暂行条例》的制度安排贯彻了创新、协调、绿色、开放、共享理念,坚持了安全发展理念,肯定了邮政业"打通上下游、拓展产业链、画大同心圆、构建生态圈"的发展思路,在全国范围内凝聚了共识。《快递暂行条例》充分发挥中央与地方两个积极性,深入平衡企业与用户的权利义务,积极营造上游与下游产业协同发展的好势头,将邮政业的长远发展引向广阔天地。

(5)《快递暂行条例》的出台,开启了邮政业制度建设的新征程。《快递暂行条例》是全球为数不多的全方位调整快递法律关系的专门法,为世界邮政业改革发展贡献了"中国智慧",增强了我国邮政业顶层设计的自信。《快递暂行条例》作为行政法规,其效力仅次于邮政法,是今后制修订邮政部门规章、规范性文件、地方性法规、地方政府规章的新依据。《快递暂行条例》的出台,丰富和完善了邮政业法律法规的总体构成,对构建系统完备、科学规范、运行有效的邮政业制度体系具有承上启下、承前启后的关键作用。

(三)快递标准与行业规划类法律依据

快递行业标准体系建设是规范快递生产运作过程、提升快递服务质量的重要途径。我国在2014年修订完善了邮政业标准体系,对邮政业涉及的基础标准、安全标准、设施设备与用品标准、服务与管理标准以及信息化标准等的编制都做出了安排和说明,其中部分标准已经编制完毕,还有一部分标准将在"十三五"期间陆续完成编制工作。快递作为邮政业的重要组成部分,其生产运作各个环节均需要有严格的标准来予以规范。从2009年6月12日国家质量监督检验检疫总局(现国家市场监督管理总局)、国家标准化管理委员会发布《快递封装用品 第1部分:封套》(GB/T 16606.1—2009)等三个快递行业相关国家标准以来,截至2017年年底,我国已经陆续发布了近20余部快递行业相关国家标准或行业标准,涉及快递封装用品、快递服务、快递运单、快递跟踪查询信息系统、智能快件箱、快递专用电动三轮车、快递营业场所等多个方面。以2014年6月18日国家邮政局发布的《快递专用电动三轮车技术要求》(YZ/T 0136—2014)标准为例,该《技术要求》在对快递专用电动三轮车技术标准的适用范围、规范性引用文件、基本术语和定义、产品分类及编码等问题进行说明后,重点对快递专用电动三轮车的基本要求(包括使用环境、尺寸限制、车速限制、整车质量等、驾驶人员核定)、主要部件要求(包括电动机、蓄电池、控制器、轮胎、充电器等)、安全要求(包括制动、锐边、突出物、锁止装置、阻燃性能、电池密闭性等)、性能要求(包括基本性能、机械性能、电气性能等)、配置要求(包括座椅、坐垫和靠垫、后视镜、照明装置、反射器、鸣号、提示音装置、仪表等)、厢体要求(包括一般要求、尺寸、材料、厢体结构、厢体质量、厢体门锁、标识、表面涂层等)、外观要求(包括整体要求、外露面要求、涂层表面、塑料件表面、焊接件、商标说明文字等)、装配要求(总体要求、号牌要求、紧固件要求、对称部件要求等)多个方面进行了标准化规定。

随着快递业标准化进程的不断推进,我国快递业的各类行业发展规划也在加紧制定或实施中。近年来,从国家层面来看,《邮政业发展"十二五"规划》《邮政业发展"十三五"规划》《快递业发展"十三五"规划》等一系列事关快递业中长期发展的宏观规划相继出台并开始实施,极大地促进了我国快递业的发展。与此同时,诸如《长三角地区快递服务发展规划》《珠三角地区快递服务发展规划》以及《京津冀地区快递服务发展规划》等区域性快递业发展规划的出台对促进区域快递业的发展也起到了重要作用。表3-1-3列举了近年来我国快递业一些重要行业规划的主要内容。

表3-1-3 部分快递行业规划内容简介

编号	法律法规文件名称	出台或修订时间	类型	颁布单位	主要内容(或与快递业有关的内容)
1	《邮政业发展"十二五"规划》	2011年7月	行业规划	国家邮政局	该《规划》对"十二五"时期我国邮政行业的发展进行精确定位和全面部署。《规划》首先回顾了"十一五"期间我国邮政业发展取得的成果,并在此基础上分析了"十二五"时期我国邮政业面临的形势。规划明确了"十二五"期间我国邮政业发展的指导思想和发展目标,其中对快递服务水平、服务质量和服务能力需要达到的目标进行了说明。《规划》提出了"十二五"期间我国邮政业发展的主要任务,其中促进快递转型升级为主要任务之一,提出了"十二五"期间快递转型升级的六大工程,包括自助快递航空运输网络建设、快递物流园区建设、企业信息化建设、绿色发展等方面。规划还提出了"十二五"期间邮政业发展的政策措施,其中特别提出要"加快产业培育,做大快递企业规模",推动快递与电商、制造业联动发展,支持快递企业走出去
2	《快递服务"十二五"规划》	2011年12月	行业规划	国家邮政局	该《规划》是按照《邮政业发展"十二五"规划》的总体要求,结合我国快递业发展实际而制定的。《规划》在对我国快递业"十一五"期间取得的成就和"十二五"面临的形势进行分析的基础上,重点提出了"十二五"期间我国快递业发展的指导思想、基本原则和发展目标,提出了到2015年我国快递服务要实现"做大行业、做强企业、做优品牌"三大目标。《规划》从加强服务能力建设、提升服务水平和质量、促进产业联动发展、推进科技应用与创新以及强化行业监督管理五个方面部署了"十二五"期间我国快递业发展的主要任务。并就推动"十二五"快递业发展规划的实现提出了六个方面的政策保障,其中特别强调要不断完善行业监管法规体系,加快安全监管信息系统建设,扩大监管范围

续表

编号	法律法规文件名称	出台或修订时间	类型	颁布单位	主要内容(或与快递业有关的内容)
3	《快递业发展"十三五"规划》	2017年2月	行业规划	国家邮政局	该《规划》提出了到2020年要基本建成普惠城乡、技术先进、服务优质、安全高效、绿色节能的快递服务体系,形成覆盖全国、联通国际的服务网络。在产业能力方面,《规划》要求快递市场规模要稳居世界首位,服务网络进一步健全,基本实现乡乡有网点、村村通快递的目标。要建设一批辐射国内外的航空快递货运枢纽,积极打造"快递航母",形成3~4家年业务量超百亿件或年业务收入超千亿元的快递企业集团,培育2个以上具有国际竞争力和良好商誉度的世界知名快递品牌。在服务品质方面,《规划》提出,寄递服务产品体系更加丰富,承诺时限产品比重进一步提升,国际快递服务通达范围更广,速度更快。在安全水平方面,要全面落实"三项制度",实现寄递流程可跟踪、隐患可发现、责任可追溯等目标,遏制重特大事故的发生。在绿色低碳方面,快递生产方式绿色低碳水平大幅提升,能源资源利用效率大幅提高,快件包装标准化、绿色化水平显著提升,包装材料循环利用率不断提高。《规划》还提出了要完善规划标准、推进依法治业、强化运行监测、加大行业宣传等保障措施
4	《海峡西岸经济区快递服务发展规划(2011—2015)》	2011年11月23日	区域行业规划	国家邮政局	该《规划》是继国家对长三角、珠三角和京津冀三地区专门制定快递服务发展规划之后,又一个区域性重点快递服务发展规划。由于海峡西岸经济区的特殊区位优势,国家专门编制这一规划,以促进海峡西岸地区快递服务发展。《规划》明确了海峡西岸经济区快递服务发展的指导思想和发展目标,提出了"现行先试、便捷两岸;对接两洲、带动中西;区域协作、联动发展"的总体思路。在此基础上,《规划》提出了海峡西岸经济区快递服务发展的主要任务,即完善海西快递发展环境、优化服务网络空间布局、整合两岸快递服务资源、加快快递服务体系建设以及培育大型现代快递企业,同时规划还重点提出了包括"海西快递物流园区工程""两岸快递服务绿色通道工程"等多项重点工程以支持规划目标的完成。规划还就发展目标实现提出了六大保障措施,涉及推动两岸快递交流、完善市场监管、建立人才体系等方面

续 表

编号	法律法规文件名称	出台或修订时间	类型	颁布单位	主要内容(或与快递业有关的内容)
5	《京津冀地区快递服务发展"十三五"规划》	2017年3月	区域行业规划	国家邮政局	该《规划》围绕建成"普惠城乡、技术先进、服务优质、安全高效、绿色节能、定位清晰、优势互补、互利共赢"的京津冀快递服务体系总体目标,重点将京津冀地区打造成为快递业改革创新的试验区、快递业与交通运输业协同发展的示范区和北方快递业发展核心区。定位布局方面,将按照"统筹协调、功能互补、有序疏解、区域联动"的思路,以"一核心、两区域、四枢纽、五节点、多园区"为架构,打造中国北方快递业发展核心区,形成特色鲜明的区域快递协同发展新格局。《规划》明确了八项主要任务:一是加强快递基础设施建设,二是提升快递普惠服务水平,三是推动快递服务转型升级,四是加强快递渠道安全监管,五是促进交通快递融合发展,六是加快科技绿色创新步伐,七是推进快递诚信体系建设,八是支持快递企业"走出去"。《规划》还结合京津冀地区快递服务发展实际,提出京津冀"黄金三角"快递园区集聚带工程、京津冀快递下乡工程、寄递渠道安全监管"绿盾"工程、京津冀跨境电商与快递物流协同发展工程等四大工程,重点解决目前行业发展中的热点和难点问题

(四) 快递行业安全与消费者权益保护类相关法律依据

行业安全与消费者权益保护是快递市场监管的重点和难点,保障快递市场安全运行是快递业发展的基础,而保护消费者合法权益则是构建良好快递市场环境、提升快递服务质量的重要途径。因此,国家十分重视快递行业安全和消费者权益保护方面的法制建设。表3-1-4列举了当前我国部分快递行业安全和消费者权益保护规范性文件的主要内容。

表3-1-4 部分快递行业安全和消费者权益保护规范性文件简介

编号	法律法规文件名称	出台或修订时间	类型	颁布单位	主要内容(或与快递业有关的内容)
1	《禁止寄递物品管理规定》	2016年12月16日印发	部门规范性文件	国家邮政局、公安部、国家安全部	该《规定》对2007版禁寄物品指导目录进行了修订,从安全检查、企业责任、用户义务、监督管理等方面提出了更加明确的规范要求,将指导目录从原有的14项增加到"18+1(18类物品及其他)"项,载明物品从58种增加到188种,并将《危险化学品目录》等法律、行政法规、国务院和国务院相关部门规定禁止寄递的上万种物品均纳入其中,使禁寄物品指导目录更加具有全面性、指导性和可操作性

续表

编号	法律法规文件名称	出台或修订时间	类型	颁布单位	主要内容（或与快递业有关的内容）
2	《中央综治办、公安部等九部门关于加强邮件、快件寄递安全管理工作的若干意见》	2014年9月26日印发	指导意见	中央综治办、公安部等九部委	该《意见》是对加强我国邮件、快件寄递安全管理工作而提出的工作意见。意见共包括六大方面，二十二条具体意见。六大方面分别是：一、完善邮件、快件寄递安全管理制度；二、加强邮件、快件安全检查；三、加强邮件、快递件寄递安全防范能力建设；四、治理安全隐患，严厉打击利用邮件、快件实施的各种违法犯罪活动；五、健全邮件、快件寄递安全管理责任体系；六、加强组织协调和监督保障
3	《寄递服务用户个人信息安全管理规定》	2014年3月19日印发	部门规范性文件	国家邮政局	寄递服务过程中用户个人信息泄露以及因此而造成的各类安全事故、纠纷等越来越引起社会的广泛关注，而该《规定》的出现就是为了保障用户合法权益，维护邮政通信与信息安全。《规定》共六章五十三条。《规定》对寄递服务用户个人信息安全监管的组织实施、一般规定、寄递详情单实物信息安全管理、寄递详情单电子信息安全管理以及用户个人信息监督管理等内容进行规定。《规定》中明确指出"未经法律明确授权或用户书面同意，邮政企业、快递企业及其从业人员不得将其掌握的寄递用户信息提供给任何单位或个人。"
4	《邮政业消费者申诉处理办法》	2014年8月27日印发	部门规范性文件	国家邮政局	申诉一直是消费者维护自身合法权益的重要途径，特别是近些年国家邮政局开通了网上申诉平台之后，消费者申诉的重要性更加得以彰显。该《办法》就是对依法公正处理消费者申诉、促进邮政服务质量提升而制定。《办法》共分七章三十八条，分别对消费者申诉的受理、处理、调查、调节和监督管理等方面做出规定

（五）快递行业发展相关法律依据

快递行业发展相关法规文件与快递行业规划类文件最大的不同之处在于：快递行业发展类法规文件往往只针对快递业发展若干问题中的一个具体问题，如快递业务员队伍建设、快递企业等级评定、快递服务制造业等问题，而快递行业规划则着眼于我国快递业发展全局，制定相对全面的宏观规划。快递业的健康发展不仅需要中长期的宏观规划，而且也需要对行业具体问题的关注。国家近年来颁布了多部聚焦快递行业重点发展问题的法规文件，表3-1-5列举了部分法规文件的主要内容。

表 3-1-5 部分快递行业发展相关法规文件内容简介

编号	法律法规文件名称	出台或修订时间	类型	颁布单位	主要内容(或与快递业有关的内容)
1	《快递业务员国家职业技能标准》	2008年8月11日印发	国家标准	人社部、国家邮政局	作为新兴职业代表的快递业务员是从事快递收寄、分拣、封发、派送等工作的专业人员，需要有明确的职业技能标准和要求，该《技能标准》就是针对快递业务员这一职业所制定的国家标准。《标准》共分四大部分。第一部分为职业概况，主要对快递业务员这一职业的名称、定义、等级、职业环境、特征、基本文化程度、培训要求、鉴定对象等内容做了说明。第二部分为快递业务员的基本要求，包括职业道德和基础知识两大方面十类几十条具体要求。第三部分为快递业务员的工作要求，《标准》针对初级快递业务员、中级快递业务员、高级快递业务员、快递业务师和高级快递业务师这五类不同等级快递业务员的工作要求进行了说明，对上述不同等级快递业务员的考核也围绕对应的工作要求进行。第四部分为比重表，分为理论知识和技能操作两大部分，主要是对不同等级快递业务员各考核指标的权重进行规定
2	《快递企业等级评定办法》	2011年8月30日印发	部门规范性文件	国家邮政局	促进快递企业提升服务水平，推动快递诚信体系建设是快递市场监管的重要目标之一。该《办法》就是为了引导快递企业由粗放发展向提质增效转变，促进快递业向更高水平发展而制定的。《办法》共十七条，对快递企业等级评定的内涵、组织实施、适用范围、等级分型标准等进行了详细规定。《办法》按照年业务量、年经营收入以及自营网络覆盖范围等标准将我国快递企业分为A、B、C、D四个等级，同时按照服务水平等细化指标将快递企业分为五个星级
3	《国家邮政局、工业和信息化部关于推进快递服务制造业工作的指导意见》	2013年9月13日印发	指导意见	国家邮政局	快递在服务制造业方面具有重要作用，为了更好推进快递服务制造业有关工作，国家邮政局出台了该《意见》，《意见》对推进快递服务制造业工作的意义进行了说明，明确了工作开展的指导思想和基本原则，《意见》中重点提出了推进快递服务制造业发展的六大重点领域，即推进快递服务于技术密集型制造业、服务于制造业规模化发展、服务于制造业定制化生产、服务于经济活跃区域的制造业集群、服务于中小制造企业、服务于制造业国际化。《意见》还就工作开展的具体措施和组织领导进行了说明

(六) 地方政府制定的快递市场监管法律依据

上述五类快递市场监管法律依据均是快递行业法制建设在国家层面的具体体现，而地方政府快递市场法规建设也是快递行业法制体系的重要组成部分。目前全国所有省、自治区和直辖市均出台了省一级的邮政条例,北京、上海和广东等省份也已经出台了本省(市)的《快递市场管理办法》,其他一些省份也出台了《快递市场安全管理规定》《寄递安全管理办法》等类似的地方性法规。表 3-1-6 列举了部分省、自治区、直辖市以及深圳市有关快递业发展或快递市场监管相关法规的主要内容。

表 3-1-6 部分地方性快递业相关法规文件内容简介

编号	法律法规文件名称	出台或修订时间	类型	颁布单位	主要内容(或与快递业有关的内容)
1	《河北省邮政条例》	2014 年 5 月 30 日修正	地方法规	河北省人民代表大会常务委员会	该《条例》是河北省结合本省实际,为保障邮政普遍服务,加强邮政市场监管,维护用户合法权益而制定。《条例》共八章六十一条,对河北省邮政业的规划建设、普遍服务实施、快递服务实施、邮政行业安全、邮政市场的监督管理以及涉及的相关法律责任进行了说明和规定。其中第四章为"快递服务",专门对河北省快递业务审批许可、变更中止、快递企业加盟、快递企业及其从业人员的禁止行为等内容进行了说明
2	《广东省快递市场管理办法》	2013 年 4 月 28 日公布	地方行政法规	广东省人民政府	广东作为全国经济大省,其快递业务量也在全国前列,为了加强本省快递市场管理,保护快递企业和用户的合法权益,促进快递市场健康发展而制定该《办法》。《办法》共七章四十八条,对广东省快递经营主体的资质和审批、快递服务的有关标准、快递市场安全、快递市场的监管的开展以及相关法律责任等问题进行了说明。该《办法》的一个亮点在于对快递企业与电商企业家长期合作中的有关问题做出了规定,不允许电商企业在销售旺季向收件人提供与合约不符的虚假承诺,出现延误则由电商企业承担违约责任
3	《深圳市发展快递业管理规定》	2014 年 6 月 24 日公布	地方行政法规	深圳市人民政府	深圳市是全国较早出台快递市场管理规定的城市,该《规定》共七章五十一条,对深圳市快递市场管理的组织领导、支持措施、快递经营主体资质、快递服务的提供、快递市场的安全以及相关法律责任等都做了明确规定。该《规定》的亮点之一就是专门辟出章节提出深圳快递业发展的支持措施,涉及财政、人力、国土资源、交通、科技以及金融等多方面保障

三、快递市场监管法律依据的评价

20 世纪 70 年代末,快递首次在中国出现,快递业法制体系建设也随之起步,经过近四十年年的发展,我国已经出台了若干扶持、规范快递业发展的法律法规和其他规范性文件,这些法律法规和规范性文件共同形成了我国快递市场监管的法制体系,成为政府职能部门对快递市场进行监管的法律依据。当前,我国快递市场监管工作取得了巨大成就,这与行业法制体系的建立与完善密不可分。当然,我国快递市场监管法制体系建设依然在路上,当前的法律依据还存在一些不足,具体表现为两个方面。

（一）法律法规数量较多，但立法质量有待提升

我国快递市场监管的法律依据主要包括与邮政业、快递业有直接或间接关系的法律、行政法规、部门规章、地方法规以及通知、指导意见、发展规划等规范性文件等。根据粗略统计，当前我国正式公布施行的各类快递市场监管法律依据共有约 150 件，涵盖快递市场监管的多个方面，包括市场准入、行业标准、行业安全、快递服务等。因此，我国快递业法律法规的数量相对较多，但是法律依据的质量仍有待提升，这主要表现在当前我国快递行业法律依据多为部门规章、通知、指导意见等规范性文件，特别是通知、指导意见等规范性文件的时效性往往较短，缺乏对快递市场监管热点问题的长期跟踪，并且这些规范性文件的权威和效力不如法律，导致其执行效果不佳。此外，我国快递业法律法规的内容大部分强调的是邮政管理部门的准入审批、备案、抽检、处罚等，多是从监管部门角度设定各类规则，缺乏对快递企业和消费者权利义务的说明，对相关纠纷的认定与处理也关注较少。因此，今后快递市场监管立法工作的一个重要任务就是进一步推动"赋权于民"，让快递企业、消费者更好地参与到快递业立法工作中来，使快递行业的法律法规能够更加关注民情，能够对快递企业和消费者的责权利有更加明确合理的规定，从而当纠纷出现时，企业和消费者都能够依照相关法律法规妥善处理纠纷、化解矛盾。

（二）法律法规普遍缺乏可问责性

当前，我国快递市场监管法律依据对监管缺位、监管越位以及监管部门其他违法违规行为问责的规定有待加强。大部分法律法规均用大篇幅规定监管部门、快递企业和消费者应该做什么、不应该做什么，但是对于监管部门违法行为的认定和问责却缺乏详细说明。因此，对监管不力的问责是今后我国快递业立法工作的重点。问责需要回答清楚三个问题，即对谁问责、如何问责以及问责的程度。现行法律法规中，如何问责和问责程度这两个方面是相对薄弱的部分。关于对谁问责，大部分快递行业的法律依据中已经有了明确规定。如《快递市场管理办法》第六章"法律责任"第四十九条规定"邮政管理部门工作人员违反本办法第三十一条第一款、第三十九条规定的，依法给予行政处分；构成犯罪的，依法追究刑事责任"。这说明当邮政管理部门出现违法违规行为时，相关工作人员要被追究责任。但是关于"如何问责"和"问责程度"，现行大部分法律法规的表述还比较模糊，大部分法律法规多用进行"行政处罚"或"构成犯罪的，依法追究刑事责任"等字眼表述，相较于对快递企业违法行为进行数额明确的罚款等处罚方式，对监管部门及其工作人员的问责方式和程度还需要更为明确和合理的界定，这样才能对监管部门工作人员的违法失职行为形成有力震慑，减少监管不力问题的发生。

第二节　快递市场监管的组织体制

当前我国快递市场监管机构形成了以国家邮政局为主、多部门共同参与的基本格局。国家邮政局为副部级建制，于 1998 年成立，当时隶属于信息产业部，在 2008 年国务院大部制改革中，信息产业部并入新成立的工业和信息化部，同时将国家邮政局交由交通运输部代管，国家邮政局也成为交通运输部三个部委管理的国家局之一[①]。

---

① 另外两个由交通运输部代管的国家局分别为国家铁路局和中国民用航空局。

一、快递市场监管体制的基本框架

(一) 监管的制度规范

根据快递市场监管制度规范的性质和作用,可以将其分为监管组织机构制度和监管执行制度。监管组织机构制度主要是明确组织机构的职能、设立以及运作方式等机构设置的基本问题。我国《国务院行政机构设置和编制管理条例》《国务院机构改革和职能转变方案》以及《国家邮政局主要职责内设机构和人员编制规定》等文件中对此均做出明确规定。快递市场监管执行制度则主要针对监管内容、监管方式、判断标准及依据、处理方式及程序、部门之间分工协调等事项进行规定,快递市场监管的各项法律依据绝大部分均属于监管执行制度。根据快递市场监管制度的法律效力、发布机关、实施范围等,可将快递市场监管制度分为快递市场监管法律、行政法规、部门规章以及地方性法规等不同类别(请参考本章第一节的有关内容)。

(二) 监管的组织机构

快递生产作业的特点及其与相关产业间的关系决定了快递业涉及范围广、影响面大。从横向上看,快递生产运行的整个过程涉及商务、综治、公安、安全、交通、工商、安监、海关、检验检疫、民航等多个部门,因此我国快递市场监管的组织机构在横向上具有关联部门广的特点。从纵向上看,当前我国快递市场监管机构主要是中央、省(自治区或直辖市)、地级市三级管理,部分地区已经开始试点组建县一级邮政管理部门,因此我国快递市场监管组织机构也具有纵向层次多的特点。本节将从横向和纵向两个维度对我国快递市场监管的组织机构进行介绍。

从横向上看,在国务院各部委中,与快递市场监管有主要联系的部门分别是国家邮政局、公安部、交通运输部、农业农村部、民政部、商务部、国家市场监督管理总局、国家药品监督管理局、国家铁路局以及中国民用航空局等部门。其中,国家邮政局是我国快递市场监管体制的核心组织机构,全面负责对快递市场的监督管理。《中华人民共和国邮政法》第四条对邮政管理部门在邮政市场管理中的地位做出了规定:国务院邮政管理部门负责对全国邮政普遍服务和邮政市场实施监督管理。省、自治区、直辖市邮政管理机构负责对本行政区域的邮政普遍服务和邮政市场实施监督管理。按照国务院规定设立的省级以下邮政管理机构负责对本辖区的邮政普遍服务和邮政市场实施监督管理。国务院邮政管理部门和省、自治区、直辖市邮政管理机构以及省级以下邮政管理机构对邮政市场实施监督管理,应当遵循公开、公平、公正以及鼓励竞争、促进发展的原则。

国家邮政局的主要职责有以下几个方面:①拟订邮政行业的发展战略、规划、政策和标准,提出深化邮政体制改革和促进邮政与交通运输统筹发展的政策建议,起草邮政行业法律法规和部门规章草案。②承担邮政监管责任,推动建立覆盖城乡的邮政普遍服务体系,推进建立和完善普遍服务和特殊服务保障机制,提出邮政行业服务价格政策和基本邮政业务价格建议,并监督执行。③负责快递等邮政业务的市场准入,维护信件寄递业务专营权,依法监管邮政市场。④负责监督检查机要通信工作,保障机要通信安全。⑤负责邮政行业安全生产监管,负责邮政行业运行安全的监测、预警和应急管理,保障邮政通信与信息安全。⑥负责邮政行业统计、经济运行分析及信息服务,依法监督邮政行业服务质量。⑦负责纪念邮票的选题和图案审查,负责审定纪念邮票和特种邮票年度计划。⑧代表国家参加国际邮政组织,处理政府间邮政事务,拟订邮政对外合作与交流政策并组织实施,处理邮政外事工作,按照规定管理涉及港澳台工作。⑨垂直管理各省(自治区、直辖市)邮政管理局。⑩承办国务院及交通运输部交办的其他事项。其中,除第七项职责与快递市场管理无明显联系以外,其余职责均与快递市场管理有直接或间接关系,涉及快递行业法律法规体系的完善、行业标准与政策制定、快递市场准入、快递行业安全、快递市场价格管理以及快递服务质量监督等各个方面。根据目前的设置,国家邮政局内设有办公室(外事司)、政策法规司、普遍服务司(机要通信司)、市场监管司以及人事司等部门,同时还有若干直属单位,国家邮政局下辖31个省级邮政管理机构和357个省级以下邮政管理机构,如图3-2-1所示。国家邮政局主要内设部门以及部分直属单位的主要职责如表3-2-1所示。

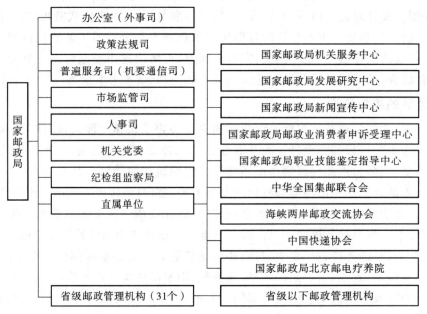

图 3-2-1　国家邮政局机构设置

表 3-2-1　国家邮政局主要内设机构和部分直属单位主要职能简介

机构名称	主要职能
政策法规司	提出邮政行业的发展战略、规划、标准和政策;起草邮政行业法律法规和部门规章草案,指导行业法制建设;提出深化邮政体制改革建议;拟订邮政资源规划;提出促进邮政与交通运输统筹发展的政策建议;推进行业科技工作;承担邮政行业统计、经济运行分析及信息服务;承办相关行政复议和行政应诉工作;承办机关有关规范性文件的合法性审核工作
普遍服务司	提出普遍服务、特殊服务的标准;推动建立覆盖城乡的邮政普遍服务体系,依法监督邮政普遍服务义务的履行;提出邮政行业价格服务政策和基本邮政业务价格建议并监督执行;拟订普遍服务和保障机要通信、义务兵通信、党报党刊发行、盲人读物寄递等特殊服务的政策并监督实施;监督检查机要通信工作,保障机要通信安全,研究协调解决有关机要通信安全的重大问题;承办纪念邮票的选题和图案审查;承办纪念邮票和特种邮票年度计划审定
市场监管司	依法监管邮政市场,维护信件寄递业务的专营权;依法实行快递等邮政业务的市场准入制度;依法监管集邮市场;指导邮政行业安全生产管理工作,承担邮政行业运行安全的监测、预警和应急管理工作;拟订保障邮政通信与信息安全的政策并监督实施
人事司	拟订机关人事、教育、培训、劳动工资管理制度并组织实施,指导邮政行业人才队伍建设,承办国家邮政局系统机构、人员编制和干部管理工作

续表

机构名称	主要职能
办公室	负责机关文电、会务、机要、档案等机关日常运转工作以及信息、安全保密、新闻发布、信访、政务公开、系统财务管理等工作；承担重要课题调研，起草重要报告和综合性文稿；承办邮政外事工作和政府间合作事务，组织开展对外合作与交流，按照规定管理涉及港澳台工作
邮政业消费者申诉受理中心（直属单位）	维护邮政业消费者的合法权益，依法公正处理消费者对邮政企业和快递企业服务质量的申诉。消费者申诉受理中心负责对消费者的合理申诉进行受理，并对邮政企业和快递企业做出处理意见，必要时可以向申诉人、被申诉人了解情况。经当事人同意，可以召集有关当事人进行调查
职业技能鉴定指导中心（直属单位）	参与制定邮政行业特有（工种）国家职业技能标准、题库开发与维护、教材及大纲编写、邮政行业职业技能鉴定组织、邮政行业特有职业（工种）职业资格证书的核发与管理、邮政行业职业技能鉴定督导员和考评员管理，同时承担行业人力资源服务、出版物经营和技术服务咨询等工作
中国快递协会（行业协会、直属单位）	贯彻落实国家有关的方针政策、法律法规，执行国家政策；督促会员单位遵守国家法律，认真贯彻落实政府主管部门制定颁布的行业发展政策、规划和标准，行业自律性运行机制，强化行业自我管理，促进企业公平竞争，行业有序发展

由于快递生产运营全过程作业环节多、链条长、涉及面广，因此在设计国家邮政局作为主要行业监管部门的同时，国务院其他相关部委也承担了部分监管职能，其中涉及的主要部门及其具体职责等如表 3-2-2 所示。

表 3-2-2　部分国家行政机关在快递市场监管中承担的职能

国家部委	快递市场监管中承担的职能	举例
公安部	涉及保障快递市场安全、维护快递市场正常秩序，保护相关参与者生命财产安全等部分职能	2014 年 9 月，公安部等九部门联合印发了《关于加强邮件、快件寄递安全管理工作的若干意见》。《意见》指出，要逐步实行寄递实名制。2015 年 10 月—2016 年 3 月公安部联合 15 部门开展了清理整顿危爆品寄递物流专项行动
农业部（现农业农村部）	在当前大力推进农村电商、物流下乡、快递进村的背景下，承担快递物流业在农村的推广普及、政策支持等一部分职能	2015 年 2 月，交通运输部会同农业部（现农业农村部）等部委联合下发《关于协同推进农村物流健康发展，加快服务农业现代化的若干意见》，指出各地包括农业部门在内的相关部门要争取中央财政农村物流服务体系发展专项资金，对农村物流发展予以引导支持
商务部	承担推进包括快递也在内的流通产业结构调整，指导快递企业改革，为促进快递企业发展的政策建议，推动流通标准化和连锁经营、商业特许经营、物流配送、电子商务等现代流通方式的发展等一部分职能	2012 年 2 月，国家邮政局会同商务部下发《关于促进快递服务与网络零售协同发展的指导意见》，《意见》提出了促进快递服务与网络零售协同发展的七大政策措施，并指出国家邮政局和商务部将统筹协调，建立快递服务与网络零售协同发展工作联系制度，定期召开联席会议，协商政策解决问题
国家市场监督管理总局	承担部分快递市场监督管理和行政执法职能。负责各类快递企业的登记注册与监督管理。承担监督管理流通领域商品质量和流通环节食品安全的责任，维护消费者权益。有权依法查处快递企业的不正当竞争行为等职能	2012 年 7 月，国家邮政局和国家市场监督管理总局下发《关于规范经营快递业务的企业许可审批和登记管理有关事项的通知》指出包含邮政企业在内的经营快递业务的企业（以下简称快递企业）凭邮政管理部门颁发的《快递业务经营许可证》到工商行政管理部门办理登记。工商行政管理部门按照《快递业务经营许可证》登记快递企业经营范围

续表

国家部委	快递市场监管中承担的职能	举例
国家药品监督管理局（现国家市场监督管理总局）	承担对食品药品在快递生产流通领域的安全问题制定相关政策并实施监督管理等一部分职能	2013年，国家食品药品监督管理总局（现国家市场监督管理总局）出台《关于加强互联网药品管理销售的通知》，要求医药电商必须使用符合规定的药品配送系统，不得委托第三方快递企业配送
中国民用航空局	承担快递业与民航业协同发展，规范快件航空运输市场等一部分职能，同时对机场快件设施建设、提升航空货运能力等给予政策支持	2009年9月，中国民用航空局与国家邮政局联合下发《关于促进快递与民航产业协同发展的意见》，强调要进一步整顿航空货运销售代理市场，严厉打击各种无证经营行为，为快件航空运输创造良好市场环境
海关总署	承担对进出境快递、邮递企业、货物、物品的监督管理职能，维护寄递进出境货物、物品的通关秩序，保障国家安全	2015年7月，海关总署起草了《中华人民共和国海关寄递进出境货物物品监管办法（征求意见稿）》，向全社会公布并征求意见。意见稿就规范海关对进出境寄递物品的监管，促进进出境寄递业务的健康发展对邮政快递企业等相关市场主体的行为做出了一系列规定

  从纵向上看，我国快递市场监管机构的设置基本上依托现行的"中央—省—市—县（区）"的行政架构，其中省一级和地级市一级的邮政管理机构设置已基本实现全覆盖，除了香港特别行政区、澳门特别行政区和台湾地区外，我国其余31个省、自治区和直辖市均设立了省一级邮政管理机构，这31个省内的地级市（或自治州、盟或地区）也设立了相应的邮政管理部门。但我国县一级邮政管理机构的设置起步较晚，2012国务院办公厅下发《关于完善省级以下邮政监管体制的通知》要求加快推进省级以下邮政管理机构的设立，2014年6月26日，浙江省义乌市邮政管理局挂牌成立，这是我国第一个县级邮政管理机构，它的成立标志着我国邮政管理体制改革进入一个新的阶段。义乌市邮政管理局成立后，广东顺德、江苏常熟、福建晋江、云南勐腊、湖北宜城、四川南部、山西孟县、山东曲阜和邹城等地也成立了县级邮政管理局，县级邮政管理机构的设立运作速度全面推进，这对于完善我国"中央—省—市—县（区）"四级纵向邮政管理体制具有重要意义，对壮大快递市场管理队伍，推进邮政及快递市场监管，促进县以下农村地区邮政和快递业的发展起到了重要作用。

  我国各省级邮政管理机构的内设部门基本与国家邮政局内设机构保持一致。表3-2-3以广东省邮政管理局为例，介绍了其内设机构和主要职责，其他各省邮政管理局的情况基本类似。我国地级市一级邮政管理机构的内设部门相比中央和省一级要有所减少，一般设置办公室、普遍服务科（处）、市场监管科（处）三个处室，其主要职能与省一级邮政管理局内设机构职能类似，主要的不同之处在于其管辖范围仅限于地级市行政区划内。

表3-2-3 广东省邮政管理局内设机构及其主要职能

机构名称	主要职能
办公室	①综合协调局内重要政务、事务。②负责机关秘书、文电、文书档案、印章使用与管理、机要保密和重大事项的督办、起草综合性文稿等工作。③负责信访工作，组织办理地方人大代表和政协委员的建议和提案。④负责对外宣传，做好电子政务建设和政府网站的日常管理和政务公开工作，编发邮政政务信息。⑤根据国家邮政局有关规定，负责外事工作，处理涉台港澳事务。⑥负责机关财务工作，加强财务预算管理和资产管理。负责机关政府采购工作。⑦负责机关后勤管理工作及其他行政事务管理。⑧承办领导交办的其他事项

续表

机构名称	主要职能
政策法规处	①组织研究提出本地区贯彻落实邮政业的发展战略、发展规划具体政策和方案并协调落实,指导从事邮政业务的企业贯彻实施邮政发展战略、发展规划。②按照国家邮政局总体部署,根据本地区邮政行业管理和监管工作需要,积极推进邮政地方性法规、规章的制定和修改工作。③负责对本地区有关部门起草的涉及邮政业的法规、规章、规范性文件草案的研究,并提出处理意见,审核本局发布的规范性文件。④负责行政执法监督和涉及行政复议、行政应诉的工作,做好行政执法证件的管理工作。⑤负责本地区邮政业综合信息、运行分析和统计数据的收集、整理、编报、分析及对外发布。⑥负责本地区邮政业标准的组织编制和管理工作。负责机关合同审查相关事务。⑦承办领导交办的其他事项
普遍服务处 (机要通信处)	①贯彻落实国家邮政局邮政普遍服务标准,对邮政企业落实普遍服务标准情况进行监督检查,并提出处理意见。②掌握本地区邮政普遍服务和特殊服务的情况,定期监测普遍服务和特殊服务水平,建立和完善邮政普遍服务和特殊服务的质量监控体系。③商地方政府有关部门,制定和落实邮政普遍服务和特殊服务的保障政策。④负责监督检查机要通信安全保密情况,协调并监督机要通信独立作业系统和生产组织方式的落实。⑤负责组织对邮政企业贯彻执行邮政服务价格政策情况的监督检查,依法对违反价格政策的行为提出处理意见。⑥负责依法审核邮政企业分支机构设置或者撤销的申请,提出处理意见。⑦负责处理邮政普遍服务和特殊服务质量投诉、举报等有关事务。⑧按照国家邮政局有关规定,处理涉及邮票管理的有关工作。⑨依法负责邮政配套设施建设、使用情况的监督检查。⑩承办领导交办的其他事项
市场监管处	①掌握本地区邮政市场基本情况,建立健全从事邮政业务的企业的基础数据信息。②依法监管邮政市场,指导、监督、检查、规范邮政市场主体的行为,规范经营秩序,维护公平竞争。③依法查处侵犯信件寄递业务专营权的违法违规行为,规范信件寄递业务的经营行为,维护信件寄递业务的专营权。④根据国家邮政局授权,依法实施快递等邮政业务的市场准入制度,承担准入后的日常管理工作。⑤协调与公安、国家安全等有关部门的工作关系,监督、检查从事邮政业务的企业的通信安全和信息安全工作。⑥根据国家邮政局、地方人民政府部署,组织制定突发公共事件应急预案和应急通信保障预案,组织协调从事邮政业务的企业落实相关预案。⑦负责处理快递等邮政服务质量投诉和举报等有关事务,依法查处侵犯用户合法权益的违法行为。⑧负责集邮市场的监督检查和相关管理工作。⑨依法查处伪造、冒用或擅自使用邮政专用标志的行为。⑩承办领导交办的其他事项
人事处	①负责机关干部的考察、任免、调配等人事管理工作。②负责机关机构编制、公务员招录、登记备案、考核、表彰、工资及津补贴、休假、社保、公积金等日常管理工作。③负责机关干部人事档案、人员信息系统、人事及工资统计、政审及因私出国(境)证件的审批管理等日常工作。④负责机关公务员退休手续的办理以及离退休人员的管理和服务工作。⑤负责机关聘用人员的管理工作。⑥负责机关干部的教育培训管理工作。⑦负责组织指导和协调本地区邮政行业职业技能鉴定工作。⑧负责机关纪检监察工作。⑨承办领导交办的其他事项

同中央一级类似,我国地方快递市场监管机构也是以邮政管理部门为核心,商务、公安、安全、交通、工商、安监、海关、检验检疫、物价等部门共同参与。其中省一级各监管机构的设置基本和中央一级类似,地级市快递市场监管机构存在一定程度的差异,但整体上基本与中央和省一级机构设置保持一致,图3-2-2显示了我国纵向快递市场监管机构设置及其对应监管法律依据。

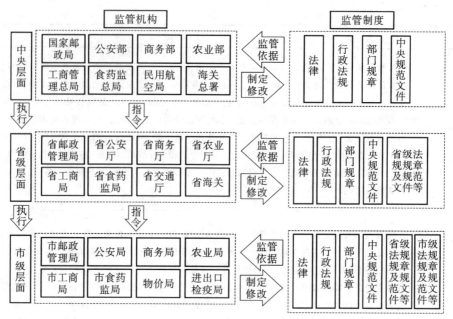

图 3-2-2 我国快递市场监管机构与对应监管制度

思考与讨论

完善省以下邮政监管体制[①]

一提起邮政，人们最先想到的就是大街上挂着绿底黄字招牌的大大小小的邮政局以及穿着深绿色制服、骑着邮政专用的永久牌自行车在大街小巷穿梭的邮递员。但是在我国，邮政并不仅仅指的是邮政局所，更不仅仅指的是信件、报纸、包裹的寄递业务，快递业也是邮政业的重要组成部分，快递市场监管也是邮政市场监管的重点。特别是近年来快递业的飞速发展，使人们重新认识到邮政业的重要性，而监管体制改革无疑是影响我国邮政业发展的一个主要问题。

从 20 世纪 90 年代开始，邮政系统一直在政企分开的改革路线上前进着，先后剥离了电信和储蓄业务。但邮政从诞生之日便有的信件投递服务却一直没有分出去，使得邮政事业政企分开在最后的一环上停滞了。2005 年，国务院出台邮政体制改革方案，实行政企分开，重组国家邮政局，在各省、自治区、直辖市成立省一级邮政管理局，并将快递服务纳入邮政业统筹管理。但这么多年过去了，在市、县一级，邮政政企分开依然是个难题。直到 2012 年 1 月，国务院办公厅印发《关于完善省级以下邮政监管体制的通知》，吹响了完善省以下邮政监管体制改革的号角。

可能有人要问，为什么要完善省以下邮政监管体制？有必要继续改革吗？对于这一问题，国家邮政局副局长王梅曾在一次访谈中给出了解读，她从三个方面回答了这一问题，一是改革给邮政行业发展注入活力，带来了巨大的变化。全行业业务量收快速增长，行业规模进一步扩大，发展速度和质量都有了很大提高，快递已经成为我国重要的经济形式和新型的服务业态。邮政业有力地支撑了电子商务和制造业、国内国际贸易的发展，在国民经济中的地位日益突出。二是推进省以下邮政监管体制改革是我国邮政体制改革的深化和继续。2005 年，根据国

[①] 本文根据 2012 年 10 月 26 日国家邮政局副局长王梅接受中国政府网专访有关内容整理而成。

务院的部署,启动了以"政企分开"为重点的邮政体制改革,重组国家邮政局,并设立垂直管理的31个省(区、市)邮政管理局,也即两级管理体制,中央和地方。整个两级承担的就是行业管理和市场监管等职责。但是,改革只在国家和省一级建立了邮政管理机构,国务院有关文件明确:进一步完善省级以下邮政监管体制问题另行研究。由于省以下没有基层邮政管理机构,省一级邮政管理人员总数不足500人,平均一个省份16人,力量严重不足,直接影响管理职责的有效落实。三是随着行业迅速发展,邮政安全问题日益突出。主要反映在:寄递渠道每年的涉恐涉爆案件有几十起,查获的违禁品数量也一直居高不下。国内外不法分子利用寄递渠道实施违法犯罪行为,危害国家统一和安全。修订后的《邮政法》明确规定了邮政监管部门保障通信安全和信息安全的法律责任,在日益严峻的安全形势下,邮政行业必须完善管理机构,充实监管力量,落实安全责任。

如果说王梅副局长的观点代表了政府部门的想法,那么快递企业和消费者又对完善省以下邮政监管体制抱有怎样的看法呢?

"当时只是省以上邮政管理局有管理我们的权限。但是快递业的触角早已伸向市、县甚至许多乡镇。靠省一级的监管,根本监管不过来"。韵达快递西安区域总经理王祥云如此评价2012年之前西安市邮政局还未成立时当地的快递市场监管情况。他说那时包括西安在内的全国各大城市都出现了快递业,特别是民营快递开始飞速发展,但由于监管力度的薄弱,这种飞速发展也变成了一种"野蛮发展"。王祥云说:"我们也意识到快递行业的服务质量应该提升了,但靠自身变革确实推力不足。"据了解,民营快递公司提升服务质量动力不足的很大原因在于自身的运营模式缺陷。以"四通一达"为代表的民营快递公司,为了加速扩张,大多采用区域加盟的方式。而加盟则无疑削弱了总部对各分公司的管理力度,加盟者为了更快攫取利润,总部要求的服务质量往往成了"贴在墙上、挂在嘴上"的口号。2012年11月22日,西安市邮政管理局宣告成立,王祥云表示这将成为民营快递提升服务质量的又一个主要推动力。新成立的西安市邮政管理局,将负责监管西安市区及各县快递业的行业准入、服务质量、网点布局等详事务。"这次成立了市级邮政管理局,负责监管快递行业的发展,我觉得对快递行业健康发展非常有必要。"分享西安市快递市场绝大部分蛋糕的圆通、申通、中通、韵达、顺丰五家快递公司西安分公司的总经理在接受媒体采访时,都表示了对监管权下放到市级的支持。

而消费者对此则表示普遍支持,因为完善省以下邮政监管体制,成立市乃至县一级邮政管理局将减少往日消费者"投诉不便""投诉无门"的现象,作为监管机构,市一级邮政管理局的一项重要工作就是接受处理快递行业的投诉问题。当消费者与包括中国邮政在内的各快递公司发生纠纷时,都可以直接投诉到市一级邮政管理局。

案例讨论:完善省以下邮政管理体制的必要性有哪些?如何更好地优化中央、省、市(县)邮政管理部门的职能权限,从而更好地促进快递市场监管,提高监管效能?

二、快递市场监管体制存在的问题

我国快递业经过近40年的发展,已经基本建立起了较为完善的市场监管体制,特别是在2007年1月,新组建的国家邮政局和中国邮政集团公司分别挂牌成立,之后各省邮政管理局和邮政分公司也纷纷成立,"中国邮政"摆脱了既是运动员又是裁判员的身份,实现了邮政业的政企分开,监管独立性得到进一步加强。2008年大部制改革之后至今,国家邮政局划归交通运输部管理，促进了包括快递在内的邮政市场监管的专业化。由于我国快递业的迅猛发展，国家邮政局以及地方邮政管理部门各内设机构进一步完善快递市场监管的相关职能，以应对不断增加的市场监管需求。尽管我国已建立起较为完善的快递市场监管体制，监管机构和监管制度建设取得了巨大成就，快递市场监管正朝着科学化、高效率的方向发展，但不可否认的是，我国快递市场监管体制还存在一些问题，主要表现在以下三个方面。

第一，在监管机构设置上，存在监管机构设置分散，各监管机构法律地位和性质不统一以及监管机构独立性有待进一步增强等问题。

首先，我国快递市场监管机构设置相对分散，除国家邮政局作为主要监管职能部门之外，公安、食药监、工商、商务、农业以及质检等部门也承担相应职能。多个监管机构并行工作容易产生政出多门、重复执法、多头执法等问题，各部门按照各自的法律法规开展执法活动，如果各部门所依据的法律法规或存在不一致，就容易导致市场监管秩序混乱，降低监管效能。其次，我国快递市场各监管机构的法律地位和性质存在不一致，监管机构的独立性有待加强。我国在金融领域设立了证监会、银保监会作为核心监管机构，其法律性质和地位均由《证券法》《银行业监督管理法》以及《保险法》做了说明，三大机构均属于国务院直属正部级单位，统一行使对我国金融行业的监管。而作为我国快递监管核心职能部门的国家邮政局隶属于交通运输部，为副部级建制单位，但其他监管机构如公安部、商务部、国家市场监督管理总局等均属于国务院正部级建制单位，在我国的传统行政文化背景下，作为快递市场核心监管部门的副部级单位——国家邮政局与正部级的其他监管部门之间进行协调会存在一定困难。此外，由于快递市场核心监管机构设置于交通运输部之下，使国家邮政局的决策容易受主管部门的影响，降低监管的独立性和公正性。与此同时，国家邮政局的人事任免也会受此影响，部门预算也必须由交通运输部统筹规划，导致作为核心监管部门的国家邮政局在人事和经济上相对不独立。总之，快递市场监管部门间法律地位的不统一以及缺乏独立性较强的综合性监管机构，会对快递市场监管政策的统一协调和监管效率的提升带来不利影响。

第二，在监管机构职能配置方面，还存在职能配置不清和职能相对分散的问题。

首先，我国快递市场监管的宏观政策职能和微观监管职能在有些情况下由一个部门承担，行业主管部门既承担宏观政策的制定，也负责对微观市场主体的具体监管，还存在一定程度的"政监不分"问题。如国家邮政局既具有拟订快递行业的发展战略、规划、政策和标准，起草快递行业法律法规和部门规章草案等规划和政策职能，又承担诸如实行快递业务市场准入制度、查处快递企业违法违规行为等具体行政职能。其次，我国快递市场监管机构职能相对分散，快递行业生产作业不同环节的监管职责分散在不同的机构。从横向上看，保障快递市场安全的监管职能分散在国家邮政局、公安部、国家市场监督管理总局、海关总署等部门；快递市场准入监管的职能分散在国家邮政局和国家市场监督管理总局等部门；促进快递与电子商务协同发展的职能分散在国家邮政局和商务部等部门。总体上看，实现具体监管职能和宏观政策制定职能的分离，保证监管机构职能定位的明晰、准确是提高市场监管有效性的重要途径。因此，我国快递市场监管机构应进一步明确监管职能，避免职能过于分散。

第三，在监管机构人才建设方面，存在行业监管专业化人才匮乏，监管力量相对不足的问题。

监管政策的落实和执行关键在于监管人才队伍，一支把注意力长期专注于某个领域的专业化监管队伍，不仅掌握专业技能，还熟知行业发展规律和主要特征，因而能大大提高市场监管的效率。对于快递市场监管来说，一方面，我国各大专院校鲜少开设邮政快递类相关专业，导致熟悉本行业的专业人才相对缺乏；另一方面，现有从事快递市场监管的人员多为行政工作人员,专业性相对不足。在当前快递市场规模不断扩大、监管需求进一步提升的背景下,专业化人才缺乏和监管力量不足等问题将制约我国快递市场监管政策的有效落实。

三、快递市场监管体制改革

包括邮政业在内的各行业市场监管体制改革是我国行政体制改革的重要组成部分,也是我国全面深化改革的重要组成部分。党的十八大以来,党中央对行政体制改革进行了全面部署。在2013年2月,习近平总书记指出:行政体制改革是推动上层建筑适应经济基础的必然要求。实现全面建成小康社会和全面深化改革开放的目标,必须深化已进行30多年并取得重要成果的行政体制改革,破除制约经济社会发展的体制机制弊端。由此可见党中央对加快我国行政体制改革的决心和信心。快递市场监管体制改革是我国深化行政体制改革的重要一环。总体而言,在明确改革指导思想和基本原则的前提下,实现科学的职能定位、匹配的机构设置和高效的协调机制是我国快递市场监管体制改革的主要目标。

(一)我国快递市场监管体制改革的指导思想和基本原则

党的十七届二中全会上通过的《关于深化行政管理体制改革的意见》中提出了我国行政管理体制改革的指导思想和基本原则,这一指导思想和基本原则也成为我国各领域行政管理体制改革的基本遵循。该意见提出了我国行政管理体制改革的指导思想,指出深化行政管理体制改革,要高举中国特色社会主义伟大旗帜,以邓小平理论和"三个代表"重要思想为指导,深入贯彻落实科学发展观,按照建设服务政府、责任政府、法治政府和廉洁政府的要求,着力转变职能、理顺关系、优化结构、提高效能,做到权责一致、分工合理、决策科学、执行顺畅、监督有力,为全面建设小康社会提供体制保障。该意见也提出了我国行政体制改革应坚持的基本原则,即"五个必须":必须坚持以人为本、执政为民,把维护人民群众的根本利益作为改革的出发点和落脚点;必须坚持与完善社会主义市场经济体制相适应,与建设社会主义民主政治和法治国家相协调;必须坚持解放思想、实事求是、与时俱进,正确处理继承与创新、立足国情与借鉴国外经验的关系;必须坚持发挥中央和地方两个积极性,在中央的统一领导下,鼓励地方结合实际改革创新;必须坚持积极稳妥、循序渐进,做到长远目标与阶段性目标相结合、全面推进与重点突破相结合,处理好改革发展稳定的关系。快递市场监管体制改革作为我国深化行政管理体制改革的一部分,也必须按照上述指导思想和基本原则的要求有序推进。除此之外,监管作为一项特殊的政府行为,还应遵循监管本身特有的基本原则,顺应市场监管活动的客观规律。结合发达国家市场监管改革的历史经验,本节就我国快递市场监管体制改革再补充以下三个重要原则。

(1)监管独立性原则

独立性是监管行为的核心原则,各国推进监管体制改革均将实现监管独立作为努力的方向和改革的重点。监管独立性原则首先要求行业监管部门的设置独立,能摆脱一般行政部门的干预和控制,使监管机构能够客观独立的行使监管权力而不受利益相关方的干扰;其次还要求监管部门法律地位和职能的独立,从立法上赋予监管机构明确的法律地位和职责权限,实现政监分开、政企分开。

(2)法制先行原则

监管体制是监管制度的外在表现形式,推进监管体制改革必须遵循法制先行原则,即进一步完善市场监管法律法规体系,通过科学合理的制度规范明确监管机构及其职责权限的设置,理顺监管体制内各部分间的关系,为实现权责一致、分工合理、决策科学、执行顺畅、监督有力

（3）放松经济性监管，加强社会性监管的原则

经济性规制的放松和社会性规制的加强是全球监管体制改革的基本趋势，一些发达国家在20世纪80年代就已经在多领域掀起放松经济性规制的运动，同时加强社会性监管也成为各国政府的普遍选择。顺应这一趋势一方面要求政府应逐渐减少经济性监管职能配置，放宽市场准入条件，鼓励市场主体间的充分竞争，更好发挥市场机制在资源配置中的决定性作用；另一方面要求政府不断完善社会性监管职能的配置，重点关注消费者权益保护、产品质量和安全、行业绿色发展等问题的监管和治理，不断提高人民生活水平和健康水平。

（二）我国快递市场监管体制改革的实现路径

推动快递市场监管体制改革既是深化行政管理体制改革的需要，也是推进快递市场监管工作科学化、提高监管效能的必然要求，具有现实紧迫性。因此，必须加快快递市场监管体制改革的步伐。根据快递市场监管体制改革的指导思想和基本原则，结合当前我国快递市场管理体制中存在的问题，本部分将从以下三个方面分析我国快递市场监管体制改革的具体路径。

（1）调整并完善快递市场监管机构设置

首先，应考虑逐步设立集综合性和专业性于一身的快递市场监管机构或决策中心。当前，我国快递市场监管的核心部门是国家邮政局，具体分管司局为政策法规司和市场监管司，分别承担快递市场监管政策的制定和执行。但是，上述部门并非仅仅负责快递市场的监管工作，整个邮政业的监管工作都要由国家邮政局及其内设部门承担，严格来讲，我国目前还未形成针对快递行业的专业性市场监管机构。另外，快递行业涉及领域广，公安、商务、工商、食药监等其他部委也承担部分监管职能，而邮政管理部门与其他监管机构存在法律地位上的不一致，在实际工作中容易出现重复监管、监管缺位等影响监管效率、浪费监管资源的问题。因此，可以考虑设立综合性和专业性较强的快递市场监管机构。当然，这并不意味着要立刻成立一个部门行使所有监管职责，而是可以采取分阶段的办法来逐步推进。初期可以成立统一的议事协调机构，由国务院牵头，国家邮政局、公安部、商务部、农业农村部、国家市场监督管理局以及海关总署等相关职能部委组成，这一议事协调机构作为快递市场各监管部门的横向联系平台，专门负责对快递市场监管重大政策问题的讨论、制定和统筹决策，各部门在该平台上可以进行充分协商交流，明确职责分工，做好相应工作，使快递市场管理工作能够实现"决策统一、规范统一、标准统一、规划统一、行动统一"，杜绝政出多门、政策相互矛盾等问题，同时通过多部门的统筹决策，可以避免一个部门的专业限制，提高决策的科学性、针对性和有效性。当部门议事协调机构运行成熟后，就可以考虑将这一机制常态化，成立相应职能机构来代替这一机制，新机构将专门从事快递市场监管各项工作。

其次，应当保证快递市场监管机构的独立性。监管机构独立是顺利履行监管职能的基本前提。实现监管机构的独立性要逐步完成以下工作：①快递市场监管机构能够摆脱一般行政管理部门的干预和控制。当前，作为快递行业主管部门的国家邮政局隶属于交通运输部，在日常运作过程中难免受上级行政主管部门的影响。②快递市场监管机构在法律性质和法律地位上能够统一，据此赋予其相应职权和职责。国家邮政局属于副部级建制单位，在行政级别上低于各正部级单位，在我国，下级单位领导上级单位开展监管工作是不现实的。③快递市场监管机构的经费来源独立。由于国家邮政局接受交通运输部领导，并非国务院直属的单位，因此其用于快递市场监管工作的经费均要按照交通运输部的统一计划进行拨付，经费来源并不独立。因此，我国有必要从法律性质上进一步明确国家邮政局的地位，增强其独立性，以保证国家邮

政局能够公平、公正、高效的履行快递市场监管职能。

最后,应当理顺快递市场监管体系纵向层级间的关系。在中央一级监管机构进行改革的同时,各级地方快递监管部门设置也应当进行调整。由于我国地方行政管理体制改革起步较晚、进展缓慢,导致各地方行政管理机构设置千差万别。如有些地区快递市场价格监管部门是工商局,而有些地区则设置物价局作为主管部门。地方快递市场监管部门设置混乱,导致上下级关系不清楚,上级部门的监管工作难以有效开展,影响监管效率。因此,理顺快递市场监管体系纵向层级间的关系显得十分必要。具体来看:①地方各级快递市场监管部门的设置可不必和中央部门实现一一对应,但各监管机构应明确其职责;②机构设置应做到分工合理,职能相近的部门可以进行合并重组,从而提高机构办事效率;③机构设置要做到因地制宜,充分结合各地区实际情况,发挥各自优势设置监管部门。如沿海和边境地区应重点设置出入境检验检疫机构。

(2) 转变和优化快递市场监管部门的职能

在明确快递市场监管机构设置的基础上,转变和优化监管机构职能是推进快递市场监管体制改革的又一项重要内容。转变和优化监管机构职能配置应当遵循以下四个基本原则[①],分别是:①职能独立原则。职能独立是监管机构独立性原则在职能设置上的具体体现,职能独立重点要做到"政监分离"和"政企分离",避免职能错位、职能缺位、职能交叉、效率低下等问题的发生;②职能分离原则。该原则要求监管职能在监管机构内部实现适当的区分,决策、咨询、执行和裁决应当由不同部门的不同人员来负责,从而对监管职权形成内部制约,以保障被监管人的利益;③职能效率原则。该原则要求监管职能的配置要对监管效率的提升有所帮助,职能配置应体现专业性、职能范围和程序设置要科学合理;④职能法定原则。该原则要求监管职能应当来源于法律的明确规定,职能的履行也应当来源于法律的授权,并在法律规定的范围内、按照合法程序履行职能。按照上述四项监管机构职能配置的基本原则,再结合我国快递市场监管职能配置中存在的实际问题,这里就优化我国快递市场监管机构职能配置提出如下建议。

第一,实现快递市场监管政策制定和执行职能的分离。尽管我国快递市场监管机构的职能伴随邮政业"政企分开"改革大潮已经实现了一定程度的职能分离,国家邮政局作为行业监管机构与中国邮政集团公司实现了"政企分开",但从市场监管实践看,我国快递市场监管机构并未实现彻底的职能分离。国家邮政局作为行业主要监管机构,其承担的职能不仅有快递行业政策法规的制定,也包括对具体政策法规的落实执行。2017年,全国邮政管理部门共出动执法人员29.86万人次,检查企业13.28万家,出检天数1.29万天,查处违法违规行为2.34万次,约谈告诫650次,下达整改通知书1.08万件,办理邮政市场形成处罚案件11 388件,罚款7 174.83万元,以上这些执法检查行动涉及快递业务经营许可、行业安全、快递服务质量监管等多个方面。因此,邮政管理部门既承担了快递行业法规、政府及有关标准等的制定职能,又承担了快递市场监管政策的执行职能。当面对具体问题时,邮政管理部门就拥有调查、处罚、裁决等多项权力,同时还在一定程度上拥有对自身监管执法行为的最终解释权,这样的职能配置在行政问责机制尚不健全的我国,将不利于对监管权力形成有效的内部制约。因此,我国应进一步推进快递市场"政监分开"改革,将监管政策法规的落实、执行职能从政策制定职能中剥离出来,探索成立专业化的执法检查机构承担快递市场监管职能的具体落实,杜绝因"政监不分"而导致的监管不力、监管不公等问题的发生。

---

① 刘东刚.中国能源监管体制改革研究[D].北京:中国政法大学,2011.

第二，明确快递市场监管各部门间的职能划分。快递行业的特点决定了参与快递市场监管的行政部门相对较多，且各部门的行政级别、职责范围还存在一定差异，尽管国家已经出台多项政策文件，要求各部门应坚持"谁主管，谁负责"原则，依法落实部门责任制，但在具体监管实践中，各部门职能划分不清，重复监管、监管缺位、监管越位以及各部门推诿扯皮等现象依然存在。这些问题出现的主要原因就是机构间职能划分还不明确，不仅邮政管理部门与其他监管部门间职能划分不明确，而且中央和地方监管机构职能的划分也不明确。为此，要按照快递生产作业过程的不同环节、涉及的不同领域将监管职能合理划分到不同部门，并以法律法规形式予以明确。

第三，加强社会性监管职能的配置。由于我国快递业业务量上升、业务范围不断扩大，消费者对快递服务质量和行业安全的关注度越来越高，加强社会性监管职能的配置势在必行。邮政管理部门应进一步明确快递行业服务质量监管、安全监管等社会性监管工作的具体内容，并根据市场需要合理配置相关职能。与此同时，各监管部门应采取有效措施切实履行社会性监管职能，维护消费者合法权益。

(3) 健全快递市场监管的保障机制

健全的快递市场监管体制不仅需要合理设置监管机构、科学配置监管职能，还需要一系列的配套机制来保障监管体制的有效运行。这些配套机制主要包括部门协调机制、财政保障机制、责任追究机制、立法保障机制和人才保障机制等。

① 建立部门协调机制。快递市场监管工作涉及面广，参与部门多，各部门经常要进行工作协调。因此，建立部门工作协调机制非常必要。当前我国快递市场监管部门间的协作多采取联席会议或跨部门领导小组等方式，在此框架下，应进一步制定完善协调议事制度、定期会晤制度、联合执法制度、信息公开制度等，将每一项制度细化、操作化，明确部门合作的具体工作方法和内容。此外，由于快递业属于流通性较强的产业，快递市场监管经常会跨省或跨地区，这就需要各地区快递监管部门间的相互协作，在"属地管理"原则的基础上，制定快递市场监管区域合作联动机制，明确区域合作过程中各部门的工作范围、权利义务、责任认定以及纠纷处理等内容。

② 强化财政保障机制。财政保障机制在快递市场监管体制运行中起基础性作用，没有有力的财政保障，快递市场监管工作将无法进行。首先，要将快递市场监管年度所需费用列入政府财政预算，在努力做到细化预算的基础上，财政部门事先将经费拨付到位，确保监督执法活动顺利进行，充分保障快递市场监管部门的人员经费和工作经费；其次，要进一步完善快递市场监管部门财政管理体制，重点做好快递市场监管罚款等部门收入的资金管理；最后，要建立强有力的财政资金使用督查制度，加强对快递市场监管专项资金使用情况的监督检查，依法查处挪用公款等违法违规行为，保证快递市场监管财政资金的专款专用。

③ 完善责任追究机制。一个健全、高效、透明的市场监管体制，不仅需要明确监管机构的职责范围和行政权力，更重要的是通过建立严格的责任追究机制来督促监管部门依法履职。当前，我国快递市场监管工作基本上形成了"国家邮政局牵头领导，地方邮政管理部门具体执行，快递企业为第一责任人"的责任追究制度，但是在实际执行过程中，这一责任追究机制还应当进一步完善。一方面，要细化监管部门工作人员的职责权限，对于部分监管责任应当做出量化说明，以保证责任追究的可操作性；另一方面要建立起严格责任追究制度，改变在上级督查或媒体曝光情况下被动追责的现状，形成对相关责任人的主动问责机制。此外，还应当进一步完善各级政府与快递市场监管部门的绩效考核体系，将快递市场监管作为考核指标纳入有关部门绩效考核指标体系，推动快递市场监管责任的有效落实。

④ 健全立法保障机制。依法行政是做好快递市场监管工作的根本保障。一方面要修改完善行政组织法，细化快递市场监管机构设置的要求、原则和程序，改变监管机构设置的随意性，将监管机构职权法定化。另一方面要进一步修改完善快递市场管理法律法规体系，对各个部门的机构设置、职能配置、权限划分等进行相对具体的规定，从法律上保障快递市场监管体制的有效性、合法性和权威性。

⑤ 构建人才保障机制。快递市场监管体制的有效运行关键在于人才，我国当前亟须建设和培养一批具有快递专业知识的高素质人才队伍，以推进快递市场监管工作科学化。为此，一要加大人才培养力度，在各大高校或研究机构设置邮政或快递管理等相关专业，培养高素质专业化人才；二是要加大宣传力度，鼓励动员有知识、有文化、有素质的人才投身于快递市场管理工作；三是要建立健全人才保障和激励机制，通过各种优惠政策吸引更多人才加入快递市场监管工作队伍。

第四章 快递市场监管的内容和手段

当前,我国不少行业均引入了"全过程监管"概念,从纵向上看,全程监管强调要根据产业特点和市场需求,对产业生产运行过程的各个环节进行监管;从横向上看,全程监管不仅强调要对企业行为进行监管,还要对参与市场运行的政府监管部门、消费者、第三方组织等其他市场主体进行监管。全程监管的主要目标就是通过对某行业全过程、全方位的监管,及时发现并制止市场主体的违法违规行为,规范市场秩序,提高行业监管的效率和效益。目前,我国已经在食品药品、房地产等多个领域开展了全过程监管,并取得了显著成效。

快递行业包含了从快递企业的建立到企业为消费者提供快递服务的全过程,是涉及邮政、安全、商务、工商、食药监、交通等多个部门的复杂系统,快递生产运行中任何一个环节、任何一个部门出现问题都会影响全行业的发展,特别是快递业还与公共安全密切相关,对快递市场的监管应该是全过程、全方位的监管。从纵向上看,快递业涉及快递企业的建立、快递生产运营各环节(包括收寄、分拣、运输、投递)以及快递售后服务等几个关键要素,各监管部门要根据各环节的不同特点加大对快递企业的审批许可、安全生产、服务质量等方面的监管力度。从横向上看,快递市场全程监管应涉及对快递企业、消费者、行业协会、媒体以及行业监管部门等全部市场参与主体的监管。

第一节 快递市场监管的主要内容

按照规制经济学的观点,政府监管的内容可以分为经济性监管和社会性监管,而表 4-1-1 中所列举的我国快递市场监管的具体内容也可以根据其特点划分到经济性监管或社会性监管的类别中。因此,本节将根据规制经济学的相关理论分别介绍我国快递市场监管的主要内容。

表 4-1-1 我国快递市场监管的主要内容

快递业运行的要素	监管的主要方面	监管的具体内容	主要部门
快递企业的建立	快递许可	1. 快递企业资质审核 2. 经营业务的审批 3. 许可证管理(包括颁发、变更、注销、吊销等) 4. 快递企业经营资质的监督检查 5. 其他	国家邮政局、国家市场监督管理总局

续 表

快递业运行的要素	监管的主要方面	监管的具体内容	主要部门
快递业生产运行	快递行业安全生产	1. 禁寄物品监管 2. 快递经营场所安全监管 3. 快递企业生产作业各环节的安全监管（包括收寄、分拣、运输和投递） 4. 快递行业信息安全监管 5. 其他	国家邮政局、公安部、交通运输部、国家药监局等
快递服务的提供	快递服务质量	1. 服务价格 2. 服务标准 3. 服务质量 4. 申诉处理 5. 其他	国家邮政局、国家市场监督管理总局、商务部、发改委等

一、经济性监管的主要内容

经济性监管是指政府为了弥补自然垄断、过度竞争和经济寻租所带来的市场失灵，而在进入、退出、价格、数量、质量等方面对企业决策所实施的各种强制性制约。自然垄断和信息不对称会引起市场失灵，导致稀缺资源的配置发生扭曲，无法达到帕累托最优，因此需要政府针对这种市场失灵进行经济性监管。尽管从20世纪70年代以来，放松甚至解除经济性规制的呼声不断高涨，但直到现在，经济性规制依然发挥着重要作用。在中国，经济性规制最典型的表现就是国有化，大量国有企业支撑着国民经济的半壁江山，直到现在国有企业在自然垄断领域依旧扮演着关键角色。按照监管手段来划分，经济性监管的主要内容包括价格监管、进入和退出监管、数量监管以及质量监管等四个方面。当前，我国快递市场已经摆脱了早期国有快递企业一家独大、垄断市场的局面，形成了国有、民营和外资多种属性企业竞相发展的格局。因此，对我国快递业来说，经济性监管的内容主要是价格监管和市场准入监管，其中又以市场准入监管最为重要。

（一）价格监管

价格监管又称为价格规制，是指政府为了防止垄断企业制定垄断高价损害消费者利益而对相应企业实施的价格控制。价格规制的宗旨是使价格和利润既不失公平又可以合理刺激企业积极性。常见的价格规制方式有投资回报率规制[1]和价格上限规制[2]两种。我国对垄断行业的产品或者服务实行政府指导价或实行政府定价，《中华人民共和国价格法》第十八条规定了五类可以施行政府指导价或政府定价的产品或服务，包括：（一）与国民经济发展和人民生活关系重大的极少数商品价格；（二）资源稀缺的少数商品价格；（三）自然垄断经营的商品价格；（四）重要的公用事业价格；（五）重要的公益性服务价格。对于其他产品或服务，均实行市场定价，由经营者依照我国相关法律自主定价。

---

[1] 投资回报率规制（Rate of Return Pricing）：是指国家所制定的规制价格能使企业营运产生的收益足以负担企业预估的营运成本加上一定程度的正常投资回报的方法。

[2] 价格上限规制（Price Caps Plan）：是指由国家设定一个价格上限，在此上限内企业若能降低成本，多出的超额利润归企业所有的方法。

对于快递业来说,快递市场价格规制经历了多重变化。早期,由于民营和外资快递企业发展不成熟,我国快递业务由中国邮政下属的快递公司来承担,由于当时邮政行业还未实现"政企分开",快递市场价格就由政府负责制定,随着消费者对快递需求的不断上升、快递业务量的不断增大,民营和外资快递企业大量涌现,国企垄断快递市场的格局很快被打破,快递服务作为一种竞争性业务,其价格制定也基本实现了市场自主定价,即由各快递企业依照市场需求、企业利润和相关法律法规的要求自主制定快递服务价格。当前,我国所有民营和外资快递企业均实行市场定价原则,一般情况下,政府不对其价格制定进行干预。从快递企业角度看,我国国有、民营、外资快递企业的价格制定曾一度存在差异。2015年5月22日,国家发改委和国家邮政局发布《关于放开部分邮政业务资费有关问题的通知》,将国内特快专递资费等竞争性包裹寄递资费,由政府定价改为实行市场调节价,邮政企业可以根据市场供求和竞争状况自主确定资费结构、资费标准和计费方式,并从同年6月1日起执行。也就是说在该通知发布之前,国有快递企业即中国邮政集团旗下的 EMS 其价格制定都必须由政府发布指导价,EMS 各项业务具有"全国各地一口价""省内省外不区分""价格普遍高于民营快递企业"等特点,这次将国有快递企业的价格制定由政府定价改为市场定价,充分说明了我国快递市场竞争程度在不断提高,迫使国有快递企业不得不改变延续了几十年的政府定价原则。

以上内容表明当前我国快递市场的价格制定已基本实现了市场定价和企业自负盈亏。因此,快递市场价格监管已经从政府干预价格制定转变为对快递企业价格违规行为的监督查处,以维护消费者合法权益,保证快递市场正常价格秩序和企业公平竞争。我国《价格法》等相关法律法规对市场价格违法违规行为的认定、查处等都做出了明确规定。如《中华人民共和国价格法》第十四条明确规定了经营者不得做出的价格行为,包括:(一)相互串通,操纵市场价格,损害其他经营者或者消费者的合法权益;(二)在依法降价处理鲜活商品、季节性商品、积压商品等商品外,为了排挤竞争对手或者独占市场,以低于成本的价格倾销,扰乱正常的生产经营秩序,损害国家利益或者其他经营者的合法权益;(三)捏造、散布涨价信息,哄抬价格,推动商品价格过高上涨的;(四)利用虚假的或者使人误解的价格手段,诱骗消费者或者其他经营者与其进行交易;(五)提供相同商品或者服务,对具有同等交易条件的其他经营者实行价格歧视;(六)采取抬高等级或者压低等级等手段收购、销售商品或者提供服务,变相提高或者压低价格;(七)违反法律、法规的规定牟取暴利;(八)法律、行政法规禁止的其他不正当价格行为。而《价格违法行为行政处罚实施办法》中对经营者违反《价格法》相关规定、哄抬物价的认定、处罚等做出了明确规定。这些价格监管的法律法规同样适用于快递市场,特别是当前快递企业竞争压力巨大,一些快递企业集体涨价、不合理收费等现象时有发生。为了维护消费者的合法权益和快递市场经营秩序,对快递企业违法价格行为的监管就成为我国快递市场监管的重要内容之一。

> [!NOTE] 延伸阅读

北京出台全国首个快递业价格行为规则[①]

《北京市快递业价格行为规则(试行)》是北京市发改委于2017年10月25日发布的地方法规。这是全国首个针对快递业价格行为的法规。该《规则》明确规定快递员上门服务时应主动向消费者出示价目表或价目本,而且必须与经营场所明码标价内容一致。该《规则》自2017

---

① 北京市人民政府. 北京市发展和改革委员会关于印发《北京市快递业价格行为规则(试行)》的通知[EB/OL]. http://zhengce.beijing.gov.cn/library/192/33/50/438650/1292280/index.html,2017-10-18/2017-11-12.

年10月25日起实施,试行期为两年。以下为《规则》的全文。

第一条　为规范本市快递业价格行为,保护消费者和经营企业合法权益,建立和维护公正、公平、公开的快递市场价格秩序,根据《中华人民共和国价格法》《中华人民共和国反垄断法》《价格违法行为行政处罚规定》《关于商品和服务实行明码标价的规定》《禁止价格欺诈行为的规定》等法律法规,结合工作实际,制定本规则。

第二条　快递是指在承诺的时限内快速完成的寄递活动。

本市邮政管理部门许可或备案的快递业经营企业在北京市行政区域内从事快递业务经营的价格行为,适用本规则。

本规则所称的寄递,是指将信件、包裹、印刷品等物品按照封装上的名址递送给特定个人或者单位的活动,包括收寄、分拣、运输、投递等环节。

第三条　快递业价格实行市场调节价,由经营企业依据经营成本和市场供求等情况自主制定,通过市场公平竞争形成价格。

第四条　快递业价格违法行为的行政处罚原则上由价格违法行为发生地的区级价格主管部门负责管辖;价格违法行为发生地难以确定的,由快递业经营企业住所地的区级价格主管部门负责管辖;快递业价格垄断行为由市级价格主管部门负责管辖。

第五条　快递业经营企业销售商品(如包装箱等)和提供服务应当遵循公开、公平和诚实守信的原则,遵守价格法律、法规、规章及有关规定,自觉维护正常的市场价格秩序。

第六条　快递业经营企业销售商品和提供服务时,应当实行明码标价,按照相关法律、法规和规章的有关规定,公开标示商品价格、服务内容、服务价格等有关情况。

第七条　快递业经营企业应当在服务网点、网站等经营场所显著位置明码标价,公布商品价格、服务项目(内容)、计价单位和服务价格等事项。标价内容要真实明确、清晰醒目,价格变动时应当及时更新标价内容,不得收取任何未予标明的费用。快递人员上门服务时应当主动向消费者出示与其经营场所明码标价内容一致的价目表或价目本等,以便消费者选择、查询。

快递业经营企业应当遵循公平原则,以书面合同确定企业与用户双方的权利和义务,并在快递运单上以醒目的方式标明快递服务内容和服务价格等事项。

第八条　快递业经营企业可以采取标价牌、价目表、价目本、展示板、电子屏幕以及其他有效形式明码标价,并标明监督电话(监督电话指本快递经营企业统一对外的客户服务、投诉监督电话)和价格举报电话12358。

明码标价一律使用阿拉伯数码标明人民币金额。使用中、外文同时标价的,价格应当保持一致。计价单位应使用法定计量单位。

第九条　快递业经营企业提供电话受理服务的,应当事先告知消费者商品价格和收费标准等相关内容。

第十条　快递业经营企业不得有下列行为:(一)未在经营场所醒目位置公示服务项目和服务价格等内容;(二)在标价之外加价出售商品,收取未予标明的费用;(三)对同一商品或者服务,在同一经营场所使用两种不同标价方式,以低价招徕顾客并以高价进行结算的;(四)开展价格促销活动时,相关促销内容、促销商品价格附加条件及其他相关限制性条件不标示或者含糊标示的;(五)开展价格促销活动时,使用虚假的或者欺骗性、误导性的语言、文字、图片、计量单位等标价方式,虚构原价、虚构降价原因、虚假优惠折扣,诱导消费者消费的;(六)销售商品和提供服务前有价格承诺,不履行或者不完全履行的;(七)相互串通,操纵市场价格,损害其他经营企业或者消费者合法权益的;(八)捏造、散布涨价信息,哄抬价格,推动商品价格过高上涨的;(九)具有竞争关系的快递业经营企业达成、实施价格垄断协议;(十)具有市场支配地位的经营企业滥用支配地位,排除、限制价格竞争;(十一)为了排挤竞争对手或者独占市场,以低于成本的价格倾销,扰乱正常的生产经营秩序,损害国家利益或者其他经营企业的合法权益;(十二)其他违反价格法律、法规和规章的违法行为。

第十一条 快递业经营企业要加强价格自律,应当根据其经营条件建立健全内部价格管理制度,建立和完善沟通协调机制、争议调解机制、纠错理赔机制等,明确具体部门或者人员受理消费者投诉,及时解决价格纠纷,切实做到依法诚信经营。

第十二条 行业协会应当按照有关价格法律、法规和规章的规定,密切关注行业经营企业的价格行为动态,引导和督促行业经营企业诚信经营,依法竞争,维护公平公正的市场秩序,不得制定排除、限制价格竞争的规则、决定、通知及组织经营企业达成或者实施垄断协议,积极配合价格主管部门做好相关工作。

第十三条 快递业经营企业和行业协会应当自觉接受价格主管部门的监督检查,如实、及时提供价格监督检查所需的相关资料。

第十四条 消费者在接受服务前享有详细了解明码标价等相关信息、明明白白消费的权利。如发现相关价格违法问题或涉嫌价格垄断行为,可以及时保留相关事实和证据并向价格主管部门举报投诉。

第十五条 快递业经营企业违反本规则的,价格主管部门依据《中华人民共和国价格法》《中华人民共和国反垄断法》《价格违法行为行政处罚规定》《关于商品和服务实行明码标价的规定》《禁止价格欺诈行为的规定》等法律法规规章进行处理。

第十六条 本规则由北京市发展和改革委员会负责解释。

根据法律法规的修订和执法实践,将适时更新和调整本规则相关内容。

第十七条 本规则自发布之日起实施,试行两年。

(二) 准入监管

准入监管又称为市场进入规制,指的就是政府通过控制进入某领域或产业企业的数量来避免重复建设和过度竞争。一般来讲,政府实行准入监管的目的主要有两个:一是将企业纳入依法经营、接受政府监督的范围;二是控制某些行业特别是自然垄断行业的企业数量,以防止过度竞争,从而提高市场效率。狭义上的市场准入规制一般是指后者,但随着全球范围内放松规制运动的兴起和社会性监管的加强,准入规制的含义已经远远不是政府对自然垄断行业企业数量的控制这么简单,准入监管的第一个目的变得越来越重要。一般地,我国政府对所有企业均实行准入规制,这样可以将其纳入依法经营、接受政府监督的范围,特别是那些与人民生活密切相关、对国民经济发展影响较大的行业(如食品药品行业、电信业、出租车行业等),政府会对所有企业的成立实行严格的行政审批和注册制,即企业必须按照相关法律法规的要求,具备一定的条件,经过政府监管部门的审核认可,履行注册登记手续,领取营业执照后,才可以从事某行业的生产经营活动。未经监管部门的认可,企业就不具备进入该行业的资格,更不能从事相关生产经营活动。

对我国快递行业来说,国家有关部门对快递企业实行市场准入监管的主要目的就是将所有快递企业纳入依法经营、接受政府监督的范围,这主要是由于快递企业与人民生活密切相关,涉及国民经济发展和公共安全,并且经营快递业务需要企业具备相应的专业化设备、人力资源和其他条件。因此,国家有必要对进入快递市场的企业设置准入门槛。此外,由于快递企业众多,各企业间的规模、经营范围和经营能力存在较大差异,为了避免市场过度竞争,防止潜在的行业垄断等不正当竞争行为,也需要监管部门对快递企业实行准入监管。

《中华人民共和国邮政法》《快递暂行条例》《快递市场管理办法》《快递业务经营许可管理办法》《快递业务经营许可条件审核规范》等一系列相关法律法规对我国快递企业经营许可制度做出了明确规定。《邮政法》第六章第五十一条规定"经营快递业务,应当依照本法规定取得快递业务经营许可;未经许可,任何单位和个人不得经营快递业务。"《快递暂行条例》第十七条规定"经营快递业务,应当依法取得快递业务经营许可。"《快递市场管理办法》第九条明确规定"国家对快递业务实行经营许可制度。经营快递业务,应当依照《中华人民共和国邮政法》的规定,向邮政管理部门提出申请,取得快递业务经营许可;未经许可,任何单位和个人不得经营快递业务。"以上三条规定明确了我国对快递行业实施准入监管的法律依据。具体来看,快递市场准入监管的主要内容有四项,分别是快递企业的资质审核(许可条件管理)、对经营快递业务企业的审批、《快递业务经营许可证》管理以及对相关企业的监督检查。

(1) 快递企业资质审核

在我国,申请经营快递业务的企业需要具备一定的条件和资质,监管部门会根据有关规定对企业所具备的条件进行审核,并据此决定是否颁发《快递业务经营许可证》。值得一提的是,由于我国国土面积大、国内外贸易频繁,有的企业可能只经营省内快递业务,有的企业可能会经营跨省区国内业务,还有的企业则会经营国际间快递业务。我国对申请经营不同类型快递业务的企业所具备的条件也分别做出了规定,如表4-1-2所示。此外,为了保障邮政专营权[①],我国不允许邮政企业以外的经营快递业务的企业经营由邮政企业专营的信件寄递业务,也不得寄递国家机关公文,外商企业不得投资经营信件的国内快递业务。这主要是出于保障所有用户的通信自由和通信秘密,维护寄递市场秩序和国家安全。

表4-1-2 申请快递经营业务需具备的条件

申请经营业务范围	应具备的条件
申请经营快递业务	①符合企业法人条件;②在省、自治区、直辖市范围内经营的,注册资本不低于人民币五十万元,跨省、自治区、直辖市经营的,注册资本不低于人民币一百万元,经营国际快递业务的,注册资本不低于人民币二百万元;③有《快递业务经营许可管理办法》第七条、第八条、第九条规定的与申请经营的地域范围相适应的服务能力;④有严格的服务质量管理制度,包括服务承诺、服务项目、服务价格、服务地域、赔偿办法、投诉受理办法等,有完备的业务操作规范,包括收寄验视、分拣运输、派送投递、业务查询等制度;⑤有健全的安全保障制度和措施,包括保障寄递安全、快递服务人员和用户人身安全、用户信息安全的制度,符合国家标准的各项安全措施,开办代收货款业务的,应当以自营方式提供代收货款服务,具备完善的风险控制措施和资金结算系统,并明确与委托方和收件人之间的权利、义务;⑥法律、行政法规规定的其他条件

---

① 邮政专营权:《邮政法》第五条规定"国务院规定范围内的信件寄递业务,由邮政企业专营。"

续表

申请经营业务范围	应具备的条件
申请在省、自治区、直辖市范围内经营快递业务	①具备在省、自治区、直辖市范围内经营快递业务的网络和运递能力;②经营同城快递业务的,须提供寄递快件(邮件)的电话查询服务,经营省内异地快递业务的,除提供上述电话查询服务外,还应当有提供寄递快件(邮件)跟踪查询的信息网络;③有符合《快递业务员国家职业技能标准》并通过资格认定的快递业务员,经营同城快递业务的,快递业务员中具备初级以上资格的不低于30%,经营省内异地快递业务的,快递业务员中具备初级以上资格的不低于40%
申请跨省、自治区、直辖市经营快递业务	①具备与申请经营地域范围相适应的网络和运递能力;②有封闭的、面积适宜的快件(邮件)处理场所,符合国务院邮政管理部门及国家安全机关依法履行职责的要求,并配备相应的处理设备、监控设备和消防设施;③有统一的计算机管理系统,有可提供寄递快件(邮件)跟踪查询的信息网络,并配置符合规定的数据接口,能够根据要求向邮政管理部门提供寄递快件(邮件)的有关数据;④有符合《快递业务员国家职业技能标准》并通过资格认定的快递业务员,企业及其各分支机构快递业务员中,具备初级以上资格的均不低于40%
申请经营国家快递业务	①具备经营国际快递业务的网络和运递能力;②有封闭的、面积适宜的快件(邮件)处理场所,符合国务院邮政管理部门及国家安全机关、海关依法履行职责的要求,并配备相应的处理设备、监控设备和消防设施;③有统一的计算机管理系统,有可提供寄递快件(邮件)跟踪查询的信息网络,并配置符合规定的数据接口,能够根据要求向邮政管理部门和有关部门提供寄递快件(邮件)的报关数据;④有符合《快递业务员国家职业技能标准》并通过资格认定的快递业务员,企业及其各分支机构快递业务员中,具备初级以上资格的均不低于50%;⑤有获得专业资格的报关、报检、报验人员

(2) 对经营快递业务企业的审批

邮政管理部门应当对申请经营快递业务的企业资质进行审核,并决定是否发放《快递业务经营许可证》。快递企业向邮政管理部门申请经营快递业务以及监管部门对经营快递业务企业的审批应当遵循法定流程。相关流程的规定在《快递市场管理办法》《快递业务经营许可条件审核规范》等法规文件中均有说明。如图4-1-1是在省(区、市)范围内和跨省(区、市)范围经营快递业务的审批流程图,图4-1-2是省、自治区、直辖市范围内和跨省、自治区、直辖市经营快递业务企业的审批流程图。

(3) 《快递业务经营许可证》管理

企业获得快递业务经营许可的重要标志就是领取到了由邮政管理部门颁发的《快递业务经营许可证》,许可证的日常管理是邮政管理部门的重点监管内容之一。我国《快递业务经营许可证》的有效期限是5年,快递企业应当在许可证规定的业务范围和经营期限内开展快递业务,并应在许可证有效期届满30日前向相应邮政管理部门提出申请,换领许可证。总体来看,我国邮政监管部门对《快递业务经营许可证》的日常监管主要包括以下几个方面:一是对许可证管理实行年度报告制度,即在每年4月30日前快递企业应当依照相关法规要求向邮政管理部门提交年度报告书,许可证副本原件以及企业法人营业执照等材料;二是依法对许可证的变更、收回、注销、吊销等相关事宜进行管理;三是保证许可证的真实有效和法律权威,包括许可证的统一印制,依法查处伪造、涂改、冒用、租借、买卖和转让许可证等违法行为。近年来,我国加快推进政府职能转变和服务型政府建设,下大力气简化各类行政审批流程,这其中就包括对

第四章 快递市场监管的内容和手段

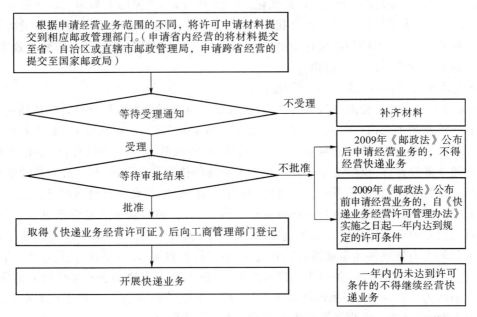

图 4-1-1 申请在省(区、市)范围内或跨省(区、市)范围经营快递业务申请流程图

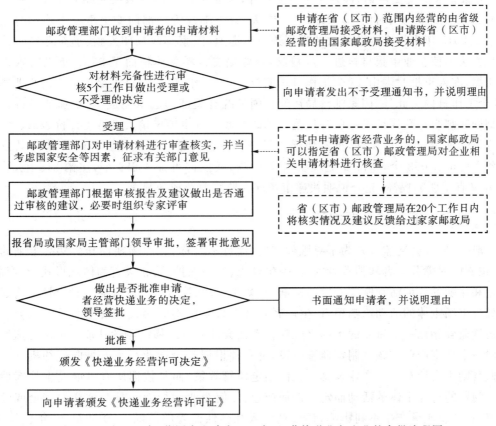

图 4-1-2 省(区、市)范围内和跨省(区、市)经营快递业务企业的审批流程图

《快递业务经营许可证》变更审核流程的优化。2014年8月,国家邮政局印发《〈快递业务经营许可证〉变更审核流程优化方案》,针对我国当前《快递业务经营许可证》变更需求量大但变更流程烦琐的现状,出台多项措施优化变更流程,这一举措大大提高了许可证的变更效率,同时也减轻了邮政管理部门的工作负担。

(4) 对取得经营许可证快递企业的监督检查。

《快递业务经营许可管理办法》规定邮政监管部门应当对依法取得许可证的快递企业进行监督检查。检查的主要内容包括:①经营快递业务的企业名称、法定代表人(负责人)、经营地址、经营范围、经营地域、经营期限等重要事项,应当与《快递业务经营许可证》登记事项相符合;②《快递业务经营许可证》变更、延续、注销等手续的执行和办理情况;③经营快递业务的企业应当持续符合颁发《快递业务经营许可证》的条件;④法律、行政法规规定的其他内容。

近几年,由于我国快递业务量和业务规模不断扩大,快递市场准入监管已进入常态化,如何提高准入监管的效率和质量已成为监管部门工作的重点。因此,国家邮政局和地方各级邮政管理部门均大力推进快递市场准入监管改革,通过梳理权限、职权下放、优化流程、缩短时限等方式进一步提高工作效率,加强市场准入监管,尽最大努力为快递企业提供便利的服务,激发市场竞争活力。2014年,国家邮政局下发《快递企业经营许可变更流程优化方案》,通过建立诚信企业"绿色通道",实现了形式审查和实地核查、提升服务和加强监管的相结合,极大地提高了快递企业变更许可的效率。2014年,全年各级邮政管理部门共发放许可证1 473件,受理6 780家企业的变更申请,涉及事项9 176件,核准3 127家,涉及变更事项7 550项。国家邮政局变更事项平均用时由45天缩短至25天,省级邮政管理部门变更事项平均用时缩短至21.5天。2015年市场准入监管改革进程进一步提速,国家邮政局印发《快递企业经营许可工作优化方法》,使企业申报材料进一步精简,企业提交材料总体精简了55%,审批时限得以进一步压缩,准入审批时限由45个工作日压缩至25个工作日以内,进入绿色通道的企业则压缩至15个工作日内。此外,国家邮政局还配合国务院有关部门起草完成了《快递业务许可审查工作细则》《邮政行政许可工作服务规范》《邮政行政许可事项申请人满意度评价表》以及《邮政行政许可受理单样本》等文件,推动快递市场准入流程的进一步优化。2015年全年共发放快递业务许可证4 053个,核准变更事项12 000项,换发许可证4 689个,注销315个,数量比2014年又有了明显提高,充分说明快递市场准入监管改革成效显著。

二、社会性监管的主要内容

一般来讲,社会性监管是为了克服外部性、信息不对称、资源稀缺性和公共品带来的市场缺陷,主要以保障劳动者和消费者安全、卫生健康、环境保护、防止灾害为体现形式,对产品、服务质量和伴随的各种活动制定一定的标准,并禁止、限制特定行为的规制。社会性监管通常偏重于处理市场主体的活动给消费者、生产者和社会带来的不健康或不安全问题。社会性监管和经济性监管相比一个重要的不同之处就在于社会性监管的横向制约功能。经济性监管通常会针对一个特定产业或领域制定监管政策,是一种根据政府产业行为的纵向制约机制。而社会性监管则不会针对某一产业及其行为而制定监管政策,而是依据所有可能发生外部性等市场失灵问题的行为主体的活动而定。任何产业、任何企业的行为一旦对公众的安全或健康造成损害,对环境质量产生不利影响,都会被纳入社会性监管的范畴。20世纪80年代以来,社会性监管越来越受到世界各国政府的重视,从最初的食品药品监管领域逐渐拓展至职业安全、环境保护等多个领域。美国政府自20世纪70年代开始就相继设立环境保护局、消费者委员会、职业安全与健康管理局等社会性监管机构,以加强社会性监管的力度,促进社会福利,维护公共利益。我国作为世界上最大的发展中国家,政府面临的发展任务繁重,推进社会性监管有助于实现社会稳定和经济发展,也有助于维护人民群众的根本利益。因此,改革开放以来,我国政府不断加大力度推进社会性监管的实施,并在食品药品安全监管、环境质量规制以及劳动者权益保障等方面取得了显著成效。快递业作为现代服务业的先导性产业,虽然在我国起步较晚,但发展迅速,与其飞速发展相伴而来的就是快递市场中出现的各种市场失灵问题,特别是在电子商务和快递业协同发展的大背景下,一些新业态、新问题不断出现,传统的经济性监管往往"爱莫能助",这就需要通过社会性监管的政策工具加以解决。就目前来看,我国快递行业社会性监管的主要内容集中在三个方面:一是快递行业的安全监管;二是快递企业服务质量监管;三是对因快递业飞速发展而产生的负外部性的矫正,主要是指对快递过度包装而造成的环境污染、资源浪费等问题的治理。

(一) 行业安全监管

安全是人类生活质量的基本组成部分,是个人和组织必须遵循的价值底线。任何国家、任何组织、任何行业都必须将保障人民的安全和健康作为基本任务来抓。传统规制经济学中涉及安全方面的社会性规制主要是食品药品质量规制和对劳动者工作场所的安全规制。前者主要是对产品质量安全的监管,后者则是关注于劳动者的生命安全,但本质上都是出于对生命的尊重。对于快递市场安全监管来说,其监管所涵盖的范围不仅包括快递行业的安全运行,也包括对快递业从业人员生命安全的监管。具体来看,我国快递行业安全监管的主要内容有四个方面:①禁寄物品的监管;②快递生产作业各环的安全监管;③快递行业信息安全监管;④其他方面的安全监管。

(1) 对禁寄物品的监管①

对禁寄物品的监督管理是快递业安全监管的核心内容,也是世界各国快递市场监管的重点。禁寄物品是指国家法律、法规明令禁止寄递的物品,由于这些物品本身具有危害性,可能会对人民群众的生命财产安全以及社会稳定产生不利影响,因而需要国家有关部门对其进行严格管制,以保证全行业的安全运行。具体看来,我国邮政管理部门对禁寄物品的监管内容有三个:①明确禁寄物品的含义和范围。2007年,国家邮政局印发了《禁寄物品指导目录及处理办法》,其中对禁止寄递的物品范围进行了明确规定,目前我国禁寄物品共十四大类,包括武器弹药、各类易爆炸物品、各类易燃烧物品、各类易腐蚀物品等危险品,也包括危害国家安全和社会稳定的违法出版物和其他法律法规命令禁止流通、寄递或进出境的物品等。②通过加强监管防止禁寄物品进入寄递渠道,并对违反规定的责任主体进行处罚。早在2008年,国家邮政局就印发了《寄递服务企业收寄物品安全管理规定》,明确要求包括快递企业在内的各类寄递企业应执行"谁经营、谁负责"的原则,加强对收寄物品的安全验视,禁止寄递禁寄物品,同时各级邮政管理部门应加强对快递企业收寄物品的安全监管,对于违法收寄,损害国家利益、消费者利益的企业和人员,应当配合相关部门依法查处。此后,国家邮政局及其他行业监管部门又在2016年12月6日颁布了《禁止寄递物品管理规定》,并出台了其他多项旨在加强监管,防止禁寄物品进入流通渠道的配套措施,包括推行快递实名制、完善寄递服务信息登记制度、定期开展安全隐患排查整治活动以打击违法犯

---

① 严格来讲,禁寄物品的安全监管应当属于快递生产作业各环节安全监管,因为对于禁寄物品的安全监管贯穿于快递生产作业的各个环节,但是由于禁寄物品安全监管在整个快递市场监管中的重要意义,因而将其单独列出进行说明。

罪行为等。③指导快递企业安全处置禁寄物品。由于我国快递企业和消费者数量庞大,而监管力量相对薄弱,在一些情况下禁寄物品可能会进入流通渠道,因此当快递企业收到禁寄物品之后,有必要掌握对禁寄物品的安全处置方法,防止安全事故的发生。《禁止寄递物品管理规定》中对寄递服务企业处置禁寄物品的方法进行了说明,当快递企业发现禁寄物品时,应当按照规定向有关部门进行通报,按要求进行处理。如当企业发现各类武器、弹药等物品,应立即通知公安机关处理,并通报国家安全机关。值得注意的是,由于对禁寄物品的安全处理相对专业,因此需要多个监管部门各司其职、通力合作。

思考与讨论

寄递禁寄物品酿惨剧,相关主体谁之过?

2015年8月14日7时许,圆通快递西安市未央区网点20多名快递员在网点的仓库内分拣包裹时,一个密封的塑料袋包裹向外流液体,一名快递员将包裹拿到鼻子前闻了闻,瞬间感到头晕恶心。网点负责人随后闻了闻,也出现了头晕恶心、气短胸闷等症状。该快递员后被医院诊断为异氰基乙酸甲酯中毒,目前已康复出院。据调查,该包裹中的化学品是由湖北某化工厂经当地圆通快递收寄点寄往西安市某制药厂,邮寄过程中由于种种原因造成外包装破损,导致液体泄漏。

2015年5月8日,南京化工园一企业联系苏州昆山亚龙某公司购买5千克丙烯酸甲酯,因昆山亚龙某公司没有现货,通过网络从吴江平望一化工公司购买到5千克丙烯酸甲酯,并通过邮寄的方式直接发往南京化工园。5月11日晚上8点多,快递人员周某在取包裹时,因闻到丙烯酸甲酯刺激性气味引发轻度中毒。经及时送往医院妥善救治,周某已康复出院。警方查明,昆山亚龙某公司业务员田某、吴江平望某化工公司经理孙某,明知丙烯酸甲酯属于危险物质,还通过快递进行邮寄,其行为违反了《中华人民共和国治安管理处罚法》第30条规定,南京化工园警方已对2人做出行政拘留处罚。同时,针对快递公司邮寄危险品的行为,警方已通报邮政管理部门开展调查。

近年来,因邮寄禁运品而导致伤亡的事件并非个案。2013年年底就曾发生过令人震惊的"夺命快递"事件,山东广饶县一居民在收到网购的鞋子后出现呕吐、腹痛,经抢救无效死亡。这起悲剧缘于氟乙酸甲酯作为快件在投递中发生泄漏,污染了其他快件。2014年3月,申通快递瞒报危化品,触发飞机上的货舱烟雾报警。2014年11月30日,成都某公司将50千克禁运品快递寄往重庆途中出现泄漏,致两名装卸人员出现呕吐症状……

邮寄物品一般有两道检验门槛,一是快递员收件时的查验,二是揽收网点的机器检查。《快递业务经营许可管理办法》规定了各网点快递员持有国家职业资格证书的比例,然而由于快递员流动率太高,很多公司不愿付钱让快递员考资格证书。有业内人士透露,"有的快递网点连一个持有国家资格证书的快递员都没有"。正因如此,主要靠快递员"把关"的第一道验视环节经常形同虚设。而对于揽收网点的机器查验,有业内人士表示,很多小网点并不配备昂贵的专业机器,即便有,很多也是走过场。

案例思考: 禁寄物品进入流通渠道酿成悲剧的事故为何屡屡出现?监管部门、消费者和快递企业各方责任应如何定位?政府监管部门可以采取哪些措施避免上述事故的发生?

(2) 快递生产作业各环节的安全监管

快递生产作业的基本环节包括四大部分,即"收寄""分拣""运输"和"投递",对这四个基本环节的安全监管是快递行业安全监管的重要内容,对保障寄递服务渠道的安全畅通具有重要意义。邮件"收寄"环节是快递安全运营的第一步,也是最重要的一步,我国相关法律法规明确要求快递企业执行收寄验视制度,当发现禁寄物品时及时向寄件人说明或向国家有关部门通报处理。近年来,我国邮政监管部门积极推进落实"收寄验视＋实名收寄＋过机安检"三项制度,出台了《快递业务操作指导规范》《邮件快件收寄验视规定(试行)》等相关规定,对快件收寄环节的企业责任、验视内容、不予收寄的情形以及用户义务等进行了详细的规定和说明,并于2015年在浙江、福建、广东、云南、宁夏等地全面推行实名收寄试点。在邮件"分拣"环节,为保障分拣作业安全、高效完成,国家邮政局在《快递业务操作指导规范》中对快递分拣业务的操作规范做出了一系列规定,其主要内容包括几个方面:①快递企业分拣场所和分拣设备应当符合国家有关规定的要求;②快递企业分拣工作人员的操作应当符合国家和快递企业的相关标准,保障分拣作业的规范,防止因不规范操作导致的安全问题;③快递企业工作人员在分拣过程中发现问题快件时应按照有关处理办法停止寄递,并通报有关部门进行处理。在邮件"运输"环节,一方面要保障快件在运输过程中不受损坏,另一方面还要保障运输工具和运输人员的安全。为此,我国出台了一系列规定以加强邮件运输环节的安全监管。例如,国家邮政局要求所有快递干线运输车辆宜实行双人派押,宜安装全球定位终端系统,并对运输车辆进行定期保养和维护。对于航空快件,所有航空快件在交付运输前必须接受X光机检查。在邮件"投递"环节,为了保障快件能够安全投递至消费者手中,快递员和消费者等有关主体应执行好快件验收制度,快递企业应当对无法投递又无法退回的快件进行妥善处理。2014年3月,国家邮政局印发了《无法投递又无法退回快件管理规定》,要求快递企业应当建立管理制度,加强对无法投递又无法退回快件的管理。规定对无法投递又无法退回快件的核实、登记、保管以及处理方法等内容进行了规定,并规定邮政管理部门应当对快递企业相关执行情况予以监督检查。

(3) 快递行业信息安全监管

在本书中,快递信息安全监管主要是指对用户信息安全的监管,快递用户的个人信息主要包括寄(收)件人的姓名、地址、身份证号码、电话号码、单位名称,以及寄递详情单号、时间、物品明细等内容。近年来,快递行业用户个人信息被泄露的事件屡屡发生,更加凸显行业信息安全监管的紧迫性和必要性。我国《寄递服务用户个人信息安全管理规定》中明确规定各级邮政管理部门负责各自辖区范围内的邮政业寄递用户信息安全监管工作,并要求邮政管理部门应当与有关部门配合,健全寄递用户信息安全保障机制,维护寄递用户信息安全。对于快递企业来说,应当不断加强企业对用户信息安全的保障,建立健全相应配套制度,明确企业内各部门、各岗位的责任,特别是要加强寄递详情单实物信息和寄递详情单电子信息的安全管理,防止用户个人信息的泄露。对邮政管理部门来说,快递信息安全监管的主要内容包括:①制定保障快递用户信息安全的法律法规、政策和相关标准;②监督、指导快递企业落实信息安全责任制,督促企业加强用户信息安全管理;③对寄递用户信息安全进行监测、预警和应急管理;④监督、指导快递企业开展寄递用户信息安全宣传教育和培训;⑤依法对快递企业实施寄递用户信息安全监督检查;⑥组织调查或者参与调查寄递用户信息安全事故,依法查处违反寄递安全信息管理规定的行为;⑦法律法规规定的其他监管任务。

> **思考与讨论**

快递信息不能"回收利用"[①]

一个快递包裹由什么组成？除了运送的物品，还有填充用的泡沫、气泡纸或保温冰袋，一两层快递盒，以及贴在盒子上的快递单。

快递包装可以回收利用，谁知道快递单竟然也有"回收利用"的可能。中国互联网协会发布的《中国网民权益保护调查报告2016》指出，快递单已成信息泄露的重要载体。

近期，顺丰、菜鸟、京东等多家物流平台和快递企业加速推出隐私面单，为个人信息安全保驾护航。此举效果怎样？如何普及？本报记者进行了调查采访。

一、扫码才能看用户信息

"双11"购物节刚过，快递派件员比平日更加忙碌。在北京海淀某小区，快递公司的派件员正在用公司配备的扫码枪扫描快递单。据他介绍，2017年8月起，他负责的区域开始使用隐私面单。不同于一览无遗的传统面单，隐私面单对寄件人、收件人信息进行了特殊处理，部分信息用条形码、二维码、星号或表情符号等特殊符号代替，让不少人拍手叫好。有网友说："不用花时间处理快递单，快递包装可以想扔就扔了。"

2017年5月16日，菜鸟网络联合EMS、百世快递、中通、申通、中国邮政集团公司、天天、德邦、圆通、韵达等主要快递公司，宣布正式上线隐私面单，面单上电话号码的中间四位将用星号代替。

2017年10月16日，顺丰速运宣布"丰密面单"服务正式上线，可以实现收寄件人姓名、手机、地址全面隐藏或加密显示。顺丰收件员或派件员将通过双向隐藏电话号码的方式联系客户，客户收件时则使用电子签收功能直接在手持终端上签收。

早在2016年6月，京东集团已经开始试运行"微笑面单"，隐去用户的部分姓名和手机号信息，用笑脸符号(^_^)代替。除此之外，京东还研发了一款专门服务于配送员的手机应用软件，派件员需要通过手机软件才能查询和联系客户。

中国政法大学传播法研究中心副主任朱巍说："快递单是个人信息最密集的地方，信息很有价值，获取简单直接。隐私面单主要避免了针对特定对象的信息盗取。同时，这也意味着个人信息的数据化，保管在公司手里的大量用户数据到底怎么使用，还需要给出明确说法。"

二、快递单成赚钱香饽饽

一张薄薄的快递单，能挖掘出多少信息？

暴露在传统面单上的，除了收件人和寄件人的姓名、手机号、地址外，还可能有用户网名和购物详情。把这几项信息组合起来，结合网络"人肉"，不难分析出个人爱好、家庭成员、经济情况等私密信息。

2017年4月，湖北荆州公安机关破获了一起案件。某快递公司员工利用工作便利，专门收集购买书画、保健品、纪念币等贵重物品的客户快递单，整理后再转手卖给兜售伪劣保健品、假冒收藏品卖家，供其实施精准诈骗。

[①] 本文原载于2017年11月16日的《人民日报》，标题为"快递信息不能'回收利用'"，作者许晴。

《中国网民权益保护调查报告2016》显示,47%的参与调研者经常将写有个人信息的快递单直接扔掉而不加处理。同时,在4.8亿网购用户中,过半曾遭遇个人信息泄露,一年因个人信息泄露等遭受的经济损失高达915亿元。

用户随手扔掉的快递单,成为不法商家的"香饽饽"。根据面单"质量"高低,价格也有不同。一条交易次数较少的"新鲜"快递信息可以卖到2元,不"新鲜"的则打包出售。购买物品为奢侈品、母婴用品、保健品等的快递单,每张则可以卖5~10元。买主购买到快递单之后,可能用于网络刷单、信息推广、精准营销,甚至电信诈骗、入室盗窃。

中国已经是世界快递第一大国,2016年中国快递业务量首次突破300亿件,人均使用快递近23件。2017年11月6日,国家邮政局通报2017年前三季度邮政行业经济运行情况,全国快递服务企业业务量完成273.9亿件,同比增长29.8%。中国电子商务协会政策法律委员会副主任阿拉木斯说:"快递信息泄露损害了行业,破坏了相互的信任关系和市场的正常运行。"

"快递信息泄露,侵害了用户的隐私权、个人信息权和安宁权。如果涉及电信诈骗,用户的财产权也可能被侵害。如果有人把收集到的个人信息售卖给他人,不管出不出问题,都已经损害了消费者的各种权利。"朱巍说。

2017年7月24日,《快递暂行条例(征求意见稿)》公开征求意见,其中提出"经营快递业务的企业应当建立快递运单及电子数据管理制度,妥善保管用户信息等电子数据,定期销毁快递运单,采取有效技术手段保证用户信息安全。"10月31日,《中华人民共和国电子商务法(草案)》第二次提交全国人大常委会审议,其中也有专门章节强化电子商务数据信息保护。

三、行业需除内鬼扎篱笆

隐私面单的出现得益于快递信息电子化,但推广起来还有一定困难。例如,企业需要开发特定设备和软件,商家和站点需要安装相关组件,快递员也需要和新的配送方式磨合。

"隐私面单虽然给投递联系带来一些不便,但它毕竟可以保护个人信息,是件好事。"不少网友留言支持快递使用隐私面单。

也有网友提出不同观点:"真正想获取个人信息的人不需要去看一张张快递单,更多的还是快递公司'内鬼'故意贩卖用户信息。如果快递公司不除'内鬼',即使把消费者的个人信息全部'马赛克'了,也不能杜绝消费者隐私泄露问题。"

2017年上半年,深圳中院对一起侵犯公民个人信息的案件做出二审判决,某速运公司员工宋某向他人出售公司内部账号密码,把20余万条包括客户姓名、住址、电话、购买物品、价格的运单信息泄露给曹某和李某。而包括这20万条快递信息在内的100万条公民信息,又以1 000元的价格打包出售给电商老板黄某,用来发送信息宣传网店。最终,宋某、曹某、李某、黄某四人均因侵犯公民个人信息罪而获刑。

业内人士指出,想要真正保护用户隐私,还要进一步完善内部监管。目前,一些上市快递公司建立了严格的信息监管体系,查询客户信息的人将会被记录下IP地址、停留时间、查询内容和方式,查询到的信息也无法复制。

另外,一些物流、快递公司不注重信息安全,常常成为黑客攻击的对象。在某知名漏洞报告平台上,可以查询到一家知名快递公司在2013—2015年间存在13份和信息安全相关的漏洞报告,其中9份危害等级为"高"。

阿拉木斯认为,我国的快递行业在电子商务的推动下迅猛发展,但相应的业务规范、员工培训和教育、法制建设等都有欠账。一方面是因为我国的个人信息保护法制不完善,另一方面,快递行业发展不够规范,如加盟店与授权单位之间的法律关系不清晰,员工的培训教育不扎实,业务规范执行不到位,信息系统安全保护不够等。

朱巍还认为,要注意理清保护快递信息和快递实名制之间的关系。"中国互联网的实名制是几乎所有互联网基本制度的基础。但如果没有信息安全,实名制就成了侵害消费者的'炸弹'。从这个角度来说,更要注意信息安全,网络安全是网络治理的基础。"

案例思考:从监管部门角度看,应当从哪几个方面提高快递市场信息安全监管的有效性?

(4) 其他方面的安全监管

快递行业安全监管涉及诸多方面,除了以上禁寄物品监管、快递生产作业各环节安全监管以及用户信息安全监管以外,还包括其他方面的监管内容。例如,快递行业工作场所的安全监管。工作场所安全监管就是指政府监管部门针对工作场所中可能造成的负外部性的客体或行为实施的、旨在预防或减少工作场所事故发生率以及事故发生后对工人或其他当事人造成的伤害程度的规制政策与行为[①]。工作场所安全监管的目的就是为了确保劳动者在安全的工作条件下工作,以保证劳动者的人身和财产安全。对于快递行业来说,广义上的快递行业工作场所包括快递营业场所、快件处理场所及其内部的设施设备,快递工作场所的操作规范和安全防范措施应当符合国家有关规定及标准的要求,避免安全责任事故的发生,保障快递从业人员的生命财产安全。我国快递行业工作场所安全监管的主要内容包括三个方面:一是制定快递行业工作场所安全生产的法律法规和相关标准。完善的法律法规体系是有效实施工作场所安全监管的重要保障。工作场所安全监管立法的主要内容有:明确监管机构的法律地位;明确监管机构的职责和权力;明确监管政策的目标和基本内容。我国已经制定并出台了一系列旨在加强快递营业场所安全监管的法律法规,包括《中华人民共和国邮政法》《快递市场管理办法》《快递业务操作指导规范》《邮政行业安全防范工作规范》等法律法规以及《快递营业场所设计基本要求》等国家标准,这些法律法规及标准对快递行业工作场所安全监管的目标、主体及方法等进行了规定。二是对各快递企业执行国家有关法律法规情况进行监督检查。我国各级邮政管理部门和其他监管机构负责对快递企业营业场所、邮件处理场所以及企业设施设备的安全运行进行监督检查,依法查处快递企业违法违规行为,严防重特大安全责任事故的发生,保障快递从业人员的生命安全。三是根据客观环境的改变对我国快递行业工作场所安全监管法律法规做出修改和调整。随着外部环境的不断变化,原有的法律法规和标准很可能过时,不能解决新出现的问题,因而需要对原有的监管法规和标准做出修改、调整和补充。例如,近几年快递业务员被无故殴打的事件频繁发生,引起了全社会广泛关注。由于快递行业的特殊性,快递业务员的工作场所具有一定的流动性,如何保障配送环节中快递业务员的人身安全显得尤为重要,而当前我国法律法规对这一问题并未做出明确规定。因此,为了保障快递从业人员的人身安全,有必要在现有的行业法规中补充相关内容。

延伸阅读

快递员缘何成为"高危职业"?

2016 年 4 月 17 日,网上流传的一段视频中,一顺丰快递员因车辆剐蹭被一中年男子连扇

[①] 王俊豪.管制经济学原理[M].北京:高等教育出版社,2007,182.

巴掌,视频在网络上引起轩然大波,打人男子随即被网友"人肉",北京警方也介入调查。4月18日,顺丰速运总部发布声明称,不接受调解,将追究打人者刑事责任。北京市公安局东城分局发布消息称,打人者李某已被行政拘留10天,并赔偿快递员400元人民币。

进入2016年,"快递员被打"成了网络热搜词。接二连三公之于媒体的被打事件有好几起:4月19日,西安圆通快递员被撞后又被暴打致眉骨骨折。6月29日,福州海都配送员被掌掴。7月29日,上海顺丰快递员遭到多名客户殴打。8月15日,上海家乐宝电商公司配送专员路遇车祸,被事故负全责方殴打致伤。

随着电子商务跳跃式增长,快递行业呈现迅猛发展的态势,2015年业务量同比增长48%,最高日处理量超过1.6亿件。这大量的收派配送业务,都是靠快递员风里来雨里去、顶烈日冒寒风一件一件完成的。相应的,也出现了快递行业人员被辱骂、殴打情况增多的现象。在几次快递员被打事件发生后,快递员所在的企业都在第一时间站出来,旗帜鲜明地阐明态度,要求粗暴对待快递员的人承担应有的法律责任。这既是对自己员工的爱护,也是通过个案表明立场,呼吁大家对从业者给予应有尊严的一种现实选择。

上海一家快递公司负责人表示:目前快递公司能做的是加强员工培训,提高整体素质。他们在员工入职培训时还会特意加一些交际技巧,放映个案处理视频,教员工学会用幽默调侃的语言来应对客户歧视或侮辱性的语言,化解矛盾。另外,他也呼吁,希望人们对各个行业从业人员都能表现出应有的尊重,如果能多点换位思考,对辛苦的劳动者多点理解、多点尊重,社会就能多点和谐、少点戾气。

申通快递工会负责人也表示:快递行业如今不只是一个单纯的职业或工种,连通的是千家万户,事关民生,承担着社会责任,理应得到更多的认同。与此同时,如何在职业保险、安全防护等方面给予更多保障,也亟待引起行业关注。

(二) 服务质量监管

政府监管部门除了对企业产品的价格和数量进行管制,还会对企业提供的产品或服务质量提出要求。对企业产品质量进行监管是为了防止企业由于竞争不足而致使产品质量或服务质量的下降,以及在信息不对称条件下督促企业建立有关产品和服务的质量标准和响应的标准体系,以保障消费者合法权益。对于质量监管而言,许多产品和服务的质量具有综合性,并不能做简单定义和直观认定,因为在很多情况下,质量监管不仅体现了社会性监管的要求,也体现着经济性监管的要求。现实中很多行业并不单独进行质量监管,而是把质量监管和价格监管联系起来,即在价格监管的同时实施质量监管。快递业属于现代服务业,其向消费者提供的并不是可视化的产品,而是一种无形的服务,快递服务质量的高低是消费者关注的焦点。根据有关法律规定,我国快递行业服务质量监管的主要内容包括四个方面:一是制定快递行业服务质量和消费者权益保护的法律法规;二是依法对经营快递业务企业的服务质量状况进行监督检查,并对违反国家有关规定的企业进行调查和处理;三是建立健全快递服务质量评价体系;四是依法及时处理用户对经营快递业务企业提出的申诉。

(1) 制定快递行业服务质量和消费者权益保护的法律法规

从消费者角度看,当消费者对快递企业所提供的服务不满意或合法权益遭受侵害时,就需要拿起法律武器维护自身合法权益,因此必须健全相关法律体系,满足消费者的维权需求。从政府监管部门角度看,科学、完善的法律法规体系将为监管部门依法行政提供基本依据和行动指南。目前,监管部门执法和消费者维权的法律依据主要分布在多部法律法规中,其中包括邮政行业的《中华人民共和国邮政法》《快递暂行条例》《快递市场管理办法》以及《邮政业消费者申诉处理办法》等,也包括消费者保护领域的法律法规,如《中华人民共和国消费者权益保护法》。除此之外,国家邮政局针对消费者权益保护也发布了若干规范性文件,包括《国家邮政局关于做好快递业务旺季服务保障工作的意见》《快递业务旺季服务保障工作指南》等。表4-1-3列举了部分法律法规的主要内容。

表 4-1-3 快递服务质量和消费者权益保护相关法律法规内容简介

序号	法律法规名称	属性	主要内容或相关规定
1	《中华人民共和国消费者权益保护法》	法律	该法是维护我国全体公民消费权益的法律规范,分总则、消费者的权利、经营者的义务、国家对消费者合法权益的保护、消费者组织、争议的解决、法律责任、附则8章63条。该法规定了消费者享有安全权、知情权、选择权、公平交易权、获赔权、结社权、获知权、尊重权、监督权等9项权利,是消费者合法权益受到侵害时最为重要的法律武器之一。快递服务作为消费者有偿接受的生活服务之一,其合法权益也受到该法的保护
2	《快递市场管理办法》	部门规章	《办法》中专设"快递服务"一章,要求快递企业应当按照快递服务标准,规范快递业务经营活动,保障服务质量,维护用户合法权益,并对快递企业经营行为做出了要求,包括填写运单时提醒消费者阅读服务合同;分拣作业时不允许野蛮分拣,严禁抛扔、踩踏等行为;快递企业应按规定时限完成投递任务等。此外,《办法》还就快递企业在快件签收、服务信息公示、纠纷赔偿与处理、用户咨询和申诉、业务高峰期服务保障以及快递从业人员职业技能培训等与快递服务、消费者权益保障相关的内容进行了规定
3	《邮政业消费者申诉处理办法》	部门规章	《办法》对邮政业消费者申诉的受理、处理、调查、调解、监督管理等内容做出了详细规定。近年来,申诉已经成为消费者维护合法权益的重要途径,越来越多的消费者通过电话、微信、书信、传真以及网络等方式就快递企业服务质量问题向邮政管理部门提出申诉,该《办法》将对邮政管理部门妥善处理消费者与快递企业的纠纷,维护消费者合法权益,促进快递行业服务质量的提升起到重要作用

(2) 依法对经营快递业务企业的服务质量状况进行监督检查

我国《邮政法》和《快递市场管理办法》等法律法规均明确赋予邮政管理部门依法履行快递市场监督管理的职责,国家邮政局及各级邮政管理部门依法对快递企业服务质量状况实施监督管理是快递市场监管的重要内容。《快递市场管理办法》规定邮政管理部门应当加强对快递企业及其从业人员执行该办法情况的监督检查,并可以采取包括"进入有关场所进行检查""查阅、复制有关文件、资料、凭证""约谈有关单位和人员"以及"依法查封违法活动场所,扣押违法运输工具及相关物品"等相关执法措施。此外,邮政管理部门有权对违反快递服务标准,损害消费者合法权益的快递企业及相关人员做出罚款、责令改正等行政处罚。

近年来,随着消费者维权意识的不断上升,快递市场服务质量监管力度在不断加大。2015年,在国家邮政局公布的邮政市场行政处罚类案件中,涉及快递服务质量监管的案件有367件,位列五大类案件中的第三位,仅次于邮政行业安全监管和快递业务经营许可类案件的数量。此外,近年来各级邮政管理部门多次开展针对快递市场服务质量问题的专项行动,仅2015年一年全国各级邮政管理部门就查处野蛮分拣744次,露天作业773次,快件丢失损毁

2 822次,格式合同不规范209次,末端投递服务不规范3 318次,违反申诉处理规定619次,快件延误4 326次,其他快递服务质量问题2 059次。这些数据充分反映出当前我国快递业服务质量监管任务的复杂性和紧迫性。

思考与讨论

快递服务谁来监管？[①]

2015年,云南文山一市民通过快递给山东的朋友寄三七,3天后,快递到达,没想到价值万元的三七竟然变成一堆砖石。经过反复协调,涉事快递公司最终全额赔偿损失。无独有偶,9月份,快递后"小米手机变大米"的新闻沸沸扬扬——如今,各电商都如火如荼地开展激烈竞争,网购、寄收快递已成为许多人生活中不可缺少的一部分。而与消费者切身利益密切相关的快递服务质量又该由谁来保障？谁又来负责对其进行监管？

快递企业:内部有监管制度

以云南文山为例,该市有申通、圆通、中通、汇通、韵达和天天速递等在内的14家物流公司,共125个网点。各个公司在文山城内设有中转站,货物从昆明运下来后,在中转站分拣,然后到各个网点派送。相应的,各个网点收到的快件将在某个时间段送到中转站,统一用网络车送往昆明,派往全国各地。网络车多为厢式货车,密封运行。

在收到客户的包裹后,快递公司首先进行验视,保证投递物品符合国家投递规范,不寄递国家规定的禁寄物品,并加盖验视章。"即使物品已经包装好,如果不打开验视的话,我们也是不进行寄送的。"申通文山分公司负责人杨立德说,各个快递的网点都装有监控,验视、包装和分拣都在监控下完成。

杨立德在申通文山分公司工作了8年,遇到过多件因包装不当受挤压后造成内装物掉出的情况。"包裹里的物品掉出来后,工作人员又不知道是从哪掉出来的,有时候就会造成混淆。"掉落的物件会在快递公司进行登记,工作人员通过内部网络查询。因此,如果在签收之后发现货物不吻合,或者有破损,可以当场拒收,快递公司会尽快处理。"质量问题和快递公司没有关系,我们只是保证货物完好无损地送到客户手里。"杨立德说。

"快递行业的从业人员相对来说比较辛苦,收入不是很高,极少数人会产生贪念。"针对频发的快递行业出现货物不符等情况,文山中通公司经理王虎跃说,能顺利将快递物品进行调换,作案人员应该对整个流通环节较为熟悉,钻监管的空子。

为尽量避免货物不符的情况出现,快递公司工作人员建议,在寄件填单时,写好品名、重量,并保留好面单;收件时注意验货核对,查看品名与货物是否吻合,寄件人是否是认识的人,姓名、地址、电话号码是不是完全吻合,如发现异常可拒收,联系快递公司协调解决。各个快递公司网点的客服人员会对各个案件进行跟踪处理,疑难案件上报文山总部客服部,或是公司总部协调解决。

如果发生快递丢失或是货物不符的情况,快递公司按照公司规定赔偿。各个公司赔偿标准不一样,有的按照邮费的几倍赔偿,有的参考丢失物的实际价值赔偿。因此,建议在寄送贵重物品时选择保价,根据实际需要缴纳一定的保费,在发生丢失时,保险公司按照保价的金额赔偿。

[①] 本文原载于2015年10月19日的《文山日报》,标题为"快递服务谁来监管？"作者郭韦。

邮政管理局：如发现违法行为，将依法处罚

如果快递包裹被延误或是收到的货物不符合，可以与快递公司进行协商解决，如协商不成，可拨打电话到文山州邮政管理局申诉。

文山州邮政管理局对全州邮政业进行管理，其中包括依法监督和管理本州邮政市场和负责快递行业安全生产监管等职能。"我们每个月进行两次安全生产常规检查。对快递公司网点的快递业务经营许可、市场秩序、快递服务质量监管、行业安全监管4大项72个小项进行检查，针对存在的问题提出整改意见。"文山州邮政管理局行业管理科副科长朱顺婵说。在检查中，如果发现违法行为，将根据《快递市场管理办法》和《邮政法》进行处罚。

"一般情况下，如果客户的要求不是太过分，都能达成赔偿共识。"朱顺婵说，州邮政管理局成立至今，仅去年接到一个申诉电话，电话称从江苏无锡经某快递公司寄两条香烟到文山，收件人只收到一条，客户向快递公司反映，却迟迟没有收到合理答复。接到申诉后，州邮政管理局立即将申诉意见传给涉事公司法人，要求在时限内反馈处理意见，促使该事件及时圆满解决。

通过客户申诉，邮政管理局可强制要求各快递公司按规定及时处理，如果不及时为客户解决问题，也可以进行处罚。《快递市场管理办法》规定，由于野蛮分拣造成快件损毁的，由邮政部门处1万元罚款，情节严重的，处1万元以上、3万元以下罚款。不及时妥善处理用户投诉的，由邮政管理部门责令改正，处3千元以上、3万元以下罚款。

案例思考： 从快递生产作业流程角度分析，快递服务质量问题容易在哪些环节出现？从监管部门角度分析，快递市场服务质量监管的难点有哪些？

（3）建立健全快递服务质量评价体系，并向社会公布评价结果

建立健全行业服务质量评价体系有利于优化行业服务水平，推动企业提高服务质量和服务效率。作为行业监管部门，建立快递服务质量评价体系并向社会定期公布是快递服务质量监管的重要内容。《快递市场管理办法》第三十六条规定：国务院邮政管理部门建立以公众满意度、时限准时率和用户申诉率为核心的快递服务质量评价体系，指导测评机构定期测试评估快递行业服务水平，评定服务质量等级，并向社会公告。这一规定明确了国家邮政局承担快递服务质量评价体系的具体职能，并规定了这一评价体系的三个核心组成部分。

目前，国家邮政局已经连续多年在每年的《快递市场监管报告》中向全社会公布快递行业服务质量状况，其公布的内容就是以公众满意度、时限准时率和用户申诉率为核心的快递行业服务质量评价结果。以2017年公布的数据为例：在公众满意度方面，2017年快递服务总体满意度得分为75.7分，较2016年下降0.1分，基本与上年持平。快递企业总体满意度排名依次为：顺丰速运、邮政EMS、中通快递、韵达快递、圆通速递、申通快递、百世快递、宅急送快运、天天快递和快捷快递。在时限准时率方面，重点城市间快递服务全程时限均值为56.02小时，比上年增加0.61小时，72小时准时率为78.67%，比上年降低2.72%。在用户申诉率方面，快递有效申诉率连续五年实现下降，有效申诉量23.2万件，同比下降11.7%，创自2010年以来最大降幅[①]。通过建立快递服务质量评价体系并定期向全社会公布评价结果，有利于监管部门及时了解快递行业的服务水平的现状，从而为监管实践和政策制定提供参考，同时也有利于消费者及时掌握各快递企业的服务质量，从而帮助其做出理性的消费决策。此外，向全社会公布各快递企业的服务质量排名还有利于提高企业提升服务质量的积极性。

---

① 数据来源：《2017年快递市场监管报告》。

(4) 依法处理用户对快递企业提出的申诉

针对快递企业的违法侵权行为向邮政管理部门提出申诉是消费者维护自身合法权益的重要手段。与快递企业相比，消费者由于信息不对称在维护自身合法权益上存在一些困难和障碍，而申诉制度和申诉平台的出现，为消费者提供了一个新的维权途径。目前，我国已经基本建立起了快递行业消费者申诉制度。《中华人民共和国邮政法》第六十五条明确规定：邮政企业和快递企业应当及时、妥善处理用户对服务质量提出的异议。用户对处理结果不满意的，可以向邮政管理部门申诉，邮政管理部门应当及时依法处理，并自接到申诉之日起三十日内做出答复。这一规定为我国邮政管理部门依法处理消费者申诉提供了法律依据。同时，《邮政业消费者申诉处理办法》则为各级邮政管理部门处理消费者申诉工作明确了原则、程序和基本要求。

(三)"快递包装"问题治理

快递包装使用非环保材料而造成大量的包装垃圾不仅污染环境，而且还产生了巨大的资源浪费，这一问题是当前快递业负外部性的典型表现。被人们随意丢弃的快递瓦楞箱、包装袋和其他填充物不仅不符合可持续发展的要求，也对人们的生命健康和生存环境产生了负面影响。

对因快递包装而造成的环境污染和资源浪费问题进行治理的必要性体现在三个方面：①仅仅依靠市场机制解决环境污染问题存在局限。尽管科斯定理①证明了市场机制条件下可以实现环境保护的目标，资源配置也可以达到帕累托改进。但在现实生活中科斯定理的假定条件（产权明晰和交易成本为零）根本不可能实现，因而导致市场机制存在局限。②政府有进行环境监管的责任。环境是人类赖以生存和发展的物质基础，任何人都有权享受健康、无污染的生活环境，适宜的环境是集体的共同利益，具有公共物品的性质，这就决定了针对环境问题的治理不能完全依靠市场机制，而应当引入政府的作用。相比其他组织，政府因其权威性、法定性、强制性和科学性成为公共利益的代表，因此也有能力、有责任针对环境问题实施监管，纠正经济发展过程中的各种外部不经济。③当前，我国快递业务量和市场规模的不断扩大使推动行业绿色发展迫在眉睫。改革开放四十年来，我国经济在取得辉煌成就的同时也付出了巨大的环境和资源代价，生态环境遭受严重破坏。当前我国正处于调整经济发展方式的关键时期，各行业都在推动绿色发展，快递作为现代服务业的先导性产业，在发展速度和发展成就令世人瞩目的同时，行业绿色发展问题变得越来越突出，特别是"快递包装垃圾"已经成为制约行业高质量发展的瓶颈之一。仅 2016 年一年，全国共消耗了快递运单 312.8 亿份、编织袋 32 亿条、塑料袋 147 亿个、封套 34 亿个、包装箱 86 亿个。这些快递包装材料多为非环保型材料，随意丢弃到环境中容易造成环境污染，对人们的生命健康构成威胁。与此同时，快件的过度包装也造成巨大的资源浪费。上述惊人的数字折射出我国快递包装问题的严峻性，加强监管势在必行。

所谓"快递包装污染"，是指用于包装快件的各种非环保材料排入环境所引起的环境质量下降而有害于人类及其他生物正常生存和发展的现象。快递包装垃圾从其属性来看应属于固体废弃物，固体废弃物规制是环境规制的重要内容。快递包装垃圾如果不加以妥善收集和处置将会污染土壤和水体环境，对其进行焚烧则会污染大气环境，进而危害人类健康。当前，我

---

① 科斯定理：当产权明晰时，无论初始产权如何界定，经济活动的私人成本与社会成本必然相等，经济外部性被内部化；当交易成本为零时，无须政府干预，当事双方通过协商，进行自愿交易就可以解决问题，此时双方收益达到最大化；当交易成本不为零是，需要通过政策手段解决经济外部性问题。

国主要快递企业用于包装快递的材料主要有聚乙烯、纸板、牛卡纸、气垫膜等,其中塑料袋使用量最大,而包装快件所用塑料袋的成分比较复杂,主要由化工材料、生活垃圾等再加工而成,可能残留了大量的塑化剂、阻燃剂等有毒有害物质,包含这些有毒有害物质的快递包装若被消费者随意丢弃在环境中,将会产生严重危害:①会造成土壤污染,由于塑料包装等快递垃圾的制作材料无法在自然环境中降解,因此土壤里塑料袋中的有害成分会通过地表水或雨水的淋溶渗透作用向土壤四周和纵深迁移,使土壤成分发生改变,导致生长在土壤中的植物遭受间接污染。②产生大气污染,由于快递的塑料包装无法自然降解,且当前还没有有效的回收处理方法,导致大量快递塑料包装被收集到垃圾处理厂做焚烧处理,而快递塑料包装的焚烧不仅会散发出令人恶心的臭味,更重要的是焚烧后产生的有毒气体将会严重污染大气环境。③造成水体污染,一旦含有有害物质的快递包装被雨水冲刷至江河湖海等水体中时,包装发生生化降解释放出的有害物质进入地下水或浅蓄水层后,还会污染地下水,甚至是饮用水源。

由于快递业绿色发展问题只是在近几年才通过媒体的报道进入人们的视野,因此当前我国针对快递包装治理的法律依据相对匮乏,目前仅有《快递封装用品 第1部分:封套(GB/T 16606.1—2009)》《快递封装用品 第2部分:包装箱(GT/B16606.2—2009)》和《快递封装用品 第3部分:包装袋(GB/T 16606.3—2009)》三个正式的国家标准对快递用包装(包括封套、包装箱和包装袋)的材料、规格尺寸、技术要求等做出了标准规定,但这些国家标准中并没有对快递包装材料的环保要求做出强制性规定。可喜的是,政府职能部门已经意识到当前快递行业绿色发展问题的重要性和紧迫性,并开始采取措施加快包括制度建设在内的快递包装治理体系。

2016年8月,国家邮政局出台《推进快递业绿色包装工作实施方案》,对快递业绿色包装工作做出全面部署,旨在提高快递包装领域资源利用效率,降低包装耗用量,减少环境污染。该实施方案在我国快递包装治理工作上迈出了重要一步,它明确了快递业包装工作的总体目标,提出要稳步推进快递业包装的依法生产、节约使用、充分回收、有效再利用,实现"低污染、低消耗、低排放,高效能、高效率、高效益"的绿色发展。实施方案指出要在绿色化、减量化、可循环取得明显效果,"十三五"期间,力争在重点企业、重点地区的快递业包装绿色发展上取得突破。到2020年,基本淘汰有毒有害物质超标的包装物料,基本建成社会化的快件包装物回收体系。为了达成上述目标,实现快递业的绿色、低碳和可持续发展,邮政管理部门和其他有关职能部门在今后一个时期面临如下主要任务。

(1)组织制定快递业环保包装技术标准

国家邮政局应联合其他有关部门制定并出台快递业环保包装技术国家标准和行业标准,明确规定快递用封套、包装箱和包装袋等相关物品材料、制作等的环保要求。

(2)加强行业统计监测,指导企业建立健全快递包装用具用品管理制度

邮政管理部门应当通过信息化手段加强对快递企业生产运营各环节和快递从业人员的监管,及时发现快递企业过度包装、二次包装等行为,指导企业在内部建立起以"简约、环保、安全和可回收"为核心的快递包装用品用具生产管理制度,并加强事中事后监管。

(3)探索建立快递行业绿色包装政产学研合作体系,通过试点的方式向全行业推广可复制的经验和技术

国家邮政局应促进各大高校、科研院所与快递企业就环保包装材料研发、包装回收等进行深度合作,依托高校和科研院所的专业力量积极探索污染小、可回收、成本低且具有市场前景的快递包装材料,并在相关企业开展试点工作,最终将成功和可复制的经验在全行业进行推广。

（4）加大财政支持力度，鼓励快递企业和消费者使用环保包装材料

邮政管理部门应会同相关机构制定出台财政、税收等利好政策，支持、鼓励快递企业使用环保包装材料，对主动使用环保包装材料或主动回收快递包装箱的快递企业予以税收减免、财政补贴等优惠政策。同时应加大宣传力度，利用媒体等各种途径鼓励消费者使用环保包装材料，循环使用快递包装箱，从而在全社会营造"绿色快递"的消费理念。

（5）建立健全责任追究机制，加大对相关企业和责任人的惩罚力度

对于违反国家标准，使用非环保材料包装快递的企业，应当建立相应惩罚机制，对执行国家关于推广快递绿色包装工作不力的单位也应建立起责任追究制度，从而提高快递包装治理工作的有效性。

快递业绿色发展的难题不仅摆在了快递企业面前，同时也摆在了监管者的面前。当前，我国资源环境承载能力的刚性约束日益趋紧，生态环境恶化趋势尚未得到根本扭转，经济发展方式亟待转型。在电子商务蓬勃发展的背景下，快递包装垃圾总量越来越大，部分商品更有过度包装的倾向，造成严重的资源浪费和环境污染。

思考与讨论

绿色快递 还有多远[①]

"双12"临近，消费"盛宴"再演，然而目前我国快递业中，纸板和塑料的实际回收率不到10%，各方纷纷"试水"的绿色包装再次引发关注。记者为此展开调查。

电商"试水"绿色包装，推行范围有限，占比仅为1%

国家邮政局发布的《2017中国快递领域绿色包装发展现状及趋势报告》显示：2016年全国快递共消耗约32亿条编织袋、147亿个塑料袋、37亿个包装箱以及3.3亿卷胶带，仅一年消耗的瓦楞纸箱原纸，就达4 600万吨，相当于7 200万棵树。

快递过度包装、快递盒材料不环保、回收渠道不畅通等问题是快递包装垃圾产生的直接原因。

中国快递协会原副秘书长、驿永智库创始人邵钟林认为，"要积极从供应端转变思维，探索环保、节能的绿色快递模式。"

为此，不少电商企业开始"试水"绿色包装。苏宁于2017年4月推出"共享快递盒"行动，即在末端投递环节使用可循环的包装箱代替纸箱；京东物流发起环保行动"青流计划"，预计到2020年，减少供应链中一次性包装纸箱使用量100亿个，实现100%物流包装使用可再生或可回收材料；今年"双11"，菜鸟开放20家全球绿仓，对快递包装进行生物降解，同步在北京、上海、广州等地开启纸箱回收计划。

绿色包装尚未成为主流。据菜鸟网络预测，99%的快递包装会成为垃圾，仍需靠消费者、清洁工和废品回收人员处理，要么被焚烧，要么被填埋。

在回收流程设计、人员布局与快递箱调配上着力

家住南京市玄武区的齐女士近日收到苏宁的"共享快递盒"，"快递盒颜值比较高，看着干净整洁，收货取货一步到位。但收件时必须与快递小哥当面交付，比较麻烦。"

[①] 材料原载于2017年12月8日的《人民日报》，标题为"绿色快递 还有多远"，作者魏薇、姚雪青和刘泪溪。

齐女士的困扰不是个案，苏宁物流共享快递盒项目负责人杨爽介绍说，"共享快递盒"是苏宁绿色包装新尝试，但实际推行过程中确也存在不少问题：有的用户反映，若将快递发送到公司，快递盒回收后不方便将商品带回家；"共享快递盒"要求当面回收，有时候不能见到快递小哥。"这些问题给快递盒的回收、循环增加了困难。"

国家邮政局等十部门日前联合发布了《关于协同推进快递业绿色包装工作的指导意见》，提出2020年，推广使用中转箱、笼车等设备，编织袋和胶带使用量进一步减少，基本建成专门的快递包装物回收体系。

"快递盒循环推行难度大，主要是因为回收流程设计不够完善。"邵钟林认为，电商的物流属于正向物流，商品依次经过电商—快递公司—分拨中心—配送点—快递小哥，送到消费者手里。而实现快递箱回收循环则需逆向物流。由于设计逆向物流流程复杂，人员布局与快递箱联网调配增加企业工作难度，推行就变得困难起来。

针对回收体系建设，一些企业纷纷表示已开始尝试探索逆向物流。京东物流绿色包装项目负责人段艳健说，"对于自营业务，京东物流渗透到出仓、分拣、配送整个环节，便于建立逆向物流体系。"

"为实现快递箱回收可操作性，还要考虑快递盒的材料选择、箱体的有效感知性与箱物匹配等各个方面。"南京邮电大学管理学院院长黄卫东介绍说，选择结实、轻盈的材料，探索易清洗、可调配的箱体管理模式，设计多样性的标准包装，以实现快递箱多次循环、清洁安全、投递安全等多方面要求。

首次推广成本高，需走市场化道路，全行业联动

《关于协同推进快递业绿色包装工作的指导意见》还提出，2020年可降解绿色包装材料应用比例将达50%，基本淘汰重金属等特殊物质超标的包装物料，电子运单使用率达到90%以上，平均每件快递包装耗材减少10%以上。

对此，不少快递企业表示，成本是个不容回避的问题。《2017中国快递领域绿色包装发展现状及趋势报告》中提出，在快递企业总部和基层网点问卷调查中，超过95%的受访者表示，环保包装在成本方面的压力难以承受。接受问卷调查的电商卖家中，超过64%的受访者也认为，推广快递绿色包装的关键是把成本降下来。

解决成本问题，邵钟林认为，绿色快递包装的推广可以尝试走市场化道路，引入第三方企业专业做快递盒回收共享；或在快递盒上打广告，吸引社会资本投入；或设计适合全行业使用的标准共享快递盒，发挥全行业优势，来降低单个物流企业推广绿色包装中的成本投入。

"首次投入可降解绿色包装袋成本较高，很多企业不愿意大范围投入，其实长远来看，随着快递盒循环次数的增加，成本会下降。"苏宁华北区北京物流公司总经办副总经理石朋飞介绍说，如苏宁快递盒可循环1 000次以上，大约可节约1棵10年树龄的树木，"如果电商行业都加入共享快递盒计划，一年可省下近46.3个小兴安岭的树木。"

邵钟林认为，目前我国的绿色物流发展正处在探索期，绿色包装材料研发、快递盒共享回收模式还需要进一步探索，同时这也需要全民参与，共同应对。"无论是包装垃圾回收还是绿色物流推行，政策的引导与扶持都起着不可或缺的作用。"应建立明确的行业规范、细化环保材料评级要求、必要时候采取强制措施和限制措施，加速绿色快递业的到来。

提升社会环保意识，也要促进消费者转变观念。段艳健表示，目前京东投放了5 000个绿色环保袋进行试验,明年会投放 100 万个。"为了鼓励支持绿色环保的消费者,我们会进行奖励,比如说,在京东下单时选择绿色环保袋达到一定次数,就送给消费者一些小礼品。"

案例思考:我国快递污染监管的难点究竟有哪些?我国快递垃圾污染监管工作的主要内容包括哪几个方面?

第二节 快递市场监管的主要手段

一、监管手段的概念

监管手段是指为完成一定监管目标和任务所采用的具体措施或技巧,监管手段侧重于对监管政策的运用和操作,是提高监管工作有效性的重要保障。需要注意的是政府监管手段与政府进行宏观调控和对国有企业进行管理的手段有所差异。传统的监管手段一般包括设立行政程序、进行资格审查、实施价格控制、设立国家或行业标准、处罚违法企业等"硬性"手段,而政府实施宏观调控的手段则要比监管手段灵活得多,如调整财政收支、货币利率,制定并调整经济发展计划或产业政策等。政府对国有企业管理的手段则兼具监管手段的硬性和宏观调控手段灵活性两方面的特点,一般包括人事控制、计划变更、财务监督、产权变更等。理解监管手段的含义是合理运用各种监管手段,提高监管效能的前提。

在我国,传统监管手段具有以下主要特征:①经验性色彩浓厚。例如,在食品安全及流通领域市场监管工作中,监管人员多依靠经验式的眼看、手摸等方式进行检查,监管效果多依赖于监管执法人员的经验。②分散化。长期以来我国各行业监管机构内部各部门按照业务分工,各部门间缺乏合作交流。③手段普遍具有强制性。我国监管部门偏好采用诸如行政检查、行政处罚、行政许可以及行政强制等对抗性色彩浓厚的监管手段,追求立竿见影的效果。不可否认具有上述特征的监管手段在我国相当长的一段时期发挥了十分重要的作用,有力打击了各类企业的违法违规行为,促进了市场经济的健康发展,但随着经济社会的全面进步,传统监管手段已经不能适应新形势的要求。因此,需要推动政府监管手段的现代化,使其更好地服务于监管目标的实现。

现代化的监管手段具备如下特征:①科技化。现代化的监管手段将不再是过去依靠监管人员的手工和经验式操作,而是实现监管执法设备的高科技化和智能化,从而能够迅速掌握市场运行状况,并及时作出响应,在提高监管有效性的同时也降低了监管成本。②信息化。现代化的信息技术和设施设备将打破以前监管工作在时间、空间上的限制,建立起对市场运行全方位、立体式的监管格局,使监管信息的收集、获取、加工、分析以及信息发布都能在短时间内完成,大大提高监管效能。③集约化。现代化的监管手段不会是以前条块分割、信息闭塞的状态,而是利用现代化的网络技术,建立起集约化的政府监管网络平台,实现市场准入、价格监管、安全监管以及消费者权益保护等各项监管职能的互联互通与信息共享,使各类监管资源都能在同一个平台上合理分配,增强监管工作的集约度。④人本化。现代化的监管手段充分体现现代法律、现代管理的精髓,注重区分不同类型、不同性质的监管客体,坚持刚性手段与柔性执法并行互动,采取提示、示范、告诫、协商等指导方式,实施柔性化监管,让监管对象了解其面临的风险,引导其自律守法、主动纠正违法,从而降低监管的社会成本,提高监管工作的有效性。

二、我国快递市场监管的主要手段

快递行业生产作业环节多、涉及面广,相关监管工作既包括基础的人工作业环节,又涵盖快递服务价格制定、快递企业间竞争等市场主体的行为决策。因此,快递市场监管的手段具有复杂性和多样性。现阶段我国快递市场监管的主要手段可以归纳为三大类:①强制性监管手段,主要包括禁止、命令、罚款等行政处罚,价格控制、标准控制、资格审查和行政审批等。②激励性监管手段,主要包括监管部门的行政指导,对企业给予物质或精神奖励,对企业违法行为的高额处罚和赔偿等。③其他创新性监管手段,主要包括对企业进行约谈,向消费者发布警示和消费指南以及通过舆论力量影响市场主体行为等。

(一)强制性监管手段

(1) 禁止、命令和罚款等行政处罚

禁止、命令和罚款等行政处罚手段是快递市场监管中最常见的监管手段。禁止就是在快递市场监管实践中,邮政管理部门根据法律规定有权禁止快递企业的某些行为。例如,我国禁止快递企业经营由邮政专营的信件寄递业务,也禁止快递企业寄递国家机关公文(《邮政法》第五十六条)。命令是指邮政管理部门可以根据有关法律的规定,针对快递企业的某些违法违规行为做出责令改正、停业整顿等强制性行政命令。例如,对于未取得快递业务经营许可就经营快递业务的企业,邮政管理部门可以根据实际情况做出责令改正的行政命令,而当快递企业违反邮政专营规定擅自经营由邮政专营的信件寄递业务时,邮政管理部门可以对企业做出停业整顿的行政命令。罚款是邮政管理部门根据相关法律的规定,对违反法律法规的快递企业及相关责任人收取金钱或其他财务以剥夺其全部或部分财产权利的制裁方法。例如,对于违反快递服务标准,严重损害用户利益的快递企业,邮政管理部门会对其处以五千元以上、三万元以下的罚款(《快递市场管理条例》(第四十条))。除了禁止、命令和罚款以外,常见的行政处罚手段还包括没收违法所得或非法财物、吊销营业执照、行政拘留等。

(2) 价格控制

即由政府通过制定价格、发布政府指导价等形式控制商品或服务定价的监管手段。在我国快递领域,市场定价已经成为基本定价方式,特别是2015年6月,国家决定邮政EMS的价格采取市场定价方式之后,我国快递业完全实现了市场自主定价。价格控制这一监管手段已经转变为监管部门对快递企业违法涨价行为的监督查处。有关"价格控制"的具体内容请参考本章第一节"经济性监管的主要内容"。

(3) 标准控制

即政府通过对某行业的产品或服务制定国家标准或推荐性国家标准,以保障产品或服务的质量。在我国快递行业,颁布相关国家或行业标准是快递市场监管的重要手段之一。迄今,国家邮政局已经颁布十余件快递业国家标准或行业标准,涉及快递封装用品、快递服务、快件运单、快件跟踪查询信息服务、智能快件箱、快递专用电动三轮车、快递营业场所设计等方面。这些标准的颁布和执行,能够在一定程度上促进快递业朝着安全、规范、高效的方向发展。

(4) 资格审查和行政审批

即行政机关(包括有行政审批权的其他组织)根据自然人、法人或者其他组织提出的申请,经过依法审查,采取批准、同意、年检或发放证照等方式,准予其从事特定活动、认可其资格资质、确认特定民事关系或者特定民事权利能力和行为能力的行为。我国快递业实行市场准入制度,资格审查和行政审批是快递市场准入监管的主要政策工具。邮政管理部门应当按照相关规定对申请经营快递业务的企业提交的材料进行审核,必要时可以进行现场考察,进而对申请企业做出是否发放《快递业务经营许可》的决定。

(二) 激励性监管手段

传统的强制性监管手段是以单向的命令控制为主要特色,具有单一性、不可变通性和对立性,因此在监管实践中容易产生监管行为和目标不一致、信息获取成本高昂、行政官僚色彩浓厚以及权力寻租等各种弊端。因此,旨在降低监管成本,提高监管效能的激励性监管手段应运而生。与传统的强制性监管手段不同,激励性监管手段强调在加强监管力度的基础上,重点通过利益诱导和柔性温和的政策工具使被监管企业的生产经营效率或产品和服务的质量达到最高水平。在各行业监管实践中,激励性监管手段能够与强制性监管手段实现互补,并发挥出其独特优势。在我国快递行业,主要的激励性监管手段包括政府对快递企业进行行政指导、政府给予快递企业物质或精神奖励以及对快递企业违法行为的高额处罚和赔偿等三种。

(1) 政府对快递企业进行行政指导

行政指导旨在引导行政相对人自愿采取一定的作为或者不作为,以实现行政管理目的的一种非强制性的行政行为[①]。行政指导是激励性监管的基本手段之一。在我国快递行业,监管部门会为快递企业提供安全生产标准或服务标准指南,这些推荐性标准能够提高企业的安全生产水平和服务质量,但可能成本较高,政府通过对这些标准进行分级并建立起相应的补贴和奖励措施,从而鼓励相关快递企业使用这些新标准,这样就可以使那些原本技术和服务水平就较高的快递企业选择更高的生产和服务标准,而不是被动地停留在法律法规所要求的最低服务标准上,进而带动全行业服务水平的提高。当前,我国快递市场监管实践中已经开始尝试使用行政指导手段。例如,在 2016 年 8 月由国家邮政局出台的《推进快递业绿色包装工作实施方案》中明确指出将制定快递业绿色包装国家标准,采取各种措施鼓励有条件的企业率先进行试点,并在业内进行推广。

(2) 政府给予快递企业物质或精神奖励

适当的利益诱导是市场经济中激励性监管手段能够有效实施的保障。当被监管企业完成符合监管意图的行为后,监管部门可以通过行政奖励的方式赋予快递企业以精神或物质的肯定性评价。常见的物质性奖励手段有税收优惠、财政补贴、金融扶持、投资倾斜、技术开发资助、产品定价优惠、市场优先准入、提供经营便利、优先采购、优先立项等。常见的精神性奖励手段包括企业市场信用等级评价、表彰性宣传以及对守信企业定期向社会通告等,这些精神性奖励也许并不会给企业带来直接的经济收益,但是对于提高企业的声誉和影响力,提升企业产品或服务的市场知名度,提升消费者对企业的认可度等方面具有重要意义,是企业生存和发展的重要无形资产,并且从长远来看,这些精神性奖励也可以转化为经济收益。在我国快递市场监管实践中,监管部门正不断尝试使用物质或精神激励等柔性监管手段。例如,大连市为了鼓励快递企业建设适应电子商务发展的快件配送体系,推行"仓配一体化"等新型配送模式,发挥快递企业支撑电商服务的主渠道作用,融合仓储、包装、分销、配送一体化服务,构建快递企业与电商合作发展平台。对快递企业每吸引一个全国性电商企业(在本市年交易额达到 3 000 万元以上,并配建 1 000 平方米以上仓配一体化基地)落户大连,给予 100 万元资金补贴。再如,我国正在探索建立快递企业"绿色通道"制度,符合相关标准的快递企业将拥有进入"绿色通道"的资格,进入"绿色通道"后,快递企业将会在经营许可变更、分支机构备案等需要有关部

[①] 姜明安.行政法与行政诉讼法[M].北京:北京大学出版社,高等教育出版社,1999.

门审批的流程上更加便捷。这些物质或精神性奖励手段能够激励快递企业主动作为,对于提高监管效能、减轻监管部门工作负担也具有十分重要的作用。

(3) 对快递企业违法行为实施高额处罚和赔偿

这一监管手段看似与强制性监管手段无异,但实际上对快递企业违法行为的高额处罚是重要的激励性监管手段,原因在于激励性监管方式仍需考虑到"一套规定的管理流程并不必然能够保证企业有动力达到最佳社会效果的现实。与任何监管制度相同,如果缺乏动机去实行规划流程以实现社会福利,企业可能只是简单地走走过场或做做样子。因此,这种监管方式(指激励性监管方式)仍然需要政府强制执法存在,以确保企业执行必要的规划和完成所需计划①。"在快递市场,对快递企业进行高额处罚的现象还并不多见,但在快递行业安全监管方面,这类监管方式已经被一些监管部门所采用。例如,政府鼓励快递企业加强快件安全检查,部分地方政府还会对快递企业购置安全设备提供财政补贴,但如果快递企业不按照国家有关规定严格实施快件安全检查,将会面临高额罚款。2016 年,烟台一家快递企业因未落实法定责任,就领到了由监管部门开出的 20 万元罚单,该罚单是山东省依据《中华人民共和国反恐怖主义法》对违法企业开出的第一张巨额罚单。像这样的巨额罚款将在一定程度上对快递企业的违法行为形成有力震慑,再辅之以行政指导或奖励等正面激励措施,就能够促使快递企业以更大的积极性严格规范生产经营行为,追求更高的发展目标。

(三) 其他监管手段

除了传统的强制性和激励性监管手段之外,在我国快递市场监管实践中,监管部门也摸索出了一些其他具有创新性的监管手段,它们既不属于强制性监管手段,也与激励性监管手段存在差异,具有更强的灵活性和适应性,并且实施成本相对较低,能够在全国范围内推广。这些监管手段会随着快递市场监管环境的变化不断创新,并对传统监管手段形成有益的补充。

"约谈"就是一个颇具中国特色的创新型监管手段,现在已经在我国快递市场监管中得以广泛运用,并收到了良好的效果。"约谈"是指政府监管部门通过座谈沟通、学习政策法规、分析讲评等方式,对被监管企业生产运营存在的问题予以纠正并规范的准行政行为。当前,我国邮政管理部门正不断完善对快递企业的约谈机制,通过不定期对快递企业相关责任人进行面对面的约谈,摆事实、讲道理,使快递企业意识到自身存在的各种问题,推动快递企业自觉遵守邮政行业的法律法规,主动整改企业存在的问题,不断提高服务质量和安全生产水平。在 2015 年,国家邮政局就"快递空包刷信"问题约谈了全峰快递、快捷快递,就未按规定报送安全信息约谈了中通快递、宅急送快递,就利用寄递渠道参与毒品贩运约谈了全峰快递,就快递服务质量问题约谈了申通快递和全峰快递。可以看出,约谈的内容可以覆盖快递市场监管的各个方面,并且能够在问题发生的第一时间就召集快递企业进行约谈,节省时间的同时也提高了监管效率,这是其他监管手段所不具备的独特优势。

> 延伸阅读

全峰、快捷两快递企业因快递空包刷新问题被国家邮政局约谈

2015 年 7 月 21 日和 7 月 23 日,国家邮政局先后约谈了北京全峰快递有限责任公司和上

---

① Cary Coglianese and David Lazer. Management-Based Regulation: Prescribing Private Management to Achieve Public Goals. Law & Society Review, Vol. 37, No. 4 (Dec., 2003):695-696.

海快捷快递有限公司相关负责人,就快递空包刷信问题进行了告诫。

国家邮政局在约谈中指出,《中华人民共和国邮政法》《快递市场管理办法》《快递服务》国家标准等均对快递业务经营进行了全面规范,尤其是针对快件收寄、投递、用户信息保护和诚信经营做出具体规定。快递企业与电商经营者串通,利用快递空包虚构交易量,制造虚假商业信用,既是违背诚信的行为,更是一种违法行为。

国家邮政局要求,任何快递企业及从业人员,均不得非法提供和使用基于快递服务而获取的用户信息,不得通过违反快递服务操作规范、违规操作为电商经营者刷单刷信用提供各种便利,不得与电商经营者等其他主体串通利用快递服务从事各种违反法律、诚信原则的活动。

国家邮政局强调,相关快递企业一是要采取切实有效措施,杜绝空包刷信问题;二是要树立法律意识和底线意识,实现依法经营、规范发展;三是要强化诚信意识,认真开展企业诚信文化建设,将诚信切实作为企业生存和发展之本;四是要健全企业内部管理,完善内部管控体系。

北京全峰快递有限责任公司和上海快捷快递有限公司称,前期公司已经对相应的快递网点和责任人员进行了罚款等处理,在全网进行了通报,并通过召开会议、下发文件等对禁止"空包刷信"问题进行了部署。会后公司将按照国家邮政局的约谈告诫要求,进一步加大整改力度,不断加强和改进内部管理,严格按照法律规定和诚信原则经营,实现健康和规范发展。

三、快递市场监管手段改革与创新

当前,我国邮政管理部门已经建立了一套相对完善的快递市场监管手段体系,但是从快递市场监管面临的任务和挑战来看,这些监管手段无论从形式还是执行效果上都存在一些不足。传统的强制性监管手段仍然是监管部门特别是基层监管部门主要的工作方式。快递行业新技术、新业态的不断涌现给行业监管带来了极大的挑战,这就要求我国邮政管理部门不断创新监管方式,加快推进快递市场监管手段的现代化改革,推动快递市场监管工作提质增效。

(一)我国快递市场监管手段改革的目标

我国快递市场监管手段的改革目标就是要实现监管手段的现代化,即建立起与我国经济社会发展相适应、与快递市场监管需求相呼应的现代化监管手段体系。具体来说就是要着力实现监管方式的科技化、信息化、集约化和人本化,通过现代化监管手段的运用,提高快递市场安全生产水平和行业管理水平,促使快递企业提升服务质量,推动我国由快递大国迈向快递强国。

(二)我国快递市场监管手段改革的原则

(1)科学化原则

科学化是实现快递市场监管手段现代化的必然要求和主要标志。科学化原则要求各级各类监管部门应当以经典的管理理论为根本遵循,通过现代科技手段提高监管决策的科学性和有效性,避免主观臆断和盲目决策,使监管政策的制定、执行及其效果评价符合科学原理和客观规律,提高快递市场监管工作的规范性。

(2)民主化原则

民主化是当前监管手段现代化改革的重要趋势。民主化原则要求在快递市场监管实践中注重"第三方"的参与,也即重视行业协会、消费者、媒体等第三方监管力量的作用。民主化的监管手段鼓励第三方的加入以监督政府的行为,避免出现监管失灵甚至监管失败。此外,第三方监管力量的介入,还可以避免政府各种强制性监管手段造成的冲突,缓和其与被监管企业的矛盾,提高监管的有效性。

(3) 法治化原则

法治化是实现监管手段现代化的重要保障和关键任务。法治化原则一方面要求建立健全完善的法律法规体系,使各类监管手段合法化、制度化;另一方面则要求监管手段的运用必须按照法律法规的要求进行,必要时要对监管手段的实施效果进行评估,以保证所有监管手段都在法律法规框架内实施。

(4) 效益化原则

效益化是现代化监管手段的典型特征和目标诉求。效益化原则要求监管部门能够在保障公共利益的前提下,通过最小化成本的监管手段的运用,实现监管效率和监管收益的最大化。此外,监管手段的运用还应当尽量减少其社会成本,避免给相关市场主体造成损失。

(三) 我国快递市场监管手段改革的主要任务

(1) 推动我国快递市场监管管理手段的现代化

管理手段的现代化是实现监管手段现代化的关键。首先,在快递市场监管实践中应当大力推广以行政指导、行政奖励为核心的激励性监管手段和其他创新性监管手段,实现快递市场的柔性管理,增强监管的灵活性。对快递企业,监管部门应当多利用行政示范手段,指导建立快递企业安全生产示范点或优质快递服务示范点,引导更多快递企业向示范企业学习,帮助更多快递企业建立健全安全生产机制,促使其在做大企业的同时,做到守法依规经营。此外,应当遵循奖励与处罚相结合的原则,对优秀快递企业进行物质和精神奖励,对于违法行为较轻的快递企业,可以采取"先行约谈教育、再行责令整改、逾期不改者再实施处罚"的渐进式监管思路,提高柔性监管水平。其次,应当整合快递市场监管资源,通过各种监管手段的优势互补,形成监管合力。邮政管理部门应当与其他监管机构协同作战,加强创新型监管手段的交流互鉴,由单一地域、单一业务条线的简单纵向互动监管向政策共商、措施共议、资源共享、执法联动的跨省市、跨区域、跨业务合作监管转变,由封闭式、单打独斗式监管向整合系统资源、主动争取其他部门支持的开放式监管转变。最后,应当不断开发和利用快递市场监管数据,实现资源共享和数据挖掘。一方面要建设快递市场监管数据分析决策中心,对快递市场各类监管数据和信息进行收集、分析并用于监管决策。建立市场主体现状、行业发展预测、市场监管趋势等分析模型,利用图形、图表等方式全面展现快递市场监管工作的效果,充分运用交互式报表和即时查询工具,生成各类规范性数据报表,随时掌握各类信息,为监管决策提供依据,为社会公众提供消费预警。另一方面还应充分挖掘快递市场监管数据资源,建立健全监管数据综合利用机制,及时收集各类监管数据,按年度、半年、季度、每月、半月等不同密度定期进行分析,将邮政管理部门掌握的国有、外资、民营快递企业的各类数据用好用活,形成高质量的分析报告,为政府决策提供参考,为企业发展提供助力。

(2) 推动我国快递市场监管技术手段的现代化

技术手段的现代化是快递市场监管手段现代化的保障,根据监管实践的需要充分利用现代信息技术,实现监管手段的科技化、信息化和智能化。首先,应当建立统一的快递市场监管标准体系,强化标准在快递市场监管各环节的基础性作用。建立健全由国家邮政局负责制定,各省级邮政管理部门积极参与的统一的快递市场监管标准规范体系。标准体系应当覆盖快递市场监管所有的监管任务,包括安全标准、准入标准、服务标准、邮政用品用具标准、信息化标准等多个方面,与其他部门实现最大限度的信息共享和交换。此外,还应建立标准应用制度,加强对标准实施的监管检查,确保整个快递市场监管标准统一,为实现全国范围内邮政管理部门的互联互通打好基础。其次,应当建立完善的快递市场监管综合业务系统。以快递企业的市场准入为基础,以市场监管和行政执法为主线,以地理信息、企业信息、多媒体信息等多种信息于一体的数据库为支撑,构建起涵盖所有快递市场监管任务,具有企业许可、日常监管、行政执法、决策支持等综合功能的集成化业务工作处理平台,全面整合快递市场监管的业务流程,彻底解决业务间、部门间的阻碍和分割,实现全网信息共享和工作协同。最后,应当构建功能强大、高效便民的公共服务平台。加强各地邮政部门政务网站的信息整合,增强网站运行的规范性、有效性和实用性,不断丰富网站功能,扩大服务范围,提升办事效率,实现信息发布、信息预警、网上登记、网上监管、网上申请、网上维权等功能,不断完善快递企业许可、行政审批事项以及消费者申诉举报的网上在线受理、状态查询和结果反馈等功能,构建在线访谈、热点解答、网上咨询、网上调查和网上征集意见等社会公众交流互动平台,不断提高邮政管理部门的服务水平。

(3) 推动我国快递市场监管法治手段的现代化

法治手段是提高快递市场监管手段有效性的根本途径。一方面要提高立法的执行力。邮政管理部门虽不是立法机关,但是却在快递业立法工作中扮演着重要角色,在与快递行业发展和市场监管相关法律法规的起草和征求意见阶段,邮政管理部门应当充分听取民意,综合考量快递企业、消费者、行业协会、政府监管部门等各方面的利益诉求,合理界定有关各方的权利义务,明确监管部门的职责权限,要顺应快递市场监管环境的不断变化及时对法律法规和其他监管政策进行调整,保证法律法规能及时满足社会需求。另一方面要提高法律法规的执行力,做到执法必严。法律手段是否有效关键在于政府监管部门是否能够严格执法。因此,各级邮政管理部门必须做到有法必依,执法必严,违法必究,严格按照法律规定的内容、程序和方法开展监管工作。

第五章 快递市场监管环境

从古至今,人们一直十分重视研究环境对事物性质的影响,期望通过对环境和形势的分析,为决策提供相对可靠的依据。监管环境与监管政策的制定和执行具有密切联系,不能将这一关系简单地理解为"谁决定谁""谁影响谁"以及"谁被谁决定或影响",监管环境与监管政策之间的关系是相互影响、共同进化的关系。监管环境可以影响监管政策的制定与执行,同时监管政策也可以调适监管环境。监管环境具有动态性、复杂性和不确定性,监管环境的上述特性会促使监管实践不断做出调整。因此,分析监管环境与监管政策选择间的关系有利于监管政策的科学制定和有效实施。

我国快递业近四十年来的监管实践充分印证了监管环境与监管政策之间的动态复杂关系。从外部环境对快递市场监管的影响来看,快递业不断开放的历程,正是我国快递市场监管对外部环境变化进行主动调整和适应的过程。20世纪70年代末至80年代初,快递在中国初露头角,由于当时改革开放刚刚起步,国有企业在快递市场占绝对主导地位,基本上看不到民营企业的影子。但随着改革开放的深入,我国快递市场也开始向民营资本开放,并在长三角地区和珠三角地区等经济发达区域诞生了第一批民营快递企业。进入21世纪,加入WTO进一步促进了我国的对外开放,根据加入WTO时的承诺,我国于2005年对外资开放了快递和物流领域市场,自此我国快递业进入全面对外开放时期。纵观我国快递业发展历程,快递行业基本上保持了积极开放的姿态,坚持稳妥的开放策略,较好地处理了开放与发展,开放与风险管控之间的关系,通过对外部环境变化的积极应对,有效提升了全行业的活力和竞争力,并以开放为契机不断推动快递市场监管体制机制的改革完善。因此,改革开放倒逼了快递业改革,并直接推动了全行业综合实力的提升。从内部环境对快递市场监管的影响看,2013年交通运输部通过的《快递市场监管办法》就是快递市场监管对内部发展环境主动调整的过程。针对快递业一些制约行业健康稳定发展的不利因素,交通运输部和国家邮政局等监管部门果断制定《快递市场管理办法》,通过该办法集中对快递市场中出现的各种违法违规行为进行规范,严肃整顿快递市场秩序。此外,国家邮政局还联合其他监管部门多次开展针对行业安全、快递服务质量等问题的专项整治行动,这些监管活动都是对快递市场环境的优化与治理,不仅改善了快递企业的盈利环境,同时也维护了消费者的合法权益。

第一节 快递市场监管环境概述

一、快递市场监管环境的概念

学术界对于环境的定义有很多种,并且在环境的内涵和外延上还存在一定争议。管理学中对环境较为经典的定义也有很多版本。例如,罗宾斯将管理环境定义为对组织绩效起着潜在影响的外部机构或力量[①]。琼斯等人则认为"环境是超出组织边界但对管理者获得、运用资源有影响的一组力量的组合[②]。"本章的主题是我国快递市场的监管环境,分析的是能对快递市场监管实践产生作用的所有环境要素,因此是从广义的角度理解环境这一概念,既包括内部环境,也包括外部环境。

由于对我国快递市场监管的相关研究才刚刚起步,快递市场监管环境这一概念还没有统一的定义,作为一个边界较为宽泛的概念,准确定义"快递市场监管环境"并非易事。因此,本书参照管理学中有关环境的概念,从广义和狭义两个维度对快递市场监管环境做出界定。从广义上讲,快递市场监管环境指的是围绕快递市场监管实践活动并对快递市场监管行为产生影响的各种要素的总和。从狭义上讲,快递市场监管环境则仅仅指的是快递市场监管部门内部的环境。本章的研究对象为前者,即广义的快递市场监管环境,它包括能对快递市场监管产生影响的外部环境和内部环境两个维度。

值得注意的是,还存在一个容易与快递市场监管环境相混淆的概念,即"快递市场发展环境"。快递市场发展环境是指对快递行业发展产生影响的所有因素的总和,这一概念的出发点是行业发展,因此其外延要大于快递市场监管环境,二者并不是同一个概念。但需要明确的是,快递市场发展环境和快递市场监管环境之间并非完全无关。虽然本章重点阐述快递市场监管环境,但是快递市场监管不能脱离行业的发展而独立存在,行业发展也是影响快递市场监管行为的重要因素。因此,快递市场监管环境与快递市场发展环境之间存在重合部分,只是二者考虑问题的角度不同而已。快递市场监管环境站在政府监管部门的角度分析问题,而快递市场发展环境则是从行业发展(主要是快递企业的生存和发展)这一角度出发分析问题。前者是"裁判员"的环境,后者是"运动员"的环境,它们的具体关系如图 5-1-1 所示。

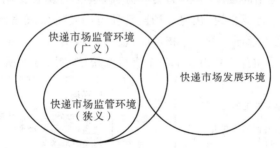

图 5-1-1　快递市场监管环境与快递市场发展环境间的关系

二、快递市场监管环境的构成要素

根据快递市场监管环境的定义,对于我国快递市场监管环境的构成要素,首先可以分为外部环境和内部环境两个基本面。其中,外部监管环境又可以分为国际环境和国家环境。内部监管环境则根据快递市场监管实践,可以分为硬环境和软环境。硬环境多是指快递市场监管的基本状况、现实条件以及具体资源等物质因素,而软环境则是指除此之外的思想、文化、观念、制度等非物质化环境因素。硬环境和软环境的主要区别在于硬环境的内容翔实、形象,投入大量资源后可以达到预期效果,而软环境则相对模糊、抽象,短期投入不一定会收到预期效果。

在"国际环境""国家环境""软环境""硬环境"这四个维度下,分别还有一系列具体影响因

[①] 斯蒂芬・P. 罗宾斯.管理学[M].李原,等译.北京:中国人民大学出版社,2012.
[②] 伊恩・沃辛顿等.企业环境[M].徐磊,等译.北京:经济管理出版社,2011.

素,它们共同组成了我国快递市场的监管环境,并对监管行为产生影响。由于这些影响因素复杂多样、形形色色,有物质的、精神的,有国内的、国际的,有自然的、社会的,有传统的、现实的等,因此本章不打算对所有影响因素做详细分析,仅重点介绍对我国快递市场监管实践产生重要影响的因素(如表 5-1-1 所示)。

表 5-1-1 我国快递市场监管环境及具体影响因素

	类别	具体的影响因素
外部环境	国际环境	世界经济增长趋势、国际主要快递企业发展形势、世界各国快递市场监管改革趋势等
	国家环境	国内政治制度与行政文化、国内法律环境、国内经济增长及波动形势、税收与投资环境、社会诚信水平、舆论发展水平、技术变革以及国内自然环境等
内部环境	硬环境	我国快递行业发展规模与水平、快递市场结构、快递市场监管创新水平、快递市场行业组织发展水平等
	软环境	快递市场监管制度、快递市场监管力量及组织机构、全行业快递服务水平、快递行业发展文化等

三、快递市场监管实践与监管环境的关系

事务与环境之间总是存在着可以相互分辨但又互相渗透的界限。一方面,环境会通过各种渠道或机制对事物产生不同程度的影响;另一方面,事物的发展变化又会反作用于环境,助推环境的改变。对于快递行业来说,快递市场监管环境与监管实践之间也存在辩证统一的关系,快递市场监管政策是监管环境下的产物,同时监管政策的执行也会带来监管环境的变化,它们之间相互联系、相互影响,共同构成了一个有机系统(如图 5-1-2 所示)。

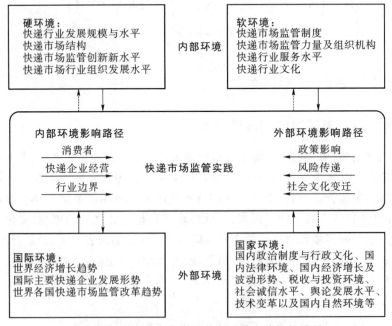

图 5-1-2 快递市场监管环境与监管实践间的关系

具体来看,可以从以下四个方面来理解快递市场监管政策及其实践同监管环境之间的关系。

(1) 快递市场监管政策必须适应监管环境

有什么样的环境,就会出台什么样的政策。这是由于监管环境限制了监管的可选择集,监管环境变化越快、越复杂则越需要监管部门具有更加全面丰富的专业知识和战略眼光,从而做出正确决策。监管政策如果不能反映监管环境的要求甚至与环境相对立,那么这样的监管政策将注定因不能适应环境而被淘汰。例如,随着我国改革开放进程加快,环境的变化使民营、外资等多种属性快递企业的发展壮大成为不可阻挡的趋势,这时国家便及时修改相关法规政策,鼓励快递市场充分竞争,而非继续保持国有企业的一家独大。

(2) 监管环境影响快递市场监管偏好

快递市场监管实践本质上就是监管部门从众多的制度、政策中选出合适的方案并付诸实施,而这一选择过程本身就存在行为偏好问题,监管部门及其工作人员的行为偏好是外部环境、个人性格、阅历、知识、价值观等多种因素共同作用的结果,其中监管环境将不可避免地对监管部门及其工作人员的行为选择产生影响,左右其偏好。

(3) 监管环境的变化带来了监管政策的改变,进而影响监管执行

一般来说,政府监管的执行通常包括环境分析、情况收集、执行决策和政策评估这几个基本步骤,这其中环境变化会影响监管环境的稳定性,情况收集则会影响监管部门对环境变化理解的准确程度,政策的执行则会随时受到环境的影响,而政策评估则会考虑政策与监管环境的适应性水平。因此,监管执行的全过程均会受到来自变化着的监管环境的影响。

(4) 监管政策对监管环境的改变起到一定的反作用

尽管监管环境会对监管政策和实践产生重要影响,但不能否认监管实践对监管环境的反作用,好的政策往往可以改善监管环境,使其得到不断优化,最终促进监管目标的实现。

第二节 我国快递市场监管环境构成要素分析

一、国际环境组成要素分析

(一) 世界经济增长趋势

随着经济一体化的推进,世界各国的经济被紧密联系在一起,任何一个经济体都不能独立于全球经济体系而存在和发展,主要经济体的经济波动将会影响他国乃至全球经济体系,使快递市场监管环境发生变化,并从市场竞争、技术进步、业务范围变化等方面给快递市场监管带来挑战。

世界经济增长形势对我国经济造成明显影响的典型例子就是 2008 年的全球金融危机。2008 年之前的十几年,我国经济长期保持高速增长态势,这无疑得益于当时世界经济的大环境,特别是世界主要发达经济体消费需求旺盛,使当时经济增长主要依靠出口的我国能够将大批商品出口至世界各地,赢得了经济的高速增长。但是 2008 年的金融危机席卷全球,中国在全球性经济萧条的背景下,实体经济受国际经济形势影响较大,经济增速明显放缓,而快递业务量与 GDP 的增长密切相关,在我国经济增速减缓的背景下,快递业增长速度也随即减慢,2008 年我国快递业务销售收入为 408.4 亿元,比 2007 年同期增长了 19.21%。2008 年金融危机给我国快递业带来的影响虽然不长,但它充分说明世界经济增长形势的变化会对我国实

体经济产生影响,并改变我国进出口贸易格局,而快递业与实体经济发展和进出口贸易密切相关。因此,世界经济增长的变动将最终会对快递业产生实质性影响。

面对世界经济增长形势给我国快递市场监管环境带来的各种变化,政府监管部门应当出台相应政策积极应对各类风险挑战。当世界经济增长出现减缓和波动时,监管部门应当对快递企业拓展国际业务予以政策鼓励,及时实施财政补贴、税收优惠等措施帮助快递企业抵御世界经济不景气带来的冲击。当世界经济出现企稳向好甚至连续增长的态势时,应当鼓励本国快递企业走出国门,积极拓展国际快递业务,帮助本土快递企业做大做强,在国际快递市场竞争格局中占据一席之地。

(二)重要国际快递企业发展形势

国际快递巨头一直以来都是全球快递市场的焦点,UPS、TNT、Fedex、DHL 四大国际快递企业的一举一动都会对他国快递监管环境带来影响。四大国际快递企业在 20 世纪 80 年代进入中国,其在中国快递市场的出现甚至早于绝大多数中国本土的民营快递企业,四大国际快递巨头在中国发展的三十多年间,不断调整发展策略,扩大业务种类和服务范围,它们的存在和发展已经对我国快递市场监管产生了深远影响。2014 年 9 月 24 日,国务院常务会议决定全面开放国内包裹快递市场,对符合许可条件的外资快递企业,按核定业务范围和经营地域发放经营许可。四大国际快递企业经过较长的历史发展,在企业管理水平、快递服务质量、从业人员素质以及企业信息化水平等方面与我国大部分民营快递企业相比存在相对优势。因此,国家做出对外资企业开放国内快递市场的决定,就是为了通过开放促进快递市场的竞争,倒逼国内快递企业提高经营管理水平和服务质量,从而促进全行业的高质量发展。

(三)世界各国快递市场监管改革形势

国际上特别是主要发达国家快递市场监管理念、监管目标、监管内容的变化会对我国快递市场监管环境产生影响。尽管各国快递市场监管由于历史、环境等因素,在监管体制上存在各种差异,但这并不妨碍我国从国外先进的快递市场监管理念和实践中取长补短,不断顺应国际快递市场监管改革的基本趋势。

总体看来,西方主要发达国家的快递市场除了安全监管和服务质量监管外,其他方面都在从严格监管向放松管制进行转变,特别是在市场准入方面,各主要发达国家均采取较为宽松的市场准入政策,以促进快递行业竞争。例如,在美国,并不存在专门监管快递市场的政府机构,美国邮政管理委员会仅负责对美国本土邮政普遍服务政策的实施进行监管。美国快递企业不单独受某一监管机构的管理,只是在涉及交通、安全、不正当竞争行为以及环境保护等具体事项上时,接受美国运输部、国土安全部、司法部、联邦贸易委员会以及环境保护署等部门的监督。在美国,私人快递和美国邮政的竞争性产品共同适用一般性的商业法规(如公司法、证券法、反垄断法等)、安全规定以及一些有关国际服务的政府间协定等,并不存在专门针对快递企业的监管法规。除此之外,美国快递市场的准入监管十分开放,由于快递业属于贸易依存度较高的服务性行业,因此美国快递市场也配合着商品零售市场的准入状态,是完全自由开放的,快递市场基于客户满意度进行自主筛选和调节,自由进入或退出市场,不存在准入制度。在欧盟,尽管相关法令要求欧盟成员国设立国家邮政管理部门,但这一管理部门的核心任务也是保障各国邮政普遍服务的提供。欧盟实施分类市场准入制度,对于提供邮政普遍服务范围以外的寄递服务实施"一般许可"。所谓一般许可,即不管这种服务是受等级许可证还是受一般法律约束,也不管这种管理是否要求一定的登记或申报程序,邮政服务提供者在行使一般许可授予的权利之前,不需要得到国家邮政监管机构的明示决定。欧盟成员国的私人快递服务属于一般许可管辖范围。

二、国家环境组成要素分析

(一)国内政治制度与行政文化

政治制度对快递市场监管政策的制定和实施会产生显著影响。政治制度以及作为其外在表现形式的政治体制决定和影响着政治过程。不同政治制度和政治体制下的监管政策的内容和方式都截然不同。特别是在我国,包括快递市场监管在内的很多领域的监管体制并不是建立在市场充分发展基础之上,而是我国由计划经济向社会主义市场经济体制转轨过程的产物。伴随行政体制改革的深入,快递市场监管体制也在不断发生变化,政府外在强制力对我国快递市场监管体制的建构、监管政策的出台和实施发挥了关键作用。总体看来,我国政治制度和政治体制对快递市场监管的影响表现在以下两个方面:①政治制度和体制影响快递市场监管政策的选择。我国政治制度和政治体制以及长期以来形成的政治文化都决定了下一级的政策必须服从上一级的要求。上级监管部门作为政策控制系统的组成部分,其制定并通过的各项规章制度本身就是下级部门制定政策所必须遵循的。例如,交通运输部审议通过《快递市场管理办法》后,各省、自治区、直辖市的交通运输管理部门也应当在中央一级文件精神的基础上,结合当地实际制定本地区的快递市场管理办法。②政治制度和政治体制影响监管政策的执行。我国快递市场所有重大政策的执行,必须有与之配套的行政体制。例如,我国 2007 年邮政管理体制改革实现了"政企分离",监管机构的重组使快递市场监管政策的执行更加公平和顺畅,2008 年的大部制改革,国家邮政局划归交通运输部管理,邮政业被正式纳入我国"大交通"发展战略格局,使一系列监管政策的出台和执行变得更加高效。

行政文化是指政府行政活动过程中,影响甚至决定行政参与者行为的一系列行政思想、行政意识、行政理念、行政心理、行政习惯以及行政规则等。行政文化具有相对稳定性,特别是不同国家、不同民族的行政文化由于受到本国家、本民族社会文化的影响,表现出不同的特点。我国当代行政文化是在新中国成立以后逐步形成的,特别是改革开放四十年,我国经济社会发生翻天覆地变化的同时,行政文化也在发生改变。总体看来,我国现代行政文化倡导实事求是,理论联系实际,群众路线,关心人、理解人、尊重人、全心全意为人民服务,廉洁自律,坚持改革开放,注重法治效率等。我国各级行政部门正在推动建立符合市场经济规律的新型行政文化。但是,由于行政文化是社会文化的一部分,我国行政文化在继承古代优秀传统行政文化的同时,也或多或少受到封建糟粕的影响。在实际生活中,各种现代官僚主义、部门推诿扯皮、为政不廉、任人唯亲、不作为、乱作为等现象依然存在,严重影响了行政效率的提高。行政文化对快递市场监管带来的影响主要表现在两个方面:①对行政人员监管行为的影响。政府监管作为一种特定的行政活动,其必然会受到行政文化的制约。行政文化通过行政人员的心理、意识、习惯和文化氛围等发生作用。例如,在开放、民主的行政文化氛围下,监管部门的决策者会胸襟开阔、公平正直,从而使决策制定更加科学、民主、高效,而执行者则能够坚持原则,依法行政,秉公办事,提高执法效率。②对行政人员监管观念的影响。行政文化环境对行政人员的观念起决定性作用,行政文化中的消极因素常常使行政人员缺乏责任感、互相推诿、官僚主义盛行,造成行政决策迟缓、背离科学,最终导致行政系统效率低下。快递市场监管涉及多主体、多环节,如果没有一个良好的行政文化环境,监管部门工作人员就不能形成正确的监管观念,这就是监管实践中各种推诿扯皮、监管缺位等监管失灵问题出现的主要原因。

(二) 国内法律环境

国内法律是指为保护消费者合法权益,维护公共利益,提高社会福利,促进社会主义市场经济健康发展而制定的相关法律法规,包括国家层面制定的各项对快递业发展有影响的法律法规。国内法律环境的健全与否将直接影响快递市场法人监管环境。一般来说,法制相对健全的国家,其监管环境要比法制不健全的国家相对宽松。

我国快递业相关法律法规可以通过对消费者、快递企业等市场主体的行为产生影响,进而影响快递市场监管实践。无论是国家层面的《中华人民共和国邮政法》还是邮政管理部门的《快递市场管理办法》等部门规章,都具有行政指令和强制意义。法律法规对快递市场监管工作影响重大,它是做好快递市场管理和促进行业发展的根本保障。我国快递市场监管法律体系建设起步较晚,因此,可以适当借鉴美国、欧盟、日本等发达经济体快递市场监管的法律法规,推进快递市场监管法律体系的完整性和系统性,在《邮政法》基本原则和立法精神的指导下,不断出台配套实施细则来对快递市场监管的具体内容和方式进行详细规定,增强法律法规的可操作性和实用性。

(三) 国内经济发展形势

一国的经济发展水平决定了快递业的发展基础。一般地,一个国家或地区的快递发展现状多与该国或当地的经济增长率正相关。我国快递业对于国民经济增长做出了巨大贡献,快递业因其强大的服务能力和服务范围,其社会影响力正在全面提升,快递在加速流通、扩大内需、调整结构、促进就业、普惠民生等方面发挥了重要作用。同样地,快递业和国内经济发展水平的关系是相对的,国家经济发展水平是快递业发展的基础,当一国经济保持较快增长时,会产生更大的快递服务需求来促进快递业的发展,而当一国经济出现快速回落,国内需求和对外贸易出现下降时,快递业发展必然会受到影响。因此,国内经济发展形势就构成了快递市场监管环境的一个重要因子。对此,监管部门需要根据国家经济发展变化情况以及快递业发展实际,通过加大监管力度或调整监管目标等方式,对行业发展进行适度调节。当国内经济保持快速增长或行业扩张过快时应当加强监管,防止"重视发展速度,忽视服务质量"问题的出现;而当国内经济出现下滑或行业发展增速放缓时应当调整监管策略,通过采取激励性监管手段鼓励快递企业迎难而上,使行业发展速度保持在一个相对平稳合理的区间。

2013年以来,我国深入推进"一带一路"发展战略,着力构建开放型经济体制,加快自由贸易试验区建设和国际产能合作步伐,这在促进国民经济发展的同时,也给快递业带来了新的发展机遇。2017年,我国与"一带一路"沿线国家贸易额达7.4万亿元人民币,同比增长17.8%,增速高于全国外贸增速3.6%。随着"一带一路"发展战略的推进实施,沿线基础设施的完善以及合作共赢理念的深入人心,将为快递业沿路"跟随发展"打下坚实基础,为中国快递企业"走出去"创造良好的外部经济环境。目前,我国不少快递企业正在寻求抱团出海,酝酿新的发展机遇。此外,我国居民收入连续多年的增长也为快递业发展奠定了消费基础。城乡居民收入增速连续多年高于GDP增速,最终消费对经济增长的贡献率不断提高,已经成为经济增长的第一驱动力。随着消费的不断升级,居民的消费特征正在朝着更加多样化、个性化方向发展,新的消费活力不断释放。城乡居民收入的持续增长有力地支撑了快递业的发展,快递市场监管部门应当抓住当前难得的历史发展机遇,出台相关优惠政策鼓励快递企业做大做强,积极拓展海外市场。

（四）国内关联产业发展水平

在当前工业化和信息化深度融合，"互联网＋"战略不断推进的时代背景下，与快递业相关联的其他产业正在以不同的方式影响着快递业的发展，同时也对快递市场监管提出了新的问题和挑战。

（1）交通运输业

交通基础设施的完善与否将直接影响快递业的运输能力和服务范围。近年来，我国不断推进铁路、公路、水运以及航空等各类交通网络建设，综合交通运输网络体系不断完善，为快递业发展奠定了坚实的运力基础，为全行业网络延伸和提质增效提供了有力支撑。

（2）网络零售业

网络零售业在当今互联网时代越来越显现出其巨大的发展潜力，其迅猛发展也带动了快递业的高速增长。作为世界第一网络零售大国，撑起这张越来越壮观的"消费大网"的正是日新月异的中国快递业。当前，我国网络零售市场发展日益成熟，正在着力求新求变，以适应消费者"千人千面"的消费需求，快递业也在努力提供更加多样化、定制化的服务。在这样的时代背景下，作为网络销售的线下实现方式，消费者关心的是快递服务质量的提升，监管部门应当把好快递线下运输配送关，对快递企业服务质量进行严格监管，维护消费者合法权益。

（3）制造业

当前，我国产业结构调整正在向纵深推进，战略性新兴制造业加快发展，制造业的深度调整也助推了快递业的转型升级。党的十八大后，我国对制造业去产能提速和战略性新兴产业政策的扶持力度不断加大，力求推动制造业稳定增长，逐步培养新的增长动能。我国制造业已经站在了"由大变强"的新的历史起点上，快递在新兴制造业领域具有较大的增长空间，制造业的小型化、专业化和个性化发展恰恰迎合了快递的业务特点，这将为快递业提供新的发展机遇。因此，监管部门应着力推进快递业与制造业的协同发展，采取措施推动快递业嵌入制造业供应链，从最初提供单一寄递服务，到提供部分增值服务（如仓储），再到提供供应链部分环节的优化服务，最后到物流供应链的整体优化服务，指导鼓励快递企业在资本运作、能力建设、运营模式、人才技术等方面进行长期努力。

（4）跨境电子商务产业

近几年，跨境电商的爆发式增长为我国快递"走出去"创造了有利条件。随着中国中产阶级群体逐步扩大，新一代人的消费观念在悄然发生转变，跨境消费需求持续增加。2017年，我国跨境电商进出口贸易额已超过8万亿元，跨境电商的爆发式增长成为快递业发展的新引擎。为此，政府监管部门一方面应当充分鼓励快递企业利用跨境电商发展跨境寄递业务，另一方面也要加大监管力度，防止利用跨境寄递进行各种违法交易行为，保障跨境寄递渠道的安全畅通。

（五）税收与投资环境

国家的税收政策和投资环境会对快递市场监管产生重要影响。我国为了支持快递企业做大做强，已经对部分符合条件的从事物流经营企业的大宗商品仓储设施用地实施税收减免政策，这些税收优惠政策是推动快递业发展的重大利好。此外，快递业的发展离不开投资的推动，投资环境的改善，在很大程度上对快递企业提高资金运作管理水平、实现资产负债匹配具有重要意义。当前，我国快递市场投资运作中还存在一系列问题，如投资渠道相对狭窄、整体投资管理水平不高等。改善我国快递市场投资环境需要整体推进、多管齐下，不仅要从根本上加强我国资本市场建设，继续深化改革，提高快递企业的投资管理水平。还要严格市场监管，加强风险管控。当前,我国快递业正处在提质增效、转型发展的关键时期,快递业发展对国家宏观税收和投资政策较为依赖。因此,政府应对那些符合条件的、能够促进地区经济发展和民生改善的快递企业给予优惠的税收或投资政策,扶持快递企业做大做强,服务地区经济社会发展。

(六)社会诚信和社会舆论

社会诚信环境包括一个社会各行业和公民的诚信程度、与诚信体系有关的法律制度以及对于失信行为的惩戒机制。一个诚信水平较高的社会,各行业的发展也将更加健康合理,行业的监管需求较小,监管环境也会变得更加宽松,进而政府的监管投入也相对较少。当前,我国正稳步推进快递行业诚信体系建设,但在消费者和快递企业诚信意识的培养、诚信规章的建立以及对失信行为的惩戒等方面还存在一些突出问题。例如,快递企业和消费者诚信意识淡薄,一些快递企业不能够遵守与消费者间的合同契约,时限延误、快件损坏、包裹丢失等现象时有发生,而一些消费者违规寄递禁寄物品,导致各类寄递渠道安全事故的发生,造成不必要的人员伤亡和财产损失。面对快递业出现的各种诚信问题,除了依靠快递企业和消费者的自觉以外,还需要监管部门主动采取措施,建立健全行业诚信体系,从诚信行为的宣传、诚信规章的制定和对失信行为的惩罚等方面入手,推动我国快递行业诚信水平的进一步提升。

除了诚信水平,社会舆论也会对快递市场监管产生重要影响,快递市场的社会舆论是指社会公众对快递行业的认知和口碑。改善快递业舆论环境离不开社会和行业诚信体系的建设。为此,一要进一步完善快递市场信息披露制度,不仅是监管部门,快递企业也要及时主动地履行相关信息的披露义务;二是要建立起行业诚信征信系统,向全社会公开快递行业从业人员的诚信和失信行为;三是要加强对快递企业的信用评级,通过建立科学的评价体系,使快递企业的信用等级能够准确客观地反映出其真实的诚信情况,并及时对外公布,增强消费者对快递企业的辨别能力。

(七)科学技术发展水平

包括信息技术在内的科学技术水平的提高在为快递业带来全新发展机遇的同时,也对快递市场监管提出了更高的要求。特别是在大数据时代,快递市场监管环境正在发生显著变化,各种新的商业模式和业务形态的出现对改进监管工作提出了新的要求。一方面,监管部门应当着力推进快递市场监管信息化建设,推动监管工作的自动化、信息化和智能化,降低监管成本,提高监管效能;另一方面监管部门应当加大对快递市场各种新业务形态的风险管控力度,防止各种利用高科技手段进行的违法行为,保障消费者信息安全及其他合法权益。

三、内部硬环境要素分析

(一)快递业发展规模和发展水平

快递业的发展规模和发展水平决定了其所处的发展阶段。中国快递业在改革开放四十年,特别是近十年取得了辉煌成就,快递业市场规模不断扩大,业务收入持续保持高速增长。2014年,我国快递服务企业完成业务量首次突破100亿件并超过美国,成为世界第一快递大国。但如果从我国快递业服务水平、快递企业整体经营管理水平及其国际影响力、快递市场经营秩序等角度看,我国快递业与发达国家相比还存在一定差距,实现"快递大国"向"快递强国"转变依然任重道远。因此,监管部门要不断加大监管度力度,创新监管方式,完善监管的组织体系、制度标准和操作流程,把打击快递市场违法违规行为,提升快递业服务能力和服务质量,规范市场秩序作为监管重点;把加大处罚力度作为规范市场秩序的重要手段;把完善制度和强化执行作为推动快递业高质量发展的治本之策。

(二) 快递市场结构

市场结构是指一个行业内部,买方和卖方的数量及其规模分布、产品的差异程度和新企业进入该行业难易程度的综合状态。分析我国快递市场的结构主要包括三个方面:一是区域结构,二是主体结构,三是产品结构。

市场的区域结构是指快递业在地域上发展程度的差异。受历史和现实等诸多因素影响,我国快递业在东、中、西三个区域的发展上存在明显差异,以 2015 年为例,我国东部地区的快递业务量和业务收入占全国快递业务量和业务收入的八成以上,东中部三大区域发展不平衡的现象依然存在。但快递市场区域结构并非一成不变。在 2015 年,中部地区受产业结构调整和东部产业转移的影响,其经济快速崛起,带动了快递业务规模的扩大和增速的提升,中部地区的业务量和业务收入增速均高于行业平均水平。此外,从揽收派送比[①]上看,尽管东部地区的揽收派送比要高于中西部地区,但是各区域间的差距正在缩小。通过对我国快递市场区域结构的分析可以看出,一方面我国快递市场区域发展不平衡的现象依然存在,且短期内难以完全消除,西部地区快递的服务能力、服务范围明显低于中东部地区,部分"老少边穷"地区的居民还无法享受到便捷的快递服务。但另一方面,受国家产业政策和宏观经济等因素影响,地域间的差距也在发生变化,部分差距甚至呈现缩小态势,中西部地区快递市场发展潜力巨大。

市场的主体结构衡量了快递市场的整体竞争水平,一般通过行业集中度来体现。行业集中度也称为市场集中度,是某一产业垄断或者竞争程度的重要指标,该指标是一定数量企业在价值增值、总产出和总就业量三个方面的行业比重。一般来说,行业集中度越高,市场中大企业的控制能力就越强,市场垄断程度就越高。从我国快递市场近几年来的行业集中度来看,我国快递市场竞争程度在不断提高,从 2012—2017 年,我国快递行业集中度实现了连续五年下降。行业集中度法人下降说明我国快递市场竞争的进一步加剧,特别是业务收入排名靠前的品牌间的竞争日趋激烈。

市场的产品结构是指行业内各企业生产的所有产品中不同产品的比例关系,它可以在一定程度上反映出一个行业的发展水平及其满足社会需要的程度。改革开放四十年来,我国快递行业的产品种类从单一走向多样,一些新的快递业务种类正在迸发出强大的生机和活力。一是同城快递发展迅速。近年来,由于城市化的推进,城市服务功能不断增强,特别是社交本地化极大促进了同城快递业务的快速发展。二是跨境快递增速明显。"一带一路"发展战略的实施和跨境电商的兴起,带动了国际和港澳台快递业务的增长。三是增值业务发展迅猛。由于快递市场的激烈竞争,各大快递企业不断拓展包括快递保价、收件人付费、签单返还、限时快递等增值业务,以不断满足消费者多样化的需求。

快递业区域发展的不平衡促使监管部门加大对中西部地区快递服务网络的建设力度,健全中西部快递网点的覆盖,采取优惠政策鼓励快递下乡,服务中西部和偏远落后地区,提高快递服务均等化水平。快递市场行业集中度的不断提高有利于增强快递企业间的竞争,但同时也提醒监管部门应当注意快递市场中是否存在价格垄断等恶性竞争问题,坚决打击快递企业间的不正当竞争行为。快递市场产品和服务种类的多样化在满足消费者个性化消费需求的同

---

① 揽收派送比:是指快递业务揽收量和签收量之间的比例,揽收派送比大于1,说明揽收量大于投递量,说明该地区经济活跃,经济辐射作用较强。

时,也给市场监管部门提出了新的任务,跨境快递业务量的增长要求监管部门加大对跨境寄递渠道的安全监管,保障跨境寄递渠道安全畅通。此外,监管部门还应当加强对快递企业各种增值业务特别是代收货款业务的监管,主动设置相应门槛,防止一些中小快递企业利用代收货款变相"融资",挪用代收货款进而造成企业资金断裂,给全行业带来风险隐患。

(三)快递市场监管改革与创新

改革开放四十年来,伴随我国快递业的从无到有、从小到大,我国快递市场监管也走过了一段在探索中不断前进的艰辛历程。快递市场监管改革和创新对我国快递市场监管实践产生了重要影响。监管部门应实现放松监管和加强监管的有机统一,实现市场力量和政府力量的动态平衡。从主要发达国家的历史经验来看,提高快递市场监管效能不能走极端,不能一味加强监管,也不能完全放松管制,而要实现二者的有机统一。一方面取消部分冗余的监管条款,特别是市场准入方面的一些不合理限制,引入市场竞争机制,加强激励性监管手段的运用,对监管政策工具进行改良;另一方面,在放松监管的同时,应当加强监管部门的权威性,对快递行业安全、快递服务质量等方面加大监管力度。

(四)快递行业组织发展水平

快递行业组织是在快递业及相关领域中从事活动的非官方组织,即民间社团组织。快递行业组织的成员主要来源于快递企业以及与快递业有关的单位和个人等。我国快递行业组织以综合性的各级快递协会为主,如中国快递协会。此外,也有部分专业性的组织,如中国物流企业家联合会等,他们都在快递行业自律中发挥着重要作用。

我国已经初步建立起政府监管、行业自律和社会监督三位一体的快递市场监管体制。尽管中国快递协会成立时间并不长,但是在发挥快递行业自律、协调与服务会员企业等方面已经做了大量工作。作为快递市场行业自律的主要载体,快递行业组织在今后的发展过程中应重点做好以下工作:①各级快递协会首先应该是广大快递企业利益的代表,站在整个快递业的立场,努力维护并设法增进会员企业的合理诉求;②在与政府部门的关系上,监管部门应当将本该交给快递协会的职能分离出来,行业协会也应当将属于政府监管部门的行政权力归还于政府;③在与市场的关系上,快递协会应当站在推动全行业发展的战略高度,协调成员企业的行动,保证行业内部的有序竞争。④快递行业组织应当逐步建立起完善的快递行业自律制度体系,包括会议制度、黑名单制度、行业自查制度、公开谴责制度、举报奖励制度、重大案件线索移交制度等。

延伸阅读

内部硬环境——我国主要快递企业科技实力概览

(一)邮政 EMS

中国邮政速递物流股份有限公司为了更好地支撑企业的改革与发展、创新与转型,组织开展了一批重点软科学研究项目,包括集团公司"十三五"发展规划研究与编制、邮政网路组织规划转型升级、投递网发展研究、企业文化行为识别系统建设、企业文化视觉识别系统建设等,为企业发展和领导决策提供了科学依据和有效支撑。2015年,国内首创自主研发双层包件分拣机并完成了19个处理中心分拣机配备及工艺流水化改造,流水化改造了3个处理中心的整体工艺,安排了36个处理中心小型工艺改造,加大了智能手持终端的投入,优化了网点布局。按照集团信息化规划和平台化建设思路,全方位推进信息化系统建设。ERP 项目财务模块在邮政、速递全面上线运行,稳步推进新一代寄递业务信息平台、CRM 系统、金融风险管控、运管平台工程、硬件资源池等全网重大重点信息化项目建设,打造了线上线下相结合的邮政综合便民服务平台。制定了邮政大数据战略规划和实施方案,清理维护各类数据信息 180 多万条,2014 年建成投产了可容纳 3 400 余个标准装机位的数据中心,实现了安全可靠、弹性扩展和绿色节能的建设目标,达到国标 A 级机房标准,为邮政大数据分析应用奠定基础。加强数据资源跨板块、跨专业、跨省的共享与分析应用,完成了三大板块一系列分析项目。2015 年共发布了集团标准和暂行规范 9 项,完成标准化研究成果 2 项,有力地支撑了财政部定额标准体系建设、邮政包裹快递业务改革、网运流水化改造和集团总分制改革等重点工作。

(二)顺丰速运

顺丰致力于构建"天网＋地网＋信息网"核心竞争力的智能物流公司,在科技创新方面走在了行业前列。顺丰 2016 年研发投入 5.6 亿,相对于 2015 年增长 16.32%,占营业收入比例 0.98%,相对于扣除后净利润 26.43 亿元,比例达 21.2%。顺丰共有研发人员 2 088 人,占自有员工总数的 1.68%。近三年,顺丰控股申报和获得的专利 523 项,软件著作权 200 多项。2016 年,顺丰航空自有货运飞机 36 架,外部包机 15 架。实际上,进入 2017 年后,顺丰又新添 2 架飞机,自有货机达到 38 架以上,占整个快递行业货机总数一半以上。未来三年内,顺丰控股自有机队规模预计达到 50 架,打造以 767、757、737 三种型号全货机机队为主的空中运力。

顺丰重视对信息系统投入和建设,致力于信息系统的优化,持续加强信息系统基础架构建设,积极研发和引进具有高科技含量的信息技术与系统。2016 年,公司研发投入 5.6 亿,主要开发项目为各类营运管理系统、SAP 财务系统及决策支持系统,旨在通过打造简洁高效的业务流程,提升业务时效和资源效能,降低公司运营成本,提升集中管控能力;打通人、财、物的一体化管理,提升集中管控能力;建立统一的、多方位的、基于大数据分析的决策支持平台,为企业战略决策提供高质量的数据挖掘和支撑能力。顺丰立足自有物流数据与合作伙伴提供的社交媒体和电商等外部数据,通过云计算和大数据分析预测终端消费者需求,为客户提供数据增值服务。另外,顺丰通过现代化地网(包括收派资源平台、智能柜等)、智能云仓和自动化输送体系为现代制造业、零售业等企业提供精准的端到端物流服务。顺丰是最早提出和布局物流领域无人机应用的公司,2013 年顺丰控股已开始测试无人机送递包裹。顺丰年报披露:截至 2017 年 2 月,顺丰控股申报和获得在无人机领域专利数量达 111 项,包括发明专利 51 项,实用新型 54 项以及外观专利 6 项。

(三)圆通速递

圆通自 2009 年起持续投入大量资金开发拥有自主知识产权的快递服务运营系统——"金刚系统",并具备独立开发及升级能力,保证系统功能与公司业务发展要求高度匹配,极大地提高了企业信息化水平,有效提升了内部管理效率和客户服务质量,为公司不断拓展境内外业务奠定了基础。目前,公司已形成了包括"金刚系统""罗汉系统""行者系统""管理驾驶舱系统""GPS 车辆监控系统""GIS 辅助分拣系统"等在内的行业领先互联网信息技术平台,贯穿揽收、中转、派送、客服等全业务流程以及财务结算、人力资源等日常管理的各方面,基本实现了对快件流转全生命周期的信息监控、跟踪及资源调度,促进了快递网络的不断优化和服务质量的稳步提升,奠定了客户服务满意度的领先地位。

截至 2016 年底,圆通拥有一支 437 人的信息基础研发团队,开展行业前瞻信息技术、大数据技术、创新产品、工艺设备、环保包装物料等方面的研发。圆通自2014年率先研发使用圆通电子面单以来,又于2016年率先研发推出隐形面单及承接物流信息互通共享技术及应用国家工程实验室,引领行业创新发展趋势。

2016年,圆通申请参与国家发展改革委组织的国家"互联网＋"领域创新能力建设专题项目,并获批开展组建物流信息互通共享技术及应用国家工程实验室,为物流行业目前唯一一个获批建设的国家工程实验室。圆通作为承建单位起到了引领行业向智能化和智慧化迈进的带头作用。该国家工程实验室主要目的为构建物流信息互通共享架构体系,以政府引导、企业为主、开放共享的思路,打造新兴科技成果在物流行业创新应用的孵化器、加速器和倍增器。圆通将紧密围绕物流信息互通共享技术及应用发展的需求,开展相关产业关键技术攻关、重要技术标准研究制订,集聚、培养产业急需的技术创新人才。

(四)京东物流

2016年,京东在技术上投入占净收入的2.1%,约为8亿美元。2017年4月25日,京东物流宣布独立运营,组建京东物流子集团。京东物流隶属于京东集团,以打造客户体验最优的物流履约平台为使命,通过开放、智能的战略举措促进消费方式转变和社会供应链效率的提升,将物流、商流、资金流和信息流有机结合,实现与客户的互信共赢。京东物流通过布局全国的自建仓配物流网络,为商家提供一体化的物流解决方案,实现库存共享及订单集成处理,可提供仓配一体、快递、冷链、大件、物流云等多种服务。

2017年5月,西安航天基地与京东集团签订了京东全球物流总部、京东无人系统产业中心、京东云运营中心合作协议。根据协议,五年内京东计划投资205亿元与西安航天基地展开深入合作,在智慧供应链领域进行全方位、系统性布局,发挥双方优势联合开展"334"工程,即建设"3个总部,3个平台,4大产业",包括构建京东集团全球物流总部、全域无人系统产业总部、京东云陕西大数据运营总部;建立融合智慧物流平台、飞行运管平台、大数据运营三大平台;打造智能制造、智慧物流、云计算、特色小镇四大产业。

2017年8月1日,京东物流昆山无人分拣中心落成,这是全球首个运营中的全程无人分拣中心。快递业相关专家表示,在下游快递企业无人分拣需求日益扩大的形势下,相关上市公司纷纷加码在智能自动分拣设备设计、制造方面的布局。半自动化分拣机的效率是人工的3倍以上,全自动化分拣机的效率是人工分拣的6倍以上。伴随淘宝、京东等线上平台的崛起,带动了我国物流快递行业的快速发展,智能化管理是未来的发展趋势,而智能化分拣系统作为智能物流中一个重要环节,其设备升级所带来的市场前景十分广阔。

四、内部软环境要素分析

(一)快递市场监管制度建设

广义上的快递市场监管制度指的是对快递业监督和管理的全部制度安排或规则的集合。快递市场监管制度是在快递业发展到一定程度,基于消费者合法权益、规范快递企业行为、保障行业运行安全、维护快递市场公平竞争等因素而逐步建立起来的,它不仅包括立法部门通过的法律法规,还包括监管部门出台的各项部门规章、行业标准以及其他规范性文件。快递市场监管目标、市场监管主客体、市场监管内容、市场监管手段等四项内容共同构成了快递市场监管制度体系。任何监管都离不开制度的保障,监管制度的完善与否直接影响市场监管的效果。

快递市场监管目标决定了快递市场监管工作的具体设计和实施。不同国家和地区的快递市场监管目标会有不同的侧重点。我国快递市场监管的根本目标是纠正快递市场中存在的市场失灵,促进快递行业健康有序发展,使其更好地服务社会、改善民生、推动经济发展。这一根本目标可以分解为三个方面,一是保障快递行业的安全运行,二是实现快递市场的有序竞争,三是促进快递市场的公平公正。

快递市场监管主客体是市场监管实践的主要参与者。广义的快递市场监管主体包括国家监管主体、行业监管主体和社会监管主体,狭义的监管主体则主要是指邮政管理部门。在我国快递市场中,国家监管主体主要是指国家邮政局及其他各级邮政管理部门,我国立法机关、司法机关和其他有关行政部门也是国家监管主体的重要组成部分。行业监管主体是指各级快递协会,它们发挥着政府监管所不具备的横向和纵向协调功能。横向协调功能主要是指协调各快递企业之间的公平竞争,维护市场秩序;纵向协调功能是指代表快递企业向监管部门反馈行业信息和企业诉求,为监管部门制定政策提供必要参考和协助。社会监管主体主要是指消费者、各类消费者权益组织以及媒体等社会力量,社会监管主体对快递企业行为起到社会监督的作用,但没有实际管理的功能。我国快递市场的监管客体包括各类经营快递业务的企业和广大消费者,《中华人民共和国邮政法》等相关法律法规均对监管客体的权利和义务作出了规定,并对监管客体违反法律法规应当承担的法律责任做了说明。

我国快递市场的监管内容包括两大部分:一是经济性监管,包括价格监管和市场准入监管等;二是社会性监管,主要包括快递市场安全监管、快递服务质量监管以及其他由快递业产生的负外部性的监管等。

快递市场监管手段根据不同属性可以划分为不同类型,传统上可以将其分为法律手段、行政手段和经济手段三种。法律手段是指通过快递业法律法规和其他规范性文件对各监管客体进行的监管。行政手段是指政府监管部门通过各类指示、行政命令、规定等形式对快递企业的强制干预,行政手段包括对快递企业的现场和非现场检查,进入涉嫌违法行为发生的场所调查取证,查询单位和个人账户,对违法违规经营的快递企业进行整顿、教育等。经济手段则是指政府通过财政、税收、信贷等经济杠杆对行业发展进行的主动干预。

(二) 快递市场监管人才队伍及组织机构设置

我国快递业的迅猛发展与快递市场监管力量的相对不足形成鲜明对比。快递市场监管需要科学合理的机构设置,也需要建设一支专业人才队伍,尤其是既懂业务又懂监管、既懂专业知识又有一定实战经验的高素质人才。

监管人才队伍建设包括充实和培养两个方面。"人才充实"是指从基层监管部门选拔、从行业内外引进以及对关键岗位进行培养,包括对监管领导班子队伍、监管后备干部队伍以及监管专业技术干部队伍三方面的人才充实。"人才培养"是指根据快递市场监管实践和发展的需要,积极通过各种渠道培养具有专业背景和技能的快递市场管理人才,要立足长远,利用大专院校和科研院所等平台为监管部门培养输送优秀人才资源。

快递市场监管部门及其派出机构的设置,构成了快递市场人才队伍的工作平台,影响着快递市场监管工作的质量和效率。目前,除港澳台地区外,我国在其余31个省级行政区域内均设置了省级邮政管理局,各省、自治区、直辖市下辖的地级行政单位也设立了相应的邮政管理局。2014年,我国率先在义乌成立了县级邮政管理机构,并在全国进行推广,目前,完善省以下邮政管理机构配置的工作正在稳步推进。

总体来看,我国在快递市场监管机构设置和人才队伍建设方面还存在一些不足,诸如监管力量总体薄弱、机构设置未贴近基层、监管部门之间协调配合较差等问题。解决上述问题需要加快推进省以下快递市场监管机构和人才队伍建设,针对当前基层监管部门专业人员少、监管力量不足、机构设置简单,无法满足向下延伸监管等问题出台可行方案,进一步完善县一级邮政管理机构的实际功能,壮大快递市场监管队伍。

(三) 快递行业服务水平

快递行业服务质量的好坏会影响快递行业的声誉,进而对快递业可持续发展产生重要影响,它是快递市场监管软环境的重要组成部分。快递业服务包括两个方面:一是快递市场监管部门提供的服务,二是快递企业提供给消费者的服务。这两类服务相辅相成、互相作用。

随着我国各领域"政企分开""政监分开"改革步伐的加快,快递市场监管部门的定位也愈加清晰,即监管部门是"裁判员",而不是"教练员"和"运动员",政府监管部门工作的宗旨是维护公平正义,保护消费者合法权益,而不是充当快递企业或其他某一方的保护伞。快递市场监管部门对消费者合法权益的保护主要通过一定的服务手段和措施来实现,如建立并畅通消费者申诉渠道,完善对申诉的处理机制等。从快递企业的角度看,我国快递企业提供的服务还存在一些不足,表现在快件的延误、损坏、丢失、赔偿难、售后服务差、快递员服务态度恶劣等方面。针对这些突出问题,监管部门应当站在推动行业高质量发展的高度,以保护消费者权益为出发点和落脚点,督促并帮助快递企业改进服务质量,提高消费者满意度。

(四) 快递行业文化

任何行业的健康发展需要有明确的核心价值体系,从而构建起鲜明的行业文化。快递行业文化,就是快递业的核心价值观,它是快递业长期发展的根本和灵魂,决定着快递业的发展方向。快递行业文化包括行业监管文化和快递企业文化两个方面。

快递行业监管文化是在监管实践中形成的宝贵财富,对于提高快递市场监管有效性具有重要作用。快递监管文化既包括法律法规、监管政策、监管方法与艺术、监管组织体系等显性制度化形态,也包括在监管实践中不断形成并积累的监管思想理论、监管意识、监管心理习惯等内在观念形态,前者构成了监管文化的表层,后者则决定了监管文化的深层结构。快递企业文化则是指快递企业共同的价值追求、思维方式和行为准则的总和。快递企业作为企业文化的载体,应当以快递行业核心价值观为指导,建立富有本企业特色的、贴近实际的企业文化,并将企业文化落实到日常经营活动中,使企业文化深深植根于每一位快递从业人员心中,防止企业文化变成无意义的形式和空洞口号。

近年来,我国快递市场监管部门不断加大行业文化建设和宣传力度,开展了多项活动促进行业文化的形成和固化。例如,2015年3月,国家邮政局组织开展"诚信快递,你我同行"为主题的宣传活动,向广大快递企业、消费者以及监管人员宣传诚信快递的重要意义,促进其成为行业的核心价值理念。此外,各大快递企业也纷纷探索建立自己的企业文化。例如,邮政EMS提出了"珍惜每一刻,用心每一步"的企业文化,顺丰速递建立起了包括愿景、核心价值观以及诚信基本准则在内的企业文化理念。快递行业文化建设的不断丰富将有力促进快递市场监管环境的改善,推动行业健康发展。

第三节 快递市场监管环境的优化

快递市场监管环境是一个动态、复杂的系统,涉及诸多因素。因此,全面把握其发展变化的规律绝非易事,特别是在当前我国快递市场监管环境复杂多变的形势下,各种问题和矛盾叠加出现,无形中增加了监管难度。面对这样复杂的局面,监管部门需要运用系统化思维,统筹分析监管环境各要素变化的特点,及时调整快递市场监管策略,以实现监管环境与监管实践的动态平衡,推动我国快递市场监管环境各要素的持续优化。

一、应对经济全球化带来的挑战

随着经济全球化程度的不断加深,外部环境在给快递业带来巨大发展机遇的同时也为快递市场监管带来了诸多挑战。

(1) 全球经济形势的变动给快递市场监管带来的风险将更加隐蔽、复杂和难以控制

2008年,全球经济危机让世界各国猝不及防,由于监管机构并未及时预料到风险的来临,使包括快递业在内的诸多行业受到了危机的影响,行业增速明显放缓。因此,对于这种由外部经济形势变化给国内快递市场监管环境带来的冲击,监管部门应提高认识,增强警惕性。一方面要加强逆周期监管的研究,在全球经济发展较快时适当调整快递业发展增速,在全球经济形势不景气时则大力推动快递业发展,让行业运行始终保持平稳向好态势,避免大起大落;另一方面应当加强风险防控,督促快递企业建立并完善企业治理结构,增强抵御系统性经济风险的能力。

(2) 外资快递企业全面进入中国给快递市场监管带来的挑战

经济全球化促使我国向外资企业全面开放国内包裹寄递市场。外资快递企业进入中国会给我国本土快递企业带来一定的竞争压力,尽管本土快递企业在服务价格、服务网络以及客户数量上比外资企业有优势,但大型外资快递企业先进的技术手段和信息化水平、优质的服务、高水平的企业管理模式以及高素质的人才队伍等都是国内快递企业短期内无法超越的。从长远来看,外资快递企业涌入中国并拓宽服务范围必然会对我国本土快递企业带来一定冲击。作为监管部门,一方面应当积极鼓励国内快递企业加快转型升级,加大监管力度推动其在硬件设施、服务质量以及企业经营管理水平上做出实质性改革;另一方面也要防止外资快递企业进入我国快递市场后采取不正当竞争手段抢占市场份额。历史上,美国联邦快递在进入其他国家市场时,曾采用过先压低价格抢夺市场份额,等市场占有率足够高时再提升价格的不正当竞争手段。因此,监管部门应当加大监管力度,防止外资快递企业采用"价格战"等手段挤压国内快递企业的生存空间,为所有企业营造公平竞争的市场环境。

二、借鉴发达的先进经验

美国、欧盟和日本等发达国家和地区的快递业经过长期发展和不断改革,其市场监管体系相对成熟,它们的经验为我国快递市场监管提供了有益的参考和借鉴。综观世界主要发达经济体快递市场监管历程,不难得出国际快递市场监管的主要趋势,即加强快递市场安全监管和消费者权益保护等社会性监管,放松经济性监管,增强快递市场活力。我国应研究主要发达国家快递市场监管实践的各项经验,取长补短,为推动建立适合中国国情、高效顺畅的快递市场监管体制提供丰富的参考案例。

三、不断提升行业形象

良好的行业形象能促进消费者对快递业的认同感,同时还能激励快递企业诚信守法经营,提供高质量的快递服务。当前,我国快递业的行业形象同行业增速、行业规模间还存在不同

步、不匹配的问题,一些负面报道严重损害了快递业的行业形象,需要下大气力进行治理。一是要帮助企业树立诚信经营的理念,让诚信成为每一个快递企业的基因。"诚信"是快递业的根本准则,也是快递企业的立身之本,一定要将诚信经营理念深入人心,加大监管力度惩戒各种侵害消费者权益的失信行为。二是要建立健全快递业从业人员诚信档案,及时发现各种失信行为并采取相应惩戒措施。三是要加大宣传力度,重点宣传快递行业各种典型诚信事迹和案例,加大快递知识普及力度,提升社会各界对快递企业的认同感和满意度。四是要重点关注快递行业文化建设,动员监管部门、快递企业、快递从业人员以及消费者共同参与,将行业诚信文化的效应"外在化",通过文化的力量来塑造和提升行业形象。

延伸阅读

快递业诚信宣传专用标识

2016年3月11日,"诚信快递、你我同行"主题宣传活动座谈会在京召开。国家邮政局市场监管司、《中国邮政快递报》社和中国快递协会,邮政EMS、顺丰、圆通、申通、中通、韵达、百世、DHL、UPS等20家主要快递企业参加了会议。在会上,国家邮政局宣布正式启用快递业诚信宣传专用标识,以凝聚行业对诚信发展的共识,着力推动行业信用体系建设。该标识LOGO由图、文及线条构成,以一个简洁抽象的包裹作为基础,参考各大快递公司用色,采用稳重且独特的深蓝配色,两只手交叉相握融入包裹,既体现了快递从业者全力呵护、不负所托的服务承诺,也象征着从业者与消费者相互信任,共同营造诚信消费环境的美好诉求。据了解,2016年"3·15"期间,各快递企业将在网站、营业场所、车辆等地方运用该统一标识进行诚信宣传,并配合各级邮政管理部门进行现场宣传活动,提高消费者安全用邮、诚信用邮意识。

图5-3-1 快递业诚信宣传专用标识

四、重视消费者权益保护

当前,保护消费者合法权益是政府进行市场监管的主要目标。近年来,我国也在不断加大快递行业消费者权益保护工作的力度。在制度建设上已经出台了多部涉及消费者权益保护的法律法规,在组织体系上成立了国家邮政局消费者申诉处理中心专门负责消费者申诉处理和权益维护业务。作为快递市场监管环境的重要影响因子,消费者常常能够对我国快递市场监管决策的出台产生影响。因此,监管部门应当加快引导快递企业改革经营管理理念,通过高质量服务提高消费者满意度。为此,一是要建立畅通的快递服务申诉平台,理顺申诉流程,加强对快递企业投诉处理情况的考评和监督,保证消费者合理诉求都能得到满意解决;二是要开展消费者维权意识的宣传教育工作,提高消费者对合法权益的重视水平,促进消费者养成良好的消费意识和消费习惯;三是要建立起各方共同参与、齐抓共管的快递市场消费者权益保护机制,调动各方积极性,形成包括监管部门、行业协会、消费者权益保护组织、专家学者以及快递企业共同参与的合作网络。

五、发挥快递协会的自律作用

行业协会以全体成员的整体利益为目标,注重行业群益性,体现了民主原则。同时,行业协会实行进入和退出自愿的原则,加入的会员按照行业协会章程规范其行为,因而注重自治性。我国快递市场行业协会正处于发展的关键阶段,需要在体制机制、运行模式等方面不断改革创新,以实现高水平的行业自律。为此,一是要加强行业协会的制度建设,完善行业协会法规章程以及协会日常管理运作的规范性文件等;二是要进一步理顺快递协会与成员企业间的关系,各级快递协会代表了全体快递企业的共同利益,协会应从行业发展的高度维护广大会员的正当权益,还要规范协会内快递企业的行为,协调企业间关系;三是要完善行业协会的组织架构体系,各级快递协会应当设立自律公约和消费者权益保护部门,不断延伸快递协会的纵向组织体系。

第六章　我国快递市场监管实践与国外快递市场监管概述

纵观改革开放以来我国快递市场监管实践的历程,我国逐渐形成了具有自己特色的快递市场监管模式,建立起了较为完善的快递市场监管制度体系和组织体系。特别是近年来,由于快递业在国计民生中所发挥的独特作用,中央政府越来越重视快递行业发展和市场监管工作,国务院就促进快递业健康发展出台了指导意见,"快递"连续多年进入国务院《政府工作报告》。总体来看,我国在多年快递市场监管实践中积累了丰富的经验,及时总结和梳理这些宝贵经验对提升我国快递市场监管水平,推进快递业高质量发展具有积极作用。

第一节　我国快递市场监管取得的成绩

一、构建起了较为完善的快递市场监管体系

(一) 基本上搭建起了快递市场监管法律体系

作为监管体系的重要组成部分,完善的法律体系为快递市场监管实践提供了法律依据,是快递市场监管实践活动的法制基础。改革开放四十年,我国快递业从无到有、从小到大,快递市场监管法律体系也伴随行业的快速发展而得到不断丰富和完善。目前,我国快递市场监管的法律依据主要包括《中华人民共和国邮政法》《快递暂行条例》和《快递市场管理办法》。《邮政法》第四条规定:国务院邮政管理部门负责对全国的邮政普遍服务和邮政市场实施监督管理。省、自治区、直辖市邮政管理机构负责对本行政区域的邮政普遍服务和邮政市场实施监督管理。按照国务院规定设立的省级以下邮政管理机构负责对本辖区的邮政普遍服务和邮政市场实施监督管理。《快递市场管理办法》第六条规定:国务院邮政管理部门负责对全国快递市场实施监督管理。省、自治区、直辖市邮政管理机构负责对本行政区域的快递市场实施监督管理。按照国务院规定设立的省级以下邮政管理机构负责对本辖区的快递市场实施监督管理。通过对比以上法律法规可以看出,一方面,《中华人民共和国邮政法》作为由全国人大表决通过的正式法律,明确规定了快递市场的监管对象以及涉及各横向或纵向部门的原则性职能分工和工作程序,而《快递市场管理办法》作为部门性法规则主要规定了快递市场监管主要工作在监管部门的职能分工问题。另一方面,相比较于《邮政法》,部门规章不仅规定了快递市场监管的纵向体制框架和职能分工,而且还细化了相关组织、管理以及工作程序和内容等问题。

(二) 建立了较为完善的快递市场监管组织体系

从1979年,日本海外新闻普及株式会社(OCS)与中国对外贸易运输总公司签下第一份快件代理协议,到1985年全国第一家快递企业——中国邮政快递服务公司(EMS)的成立,我国快递业从无到有,快递市场监管部门及其职能也在探索中逐步完善。2007年,经过"政企分

开"改革后的国家邮政局下设的政策法规司和市场监管司等职能部门,承担快递市场中法规政策起草、市场准入、服务质量、行业安全等方面的监管工作。此外,国家邮政局直属的发展研究中心、职业技能鉴定指导中心以及消费者申诉处理中心等部门也承担了快递市场监管的部分职能。总体看来,我国快递市场监管的核心职能部门——国家邮政局及地方各级邮政管理部门的设立及其职能的不断完善,对快递市场监管工作的开展起到了有力的支撑作用。

二、快递市场全程监管初见成效

随着我国快递市场监管政策的逐步完善,从快递企业市场准入,到行业生产作业全过程安全监管,再到快递服务质量监管和消费者权益保护,快递市场监管的各方面均有了较为明确的法律依据,我国快递市场监管工作初见成效。

(一)快递市场准入管理得到规范

由于我国快递业发展速度迅猛,吸引大量民营企业涌入快递市场,客观上造成了快递企业"遍地开花"的现象。为了进一步规范我国快递市场经营秩序,保障快递企业能够按照有关法律和标准的要求经营快递业务,我国对快递企业实行了市场准入制度,并制定了相应的配套制度。交通运输部于2008年7月审议通过了《快递市场管理办法》,并于2012年12月审议通过了新的《快递市场管理办法》,该办法规定企业经营快递业务应向邮政管理部门提出申请,通过资质审核并颁发《快递经营业务许可证》后方能从事快递经营业务,办法还对获得快递经营资格的经营主体的业务范围、法律责任和义务、快递企业分支机构的设立、企业合并分立的备案、加盟企业应遵守的规定等内容进行了说明。此外,2009年9月颁布并于2015年6月修改的《快递业务经营许可管理办法》中对经营快递企业的审批条件和程序、许可证管理以及监督检查等都进行了详细规定。

在当前快递业高速发展的背景下,各地严格快递市场准入管理,对所有经营快递业务的企业主体进行资格审核对于促进行业健康发展具有重要意义。在《快递业务经营许可管理办法》颁布后的2010年,全国共收到快递业务经营许可申请11 430件,受理6 725件,依法颁发快递经营许可证的企业有5 883家。2011年,国家邮政局修订完善了《经营许可申请指南》,进一步规范许可公示、公告程序等,优化申请快递经营许可企业的受理和审核工作,截至2011年底,全国共审核通过6 405家快递企业的经营资质。2013年,国家邮政局开展了全面梳理邮政行政审批事项和部门职责的活动,下放和明确邮政管理部门层级职权,并对快递企业经营许可变更办理流程进行优化,首次建立了"绿色通道"制度,缩短许可变更办理时间,显著提升了行业准入管理的效率和质量。进入2015年,我国快递市场格局已基本形成,市场准入管理已经由如何解决快递企业的"进门问题"转变为如何优化快递市场许可管理。为此,2015年国家邮政局引发了《快递业务经营许可工作优化方案》,通过梳理权限、优化流程、缩短实现,进一步提高工作效率,为企业提供便利的服务。2015年全年共发放快递业务许可证4 053个,标准变更事项12 000箱,换发许可证4 689个,注销315个,快递市场准入管理的工作效率得到明显提升。2017年,国家邮政局稳步推进许可常态化工作,持续优化许可信息系统,率先实现全流程网上审批。全年共核准许可申请2 862件,处理变更事项38 912项,注销许可1 117件,各省级邮政管理局平均办理时限压缩为13.1个工作日,按时办结率达98.81%,企业办事更加便利。

(二)快递行业安全监管得到强化

行业安全是快递市场监管工作的重中之重,也是我国快递市场监管工作的一个难点。为了保障快递业安全生产,我国已经采取多项措施加强快递行业安全监管工作,取得了良好的成效,行业安全形势总体稳定。

(1) 出台多项法律法规,对快递企业安全生产和行业信息安全做出规定

2007年出台《禁寄物品指导目录及处理办法》,对禁止寄递的危险品及其处理做出明确规定;2011年2月颁布《邮政行业安全监督管理办法》,明确监管部门的主要职责和任务;2012年通过了《寄递渠道反恐怖工作标准》,推进寄递渠道反恐工作的标准化水平;2014年通过《寄递服务用户个人信息安全管理规定》,对保障寄递渠道用户信息安全工作进行全面部署;2016年5月,国家邮政局发布《快递安全生产操作规范》,对快递实名寄递做出规定。

(2) 不断开展寄递渠道安全管理专项行动,依法打击快递市场违法违规行为,保障寄递渠道安全畅通,维护人民生命财产安全

2011年,国家邮政局与国家安全生产监督管理总局(现应急管理部)建立工作联系,协助民航局做好航空货物运输安保专项政治工作;2012年,国家邮政局开展了寄递渠道"三非"治理工作,并与公安部、安全部、海关总署等部门加强配合共同打击利用寄递渠道传递非法出版物和非法宣传品等违法犯罪行为;2013年,国家邮政局与公安部等多部门相互配合,共同开展邮政行业禁毒、反恐和扫黄打非专项治理工作,并于当年4月赴云南就行业禁毒工作进行实地调研,指导邮政行业反恐重要目标联系点的工作;2015年,中央综治办等15部门决定,从2015年10月到2016年3月底,在全国范围内集中开展危爆物品、寄递物流清理整顿和矛盾纠纷排查化解专项行动。

(3) 积极采取措施保障重大活动的邮路安全

2010年,国家邮政局和相关地方邮政管理部门就上海世博会、广州亚运会和亚残会等大型活动的举办成立了邮政服务和邮路安保工作领导小组,印发了安全保障工作方案,召开了工作会议,并组织开展了专项安全生产检查和隐患排查治理,加强与相关部门合作,指导跨地企业建立邮路安全责任制,完善安保预案,加强安全防范工作,对快件做到了100%收寄验视,确保了活动期间邮路安全畅通,为活动的安全保障工作做出了重大贡献。2015年,针对中国人民抗日战争暨世界反法西斯战争胜利70周年纪念活动,全国各级邮政管理部门严格督促落实进京邮件快件100%收寄验视、100%实名寄递和100%过机安检,在进京邮件快件高达2 828万件的情况下,全行业未发生一起重大安全责任事故,为纪念活动的圆满完成做出了重要贡献。

(4) 不断完善快递行业应对突发事件的机制,提高快递业应对突发事件的能力

2011年,我国邮政管理部门妥善处置了"1·15"贵港申通快件爆炸事故和"3·24"漳州韵达车辆自燃事故等行业突发事件,并在全行业内开展了安全生产教育活动。2012年,国家邮政局开启《国家邮政业突发事件应急预案》修订工作,依法果断处置了广州顺丰速运快件爆炸和云南申通临沧公司特大交通事故等突发事件,并对社会各界及时进行通报回复,维护了行业正常秩序。2013年,面对四川芦山"4·20"强烈地震,国家邮政局在地震发生第一时间迅速启动应急响应机制,各快递企业纷纷响应,通过共同努力圆满完成了快递业抗震救灾工作。

(三) 消费者合法权益得到维护

提高行业服务水平,保障消费者享受到高质量的快递服务是我国快递市场监管工作的主要目标之一。随着快递行业服务范围的不断扩大,业务种类和业务量的增加,社会各界对快递行业服务质量以及用户合法权益维护等议题的关注度不断上升。近年来,我国邮政管理部门积极探索快递服务质量监管的新路子,采取多种措施维护用户合法权益。

(1) 不断完善快递服务评价体系,加强快递企业服务质量测评

目前,我国已经建立起了以"公众满意度、时限准时率、用户申诉率"为核心指标的快递服务评价体系。近年来,邮政监管部门委托社会中介机构开展快递服务满意度调查和跨地服务时限测试工作,不断扩大调查范围、增加样本量,并及时向社会通报相关信息,取得了较好的社会反响。

> **延伸阅读**
>
> **国家邮政局关于"2017年快递服务满意度调查结果"的通告**[①]
>
> 为持续改进快递服务质量,促进快递业健康有序发展,国家邮政局委托专业第三方于2017年对快递服务满意度进行了调查。现将有关情况通告如下。
>
> 一、基本情况
>
> 2017年的快递服务满意度调查范围覆盖50个城市,包括全部省会城市、直辖市以及19个快递业务量较大的重点城市,具体为北京、天津、上海、重庆、杭州、太原、南昌、郑州、兰州、昆明、济南、南京、石家庄、福州、乌鲁木齐、西宁、长春、海口、合肥、拉萨、银川、长沙、贵阳、哈尔滨、成都、呼和浩特、武汉、南宁、广州、西安、沈阳、深圳、东莞、中山、揭阳、金华、温州、宁波、苏州、无锡、厦门、泉州、青岛、大连、洛阳、芜湖、株洲、遵义、宝鸡和桂林。
>
> 测试对象为2016年国内快递业务总量排名靠前且服务水平较好的10家全网型快递服务品牌,包括邮政EMS、顺丰速运、圆通速递、中通快递、申通快递、韵达速运、百世快递、天天快递、宅急送快运和快捷快递。
>
> 调查由2017年使用过快递服务的用户对受理、揽收、投递和售后4个快递服务环节及16项基本指标进行满意度评价,通过计算机辅助电话访问和在线调查等方式,共获得有效样本85 501个。
>
> 二、调查结果
>
> 调查显示,用户对于快递业的服务总体满意度略有下降,公众满意度保持上升势头。2017年,快递服务总体满意度得分为75.7分,较2016年下降0.1分;其中,公众满意度得分为80.8分,上升0.3分,快递服务的公众评价向好;时测满意度得分为70.7分,下降0.4分,快递时效水平4年来首次下降。
>
> 快递企业总体满意度排名和得分依次为:顺丰速运(83.4分)、邮政EMS(79.9分)、中通快递(76.8分)、韵达快递(76.5分)、圆通速递(75.0分)、申通快递(74.1分)、百世快递(74.0分)、宅急送快运(71.9分)、天天快递(70.9分)和快捷快递(67.3分)。其中,韵达快递和百世快递总体满意度上升较为明显。
>
> 公众满意度方面,在涉及评价的4项二级指标中,受理环节满意度得分为84.6分,较2016年上升1.4分;揽收环节满意度得分为84.4分,较2016年上升1.2分;投递环节满意度得分为81.1分,较2016年下降0.1分;售后环节满意度得分为75.4分,与2016年持平。
>
> 在涉及评价的16项三级指标中,用户满意度较高的指标是:揽收员服务、普通电话受理、查询服务、揽收质量、上门时限、网络下单、送达质量和派件员服务。满意度有所上升的指标

[①] 国家邮政局网站.国家邮政局关于2017年快递服务满意度调查结果的通告[EB/OL]. http://xxgk.spb.gov.cn/extranet/detail.html? yc_id=b0ef4022-e24d-4126-aed1-63d5b515dc54,2018-01-23/2018-02-12.

是：签收信息反馈、网络下单、快递费用、上门时限和普通电话受理。满意度有所降低的指标是投诉服务。

在受理环节，普通电话受理、统一客服受理、网络下单满意度得分分别为86.7分、82.8分、83.9分，与2016年相比均有改善。各快递企业在普通电话受理服务方面差异较小，服务均达到较高水平；各快递企业在统一客服受理方面差异较大；网络受理作为一种新型受理方式得到用户认可，但仍有进一步提升空间。在受理环节表现较好的企业有：顺丰速运、中通快递和韵达快递。

在揽收环节，上门时限和快递费用满意度得分分别为84.2分、82.4分，较2016年有所上升；揽收质量和揽收员服务满意度分别为85.8分、87.6分，较2016年略有上升；在揽收环节，各企业服务差异较小，大多数企业均有上升。

在投递环节，签收信息反馈满意度得分为79.6分，较2016年上升2.4分，进步明显；时限感知、送达质量、送达范围感知以及派件员服务满意度得分分别为78.2分、83.3分、79.0分、83.1分。投递环节表现较好的企业有：顺丰速运、中通快递和邮政EMS。

在售后环节，查询服务表现最好，满意度得分为86.5分，相较2016年上升0.4分；投诉服务满意度得分较低，为50.3分，较2016年下降1.1分。售后环节表现较好的企业有：顺丰速运、韵达快递和中通快递。

在不同区域中，我国中部地区服务表现最好，中、西部得分继续上升，表明"快递向西、向下"成效继续显现。大区方面，东北地区满意度得分较高，西北、华中地区上升明显。用户对城市寄往农村或偏远地区快递服务的满意度得分为74.7分，较2016年上升0.4分。2017年快递公众满意度得分居前15位的城市是：长春、洛阳、哈尔滨、石家庄、大连、郑州、沈阳、青岛、济南、太原、长沙、宝鸡、兰州、西宁和北京。

2017年度调查中，还对部分与快递服务紧密相关的事项进行了抽样调查。

从下单方式来看，用户对网络化的新型下单方式给予肯定，其中网络平台使用的满意度得分为82.8分，较2016年上升1.9分；在手机客户端使用方面，用户的满意度为85.0分，较2016年上升2.6分。

对于快递价格问题，用户逐渐趋于理性。81%的用户可以接受快递涨价，其中55.4%的用户认为物价上涨快递价格理应上涨，48.4%的用户接受快递涨价是因为其能在一定程度上维持快递网点人员的稳定性，43.3%的用户因快递员生活状况需要改善接受涨价。

调查还显示，快递企业在特殊时段的应对能力不断增强。2017年，用户春节月使用快递的公众满意度得分为77.3分，较2016年上升0.4分。其中，57.6%的用户认为春节期间可以放假，但要保证适当的运营比例。"双11"期间，五成以上的用户认为快递时效跟平时差不多或比平时快。

(2) 不断开展寄递领域维权专项行动，查处并打击快递企业侵害消费者合法权益的行为

2011年，针对当时快递市场违法违规经营为和用户反映的突出问题，国家邮政局组织实施了"规范市场秩序、维护用户权益"的专项执法检查活动，严肃查处了快递领域的违法违规行为，推动快递市场常态化管理。各地方邮政管理部门根据国家邮政局的要求，重点解决了快件积压、丢失损毁和用户赔偿等社会关注的热点问题，规范整治严重损害用户合法权益的各类行为49件次。2012年，全国各级邮政管理部门加大了快递服务专项整治行动的力度，全年共开展快递服务质量专项检查10 907次，设计单位5 436个，出检30 693人次，纠正和查处违法违

规行为1 265件,下达整改通知522份,下达行政处罚决定258份。这些专项行动的开展对于推动全国快递企业服务质量好转和提高快递企业依法依标服务的意识具有重要作用。

(3) 完善消费者申诉平台建设

快递服务申诉平台以及申诉处理机制的出现不仅为消费者维护自身合法权益提供了一种新的途径,同时也为快递企业查找自身问题提供了一面镜子。自推出消费者申诉机制以来,我国邮政管理部门不断改进申诉处理工作方法,提高消费者申诉的处理质量。在2013年,升级改造了消费者申诉处理系统和申诉电话系统,加大申诉投入,并建立起了申诉监督机制。国家邮政局消费者申诉处理中心会定期向主要快递企业提供季度申诉情况报告,引导企业不断改善服务质量。2014年,国家邮政局还开通了消费者微信申诉平台,拓宽申诉渠道。2015年,着力加强快递市场申诉处理机制建设,研究出台了《邮政业消费者申诉处理考核办法》和《寄递企业申诉处理考核办法》,及时将消费者申诉情况向社会和企业公开,加强申诉工作与市场监管工作的衔接联动,充分发挥申诉"晴雨表"的作用。仅2015年消费者申诉处理满意率就达到了97%,为消费者挽回经济损失达3 320.7万元。

第二节 我国快递市场监管存在的问题

监管部门在快递市场监管实践中出现的各种问题是"政府失灵"的典型表现。政府并不是万能的,并不是有了政府的监管,快递市场中的各种市场失灵问题就可以完全解决。这不仅与快递行业本身的特殊性有关,也与快递市场监管成本约束和信息约束有关。在具体的监管实践中,监管制度的供给不足可能导致监管不完全、不得力,政府作为代理人的行为或部门的利益偏好可能导致监管行为的扭曲,监管部门作为公权力的拥有者也使寻租等腐败行为的出现成为可能。上述问题都容易导致快递市场监管出现监管缺位、监管越位或过度监管等问题。因此,在加强快递市场监管、防范市场失灵的同时,也要高度重视并着力解决监管失灵问题。

一、监管法律依据方面的问题

快递市场监管法律依据是快递市场监管的基本制度安排。一个好的制度设计不一定会产生好的监管效果,因为法律的执行还需要良好的实施环境,但一个存在缺陷甚至是漏洞的制度设计必然不会产生好的监管绩效。当前,我国快递市场监管法律依据还存在诸如"供给不足与过度供给并存、法律法规可操作性差、法律依据问责性不强"等问题,具体内容可参考本书第三章。

思考与讨论

快递行业到底需要一部什么样的法律?

随着电子商务的迅猛发展,快递行业火速崛起。但据有关数据显示,针对快递的投诉每年递增一倍多。有人建议针对快递行业出台专门的法律法规,以保障该行业健康有序发展。社会各界都呼吁加快快递行业立法,当前关于快递市场的法律法规数量并不少,但是快递市场中依然存在诸多乱象,那么快递市场仅仅就是要加强立法吗?我们的快递行业到底需要一部什么样的法律?

观点一:立法固然重要,但构建维权体系更为必要有专家认为,将快递行业健康有序发展寄希望于单独立法,反映了法治理念深入民心,但就现状而言,构建维权体系更为必要。

首先,快递行业并非立法空白。于2013年3月1日施行的《快递市场管理办法》作为交通运输部制定的部门规章,对快递市场具有针对性和规范力,短期内再单独立法不免重复,也可能因朝令夕改而有损法律明确性。其次,相关法律和规范能够进行有效弥补。针对电子商务发生的侵权,新修订的消费者权益保护法对网络消费已经进行有效涵盖;2012年制定了快递服务的国家标准,而日益完善的物流行业规范也对相关国家标准进行了有益补充。此外,侵权责任法、民法通则等也能够对快递行业的民事侵权行为进行责任兜底。由此,无论从立法的周延性角度考虑还是从现实依托的基础考量,对快递行业进行单独立法目前暂无必要。

较立法更为重要的是,对快递行业的维权体系进行构建。第一层次应构建快递公司自身对消费者投诉的有效解决机制,对于快递运输过程中出现的争议应及时解决,需要建立责任认定、责任划分甚至先行赔付的机制,让争端能够在第一时间解决。第二层次需要建立电子商务平台和快递公司之间的连带责任认定规则,防止二者在消费者投诉后互相"踢皮球",使消费者合法权益无法得到保障。第三层次在于落实相应的监管责任。依据《快递市场管理办法》,邮政管理部门负责对全国快递市场实施监督管理,然而邮政管理部门渐弱的履职状况,让该管理办法中的很多条款难以落地,消费者寻求于邮政管理部门的也少之又少。要强化这种监管,不仅需要督促邮政管理部门积极主动解决相应申诉问题,同时也需要引入消费者协会等部门作为监管主体,多方面对快递行业实施有效监管。

观点二:应当为快递行业出台服务型法规

中华全国律师协会会员王金勇认为,我国目前可以用来保障消费者合法权益的法律法规不少,如《民法通则》《合同法》《消费者权益保护法》《侵权责任法》及有关交通运输方面的法律法规,都或多或少为快递行业消费者维护自身权益提供一定的制度性支撑。

然而,这些法律法规具体应用到快递行业,不是针对性不强,就是规定模糊、过于原则,无法完全适应快递行业迅猛发展的势头,不能充分体现侵害消费者合法权益的种种现象与特性,因此,亟须制定一部统一规范的快递行业法律。

值得指出的是,保护快递行业消费者合法权益充满立法正当性,但也仅仅是快递行业立法内容的一个组成部分,不是全部也不应是全部。作为仅次于《中华人民共和国邮政法》的《快递条例》,既应当是一部可高效有力保护快递行业消费者各项权益的行政法规,更应当成为引领、规范、保障快递行业良好有序发展的促进型法规与服务型法规。

王金勇认为,应当将立法重点放在促进快递行业规范发展上来,坚持促进发展、鼓励竞争、规范管理、加强监管的原则,明确快递行业的法定市场地位与发展权益,努力消除、摒弃一切阻碍快递行业发展的体制性、制度性歧视与障碍,极大激发快递企业的内生发展动力,促进形成公平合理的竞争秩序。为此,快递行业立法须广泛充分吸纳快递企业、消费者及其他利益相关主体的意见建议,做到民主立法、科学立法。

思考与讨论:上述两类观点,你更同意哪一个?为什么?

二、监管权力方面的问题

监管权力存在的问题主要表现为监管权力在政府职能中的定位模糊。市场经济条件下,政府干预经济可以通过宏观调控、微观监管以及资产管理这三种途径来实现。但在监管实践中,法律本身对于监管权力、宏观调控以及资产管理权力的界定并不清晰统一。在我国快递市场,作为行业主管部门的国家邮政局身兼政策制定、市场监管和资产管理等多项职能于一身,而像国家发展和改革委员会、国家市场监督管理总局则兼有部分监管职能(如价格管制、市场准入管理等),这就容易引起不同政府职能在执行过程中的随意交叉、错位以及监管权力配置的分散,进而影响监管绩效。

三、监管能力方面的问题

监管能力是提高快递市场监管有效性的关键因素。当前,我国邮政管理部门在监管能力上存在的问题主要表现在监管手段单一落后,创新不足。在快递业,除了依法行政、加强对市场的检查执法外,战略、规划、政策和标准的应用仍需加强。部分地区重审批、轻监管,处置能力不强,监管效果不佳。大量基层监管机构刚刚组建,存在着执法不严、监管水平不高等问题。多部门联合监管机制有待完善,监管政策的适用性和落地效率还需要进一步提升。此外,市场准入监管仍需加大简政放权力度。

思考与讨论

谁来监管快递员?

"夺命快递"事件后,国家邮政局宣布在全国范围内开展收寄验视专项检查,并于2014年1月6—12日,派出三个工作组,远赴江苏等6个省(区)就开展"落实收寄验视制度专项整治活动"进行督导检查。在检查中发现,个别企业落实收寄验视制度仍存在盲区和死角,快递员工收寄验视不认真、走过场,甚至收寄不验视情况依然存在。"出现这种情况并不意外。"某快递公司北京分公司负责人薛经理认为,"落实快递验视制度,还必须强化对快递员的管理,提高快递员的风险意识和安全意识,毕竟一系列行业规范、政策都需要他们来落实。"

然而,目前国家对快递行业的监管,大多数都是在企业层面上;对快递员的管理,更多是企业行为和快递员的自律。千里之堤,毁于蚁穴。近几年来,快递安全事件频发,与快递从业人员入职门槛低,对违规(法)的从业人员,缺乏严厉的、系统化的惩处措施不无关系。因此,保障快递寄递渠道安全,强化对快递从业人员的管理刻不容缓。

流动性大　稳定性差

天猫在2014年春节前公布了其春节期间发货的最后时限:除特殊商品外,商家须在2月14日24:00前发货,家具建材大件类商品在2月28日24:00前完成发货。1月23日—2月11日期间付款的订单,确认收货时间延长至20天。发货时间的公布,意味着春节期间天猫的发货速度将大幅延迟。

网店延迟发货,是因为随着马年春节的临近,快递公司陆续转入"春节模式"。对此,某快递企业北京公司的负责人薛经理也很无奈,一般来说,春节期间业务量大幅"跳水",大约是平时业务量的20%~30%,但运营成本不降反升。"更让企业头疼的是,大量快递员的返乡。毕竟,巧妇难为无米之炊啊!元旦之后,离职快递员的比例就在不断攀升,目前已经超过了30%。到过年时,能留下一半就不错了。"

陈路就是选择了在春节前辞职的一名快递员。陈路说,辞职时,老板曾许诺如果春节期间坚守岗位,不仅按照国家规定给予三倍工资,还能增加取派件提成,并在春节后安排调休,但是被他婉言拒绝了。"辛苦一年了,该好好放松一下了!"而让陈路坚定辞职的另一个原因是,他有快递从业经验,而且手中掌握了一定的客户资源,"春节过后,不愁找不到工作。"

其实,这样的快递员数不胜数。而这也是中国快递行业的真实现状,快递企业一线员工流失率高。一些快递员属于农村进城务工人员,会随着农忙和春节等期间而像候鸟般流动。

据某知名生活服务网站发布的一项调查报告显示,快递员依然是未来最抢手的蓝领职位,原因有三:经验要求低、学历要求低、人数需求量大。该调查显示,94.4%的快递员职位都无经验要求,仅有5.6%的快递员职位要求有1年以上的工作经验,但要求工作经验的职位都是快递公司管理岗职位。而在学历方面,有91.6%的快递员职位都无要求,仅有8.4%的快递员职位要求高中以上学历。不难看出快递从业者大都是低学历人群,而高学历者主要在公司从事统筹分配等管理性工作。

然而,2009年9月,国家邮政局审议通过了《快递业务员职业技能鉴定办法(试行)》。按照《邮政法》和《快递业务经营许可办法》规定,企业要获得快递经营许可,获得职业资格证书的从业人员要达到40%以上。显然,上述调查结果表明,目前大多数快递企业的招聘门槛大大低于国家规定。

管理失范　放大风险

快递员入职门槛低,虽然说促进了快递业的发展,但同时增加了快递安全隐患。国家邮政局的统计数据显示,2013年11月,受理消费者关于邮政服务问题的有效申诉268件,环比增长11.2%,同比增长32%。有分析认为,快递行业这种成长中的烦恼,或许与快递从业者管理缺位不无关系。

"快递公司总部和直营网点还是能够按照相关规定,严把用人关的。"但是薛经理还指出,一些加盟网点放松了快递员的管理。

随便打开一家招聘网站就可以看到,大多数快递公司招聘快递员的条件为身体健康、能吃苦耐劳等,对快递员的学历和是否获得从业资质鲜有提及。当然,对新入职的员工,快递公司会进行一些必要的培训,如职业技能、行业规范等。但是如果在电商促销高峰时段,只需要一张身份证,不经过培训就直接上岗。更令人担忧的是,不少快递公司和快递员之间签的并不是劳动合同,而是协作合同。陈路说,签协作合同,快递公司可以规避为员工购买社保、医保等义务;对快递员来说,除了上缴部分"底价"外,剩余的全是快递员的提成。而为了提高自己的收入,快递员可能对行业法律、规范和公司的管理规定置若罔闻。"这种做法是加盟商中是一种非常普遍的操作方式。"薛经理认为,这加大了快递行业员工的道德风险。"夺命快递"、快递员监守自盗、贩卖客户信息等近几年发生的一系列快递安全事件,暴露出快递业在管理上的弊病。

快递员之所以敢于铤而走险,除了经济诱惑和企业内部管理存在漏洞外,对不良从业者缺乏严厉的、系统化的惩处措施,快递员违法(规)成本较低,也是一个值得反思的原因。

来自快递物流咨询网的统计数据显示,近几年大型快递公司集散中心的人员流失率达50%,快递业务员的流失率在35%以上;规模稍小的快递企业境况更难,集散中心的员工流失率高达80%,而快递业务员的流失率达到50%左右。显然,即使快递企业强化对快递员的管理,但是在流失率如此之高的情况下,有不良行为的快递员被辞退后,很快就能实现"下岗再就业"。加之,多数快递企业在应聘环节把关不严,增加了快递安全事件重演的风险。

加强监管　如箭在弦

目前,我国已经在寄递领域推行了实名制,以加强对寄递领域的安全监管。对于推广实名制,有分析指出,快递安全最重要的把关人不是实名制,而是快递行业和从业人员不可或缺的公共安全敬畏感,时刻将安全放到最高处的职业自律意识。唯此,快递安全才有望得到有效落实。然而,要增加快递从业人员的"敬畏感"和"自律意识",需要辅以加强对快递员监管的手段。在这方面,发达国家的经验值得借鉴。在美国,应聘快递员,必须提供社保号。根据社保号可以查询到应聘者的财务信息和是否有违法犯罪的记录。而且,美国快递员的薪金丰厚,医疗和社会保险都由公司承担,快递员因此会更加珍惜这份来之不易的工作。英国的法律也明确定,招聘快递员时必须确保无犯罪记录或无因邮政方面的事故受到过警告、解雇处分或在诚信方面有缺点。在我国,虽然国家也明确要求用人单位要为员工缴纳社会保障,但是快递业的执行情况令人担忧。薛经理告诉记者,一般直营企业还是能做到的,但是加盟网点不为员工缴纳保险金的情况是普遍存在的。一个很重要的原因是,快递企业为了降低运营成本。

因此,要加强对快递员的管理,在企业管理层面,需要快递企业在入职前加大对应聘者的审查力度;入职后,必须要加大上岗前的培训。培训内容不仅仅是职业技能,还必须有职业道德的内容。同时,要按照国家规定,给员工缴纳社会、医疗保险,为员工提供良好的职业发展空间,让员工有方向感、目标感、归属感,要有自我价值实现感外,加强企业文化建设,正确引导员工的价值观。在行业监管层面上,业界人士呼吁多年的快递行业黑名单制度,对有前科的或者是不诚信的快递从业人员,禁止从事快递生产和经营活动。同时,加大对快递从业人员违法的打击和处罚力度。这样不仅可以震慑从业人员,更能让其成为保障快递安全的卫士。

思考与讨论:在我国,快递员这一职业具有怎样的特点?这些特点对监管工作提出了哪些难题?政府、企业和社会在对快递员监管问题上应该承担怎样的责任或义务?

第三节 国外快递市场监管概述

现代快递业诞生于20世纪初,并在第二次世界大战后的全球经济复苏进程中不断发展壮大,以国际四大快递企业为代表,快递业在世界各国特别是发达国家得到了长足发展,美国、英国、德国、日本等发达国家的快递业已经发展得十分成熟。随着互联网和电子商务的迅猛发展,各国快递业也不断迎来新的发展机遇,在新技术和新商业模式的带动下不断提高自身的服务水平和服务能力。综观国外,特别是主要发达国家快递业发展历程后不难发现,国外较高的快递服务水平不仅与快递企业超前的经营理念、庞大的科技投入、先进的日常管理密切相关,同时也离不开国外合理的监管制度和行业治理模式。因此,分析发达国家快递市场监管的成功经验,会对提高我国快递市场监管水平、提升监管效能提供有益借鉴。

一、美国快递市场监管概述

美国是现代快递业的发源地,依托强大的经济实力和市场需求,美国快递业发展迅速。在2014年以前,美国年快递业务量一直保持世界第一,尽管目前从年业务量上看,中国已经成为世界第一快递大国,但是从行业综合实力上看,我国仍与美国有一定的差距。美国快递业发展具有几个突出特点:安全稳定的市场环境、开放有序的竞争秩序、充满活力的市场运行以及严格高效的监管体制。总体来看,美国政府在法律和政策制定上对于快递行业的安全监管都较为严格,特别是"9·11"事件后,美国加强了对寄递渠道安全的监管和防控,对于快递企业的生产作业流程和标准都有详细的规定。对于美国快递市场监管的现状,我们将从监管主体、市场准入、法律法规以及行业自律等几个方面做简要介绍。

在监管机构设置上,美国邮政监管委员会并不负责对美国私营快递业进行监管,其只对美国邮政(USPS)进行监管,而且其监管的内容主要涉及美国邮政普遍服务的执行和实施。对于私营快递业,美国联邦政府并没有单独设立政府部门对其进行监管,而是把对私营快递业的监管职能交由美国联邦公路管理局(FHWA)、联邦航空局(FAA)、联邦汽车运输安全管理局(FMCSA)以及联邦环境保护署(EFA)等几个部门,由这几个部门对美国快递业协同监管,每个部门各司其职,分别负责不同方面的监管任务。例如,美国联邦公路管理局(FHWA)、联邦航空局(FAA)、联邦汽车运输安全管理局(FMCSA)这三个部门主要负责对快递安全生产和运输的监管,而环境保护署(EFA)则主要对快递业发展可能造成的环境污染和资源浪费问题进行监管(如对快递营运车辆尾气排放标准的制定等)。这四个部门在各司其职的前提下对整个快递市场进行联合监管,联邦政府负责为快递企业营造公平的竞争环境,防止企业间的不正当竞争行为,从而保障行业健康稳定发展。

在市场准入方面,美国对国内快递企业奉行宽松灵活的市场准入和退出制度,没有单独的政府机构负责快递企业的市场准入监管,并基于客户满意度进行市场自主筛选和调节,自由进入和退出市场,想要进入市场的快递企业不需要烦琐的资格审查,只要符合相关法律的基本要求,就可以获得营业资质从事快递经营业务。但是,国外快递企业进入美国市场的门槛较高,美国为了保护本土快递企业,采取了"非关税贸易壁垒"等方式提高外国快递企业进入美国市场的标准。

在法律法规建设上,美国对本国快递业奉行"宽入严管"的立法原则,为了避免立法重复和立法资源浪费,美国并没有对快递市场的所有方面都出台法律法规进行管理,一些基础性法律法规同时适用于包括快递业在内的很多产业。与此同时,为了促进本国快递服务水平的提升,美国也出台了诸如《私人快递公司法》等法规,对快递企业业务经营范围及其需要达到的服务质量和水平等做出规定。

在行业自律方面,美国快递业也走在了世界各国的前列。美国的快递协会发展成熟,数量众多,且行业自治能力强大。其中,美国快递物流协会(XLA)是市场公认的、免税的法律实体。作为行业代表,快递协会与国土安全部、运输部、商业部、国会和政府领导人以及相关其他协会和国际贸易集团保持密切联系。与此同时,协会作为一种行业力量,也受到相关法律法规的制约。例如,无权和竞争对手勾结定价;保持服务质量、价格和标准对所有成员的无差别化;保持成员权利义务的无差别化;行会不参与市场规划或生产计划;组织行业内公开的业务竞标,禁止欺诈性竞争等。

延伸阅读

美国快递物流协会(XLA)

美国快递及物流协会(XLA)成立于1976年,它是美国快递行业非常有影响力的一个行业组织,XLA目前的成员已经不仅仅限于美国本土快递及物流企业,还包括世界各大跨地企业。正如该协会在其官网上所介绍的那样,美国快递物流协会的成员代表了全球航空快递运输、邮政以及物流业的方方面面。协会的成员企业所提供的服务同时涵盖了国际和国内的门到门快递服务以及货运物流等多个方面。美国快递物流协会由以下几个职能委员会组成,分别是:政府事务委员会(GAC)——政府事务委员会下设四个工作小组,分别从安全、海关、国际贸易和邮政等四个方面来处理行业事务,并且寻求提高行业运营能力和水平。航空公司联络委员会(ALC)——该委员会的工作重点是解决客户和货运航空公司相关事务;每年进行年度卓越航空公司的调查,这一调查能帮助成员企业探索改善客户关系。会员工作委员会——该委员会负责确定行业需求,提供能够满足成员企业需求的解决办法、方案以及其他服务,并致力于留住和吸引更多的企业加入协会。

这个协会目前由罗伯斯坦集团(The Robstan Group)代为管理。罗伯斯坦集团不属于快递行业,而是一个专业的协会管理公司,对十一个行业协会负责服务,美国快递物流协会(XLA)只不过是其中的一员。这些客户中包括美国柴油专家协会(ADS),也包括美国会计市场协会(AAM),这种复合性的协会代理机制不但有效利用了人力物力资源,而且形成了良好的范围经济效应,加大了行业的业务影响力,便于组织跨行业的商业活动,有利于实现协会服务的专业化、系统化和标准化。除了上述两大优势,这样的协会管理机制还能够避免某些强有力的行业代表在协会事物中涉入过深,利用协会职权,在行业内部暗中进行勾结或操纵整个行业。

此外,美国政府在处理私人快递服务和邮政普遍服务之间的关系上也采取了诸多改革措施。美国政府出于实现政府机构效率最大化和节约政府成本的考虑,并没有对那些不承担普遍服务义务的私营快递企业收取附加税费,也没有进行收益率管制,而是通过设定产品价格下限以及激励企业开发新服务产品来拓宽商业途径,由市场本身承担大部分调节功能。同时,美国政府对普遍服务采取的补偿措施是"价格限制"。美国政府规定,私营快递企业经营的一般性信函业务(亦即邮政在价格保护下的市场主导产品,如普通一等邮件)定价必须最少高于美国邮政同等服务价格3美元或者两倍,让美国邮政利用价格优势来排除竞争对手。

二、德国快递市场监管概述

德国是世界第四大经济体,其经济实力雄踞欧洲首位,以其高度发达的工业化闻名世界。与德国发达的经济实力相匹配,德国邮政和快递业具有高度发达、现代化程度高、规模巨大、经济效益好和服务水平高的特点,其邮政业改革经验也成为许多国家借鉴和效仿的榜样。对于德国快递市场监管,可以从行业监管模式、市场准入方式以及立法保障等方面来认识。

在市场监管模式方面,德国深受其所奉行的"社会市场经济"主义的影响,德国快递业务的监管以政府宏观管理与市场调节相结合的"社会市场经济"模式运行。"社会市场经济"是以私有制为基础,以有效合理的竞争机制为前提,把自由竞争与国家干预结合起来的一种经济制度。德国联邦政府经济与能源事务部下设立网络型产业管理局,负责对包括邮政和快递业在内的所有具有网络性特征产业的监管。联邦政府对快递业务的宏观监管主要体现在:一是进行公路、铁路、航道、港口等快递业务主要交通基础设施的规划和建设,在修建过程中对环保提出具体要求;二是推动各种运输方式协调发展,形成一个成本低、效益好的综合运输网络。

在快递市场准入监管方面,德国按照欧盟的统一要求,对本国邮政业进行了改革,通过渐进式改革,德国邮政市场在2008年全面开放,取消了邮政专营制度,境内所有拥有许可证的经营者均有义务提供普遍服务。德国规定经营快递业务的企业必须在德国的工商业协会注册,且相关数据通过互联网直接进入德国联邦统计局。德国快递市场准入制度分为两大部分:一部分是许可领域,1 000克以下函件实行颁发许可证式的市场准入制度(许可证的颁发程序非常严格且必须符合法律法规的条件才能够颁发),德国邮政外的其他快递企业进入这一领域必须得到监管部门许可;另一部分是竞争领域,1 000克外的信函、包裹、商业文件等实行自由竞争,不设置专门的市场准入条件。

在快递市场监管立法保障上,政府对邮政和快递业的监管均是按照相关法律法规的要求进行的,一般都是在法律明确具体实施细则后再进行实际操作。德国对本国邮政和快递业监管的法律主要包括欧盟的法令和德国自身的法律两方面。德国作为欧盟最为重要的国家,其相当重视欧盟关于邮政改革的法令,在参照欧盟相关法令制定本国改革措施的同时,德国自身的法律法规一般还要适当超前于欧盟法令的要求。

三、日本快递市场监管概述

快递在日本被称为"宅急便"或"宅配便",从1976年大和运输公司在日本境内首次开启快递业务,日本快递业已经过了四十多年的发展历程,日本快递业伴随其经济的发展从无到有、从小到大,凭借独特的经营方式和先进的经营理念,日本快递业目前已经进入发展成熟期。

在监管机构设置上,日本快递业属于流通产业的一部分,和物流业一同由国土交通省负责监管,国土交通省负责制定日本快递行业的相关法律法规,保障日本快递市场的有序竞争。如在1990年,国土交通省颁布《标准宅配便运送约款》,并在2003年对该法规进行了修订。国土交通省为日本快递业的主要监管部门,同时总务省、经济产业省以及消费者权益保护厅等内阁部门也承担一部分监管职能。

日本政府对快递市场的监管内容主要为社会性监管,经济性监管相对较少。政府监管的主要目的是为了保障消费者合法权益和快递市场的安全运行。具体来说,日本政府对快递业的行业标准有详细严格的规定,力求通过标准来规范快递企业行为,提升快递服务质量和服务能力。《标准宅配便运送约款》中详细分为接收物件、交付物件、指示、事故、责任等多个方面的细化条款,对快递配送各环节的责任义务进行详细规定。当收件时,快递员会要求用户口头和书面确认所寄递物品非禁寄物品,并且要求寄件人具体描述所寄物品的具体名称,如日用品必须具体描述为衣服、文具等;化妆品必须具体到乳液、肥皂等;医药用品必须具体到肠胃药、感冒药等。如果不能将所寄物品具体描述到以上程度,快递员将拒绝收件。同样的,其他环节也进行了十分细致严格的规定。该法规由日本国土交通省颁布,适用于日本境内所有快递企业,各快递企业根据该法规以及其他规定制定本公司的承运约款,每个企业都要对本企业提供的快递服务负责,并加强专业化操作水平,提升员工职业素质和职业技能,进而提高企业整体服务能力和服务质量。

第四节 国外快递市场监管的特点及其对我国的启示

一、国外快递市场监管的特点

通过对美国、德国和日本三个发达国家快递市场监管实践的梳理回顾,可以总结出发达国家快递市场监管的四个主要特点。

(1) 行业准入门槛普遍较低,鼓励市场充分竞争

美国、德国、英国等西方发达国家的快递业普遍实行宽松的市场准入制度,特别是在这些国家进行邮政业改革之后,伴随邮政市场的开放,更促进了快递企业间的竞争。可以看到,西方发达国家较为宽松的市场准入制度并没有造成本国快递行业运行的混乱和服务质量的下降,反而通过市场自身"优胜劣汰"的机制促进了快递服务质量的提升和市场环境的优化。发

达国家的经验表明:通过市场机制促进行业内各企业的竞争有助于推动行业健康发展。

(2) 完善的法律法规成为行业有序运行的重要保障

不论是美国,还是德国、日本,完善、严格的法律法规对行业健康发展起到了至关重要的作用,同时也成为放松行业准入管制的前提。发达国家不仅重视快递行业立法,更重视立法的内容、质量以及法律规定的约束力和执行力。

(3) 严格的行业标准保证了良好的快递服务质量

发达国家普遍重视快递业标准体系,特别是对行业安全生产标准和服务质量标准做出了严格细致的规定。不仅对快递生产作业各环节所要达到的要求和责任进行了明确规定,更重要的是这些标准能够与法律法规相衔接,使各快递企业按照标准的要求严格规范生产作业,形成本企业的安全生产标准和服务质量标准。此外,发达国家在制定各项标准时,能够充分考虑快递业生产作业各环节的特点和环境,评估快递企业能够达到的最优服务水平,从而使行业标准具有可操作性。

(4) 重视行业协会和其他社会组织的力量,弥补政府监管的不足

西方发达国家长期的公共管理改革,逐渐形成了"小政府、大社会"的公共管理格局,重视各类行业协会、社会组织以及公众的力量,在减轻政府监管负担的同时,弥补了政府监管的不足。发达国家快递市场中各类行业协会发展成熟,充分发挥了政府与快递企业之间纽带的作用,通过行业自治的形式辅助政府监管,对提升快递服务质量、促进行业健康发展方面起到了重要作用。发达国家快递协会通过向政府传达成员企业的意见和诉求、为政府制定法律法规建言献策、协助政府落实相关监管政策等多样化方式间接参与快递市场监管。此外,发达国家各类非营利组织发展成熟,具体到快递业主要是各类消费者权益保护组织,它们对维护消费者合法权益,处理消费者与快递企业的纠纷也发挥了重要作用。

二、国外快递市场监管对我国的启示

发达国家快递业经历多年发展,其政府监管体制相对成熟,且独具特色。借鉴发达国家快递市场监管好的经验和做法,并结合我国快递市场发展现状和需求,制定符合我国国情和快递业发展实际的监管体制机制是推动我国快递行业健康发展,从"快递大国"迈向"快递强国"的必然选择。

(1) 转变政府职能,树立促进快递市场有序竞争、满足行业发展需求的监管理念

加快推进简政放权,建设服务型政府是我国行政管理体制改革的重要目标,政府不能像过去一样大包大揽,将所有问题都纳入政府监管的范围,而是要进一步转变职能,做好自己该做的事,市场可以办好的事,政府绝不插手。快递服务在大部分国家一开始均是由邮政企业所垄断的,并且这种垄断也得到了政府的认可。随着各国经济的不断发展,邮政垄断下的快递服务已经不能满足市场日益增长的需求,各类私营快递企业的发展壮大,给传统邮政带了巨大冲击,在发达国家掀起了一系列放松管制的改革运动,各国纷纷放宽甚至取消邮政专营,鼓励邮政企业和其他快递企业同台竞争,各国政府扮演了维护市场公平竞争,促进行业健康发展的角色。我国快递最早也是由中国邮政垄断经营的,并且邮政管理体制改革才刚刚过去十多年,长期以来的政企不分、政监不分,导致我国政府在快递市场监管上仍存在过度监管和大包大揽的问题。纵观国外快递业发展历程,一个缺少竞争、有失公平的环境是不利于快递企业成长的。因此,我国快递市场监管必须根据新的形势不断调整监管理念,转变政府职能,对于快递这样一个新兴产业,监管部门应当尊重市场发展规律,能通过市场机制实现行业优胜劣汰、健康发

展的,政府绝不插手干预。监管部门应致力于为快递企业健康发展营造公平竞争的环境,破除不必要的束缚,通过各种政策措施提高市场主体参与竞争的积极性和主动性,倡导快递企业通过改善服务质量、提高服务能力增强企业竞争力,在快递市场准入、企业发展上提供政策优惠和各种便利。

(2) 完善我国快递市场监管的法律法规体系,进一步健行业发展的标准体系

发达国家快递市场发展成熟的一个重要原因就在于其严格、完善的法律法规体系,并且发达国家快递市场监管法律法规往往具有很强的预见性和灵活性,会在基本原则不变的前提下根据快递市场发展需求和经济形势的变化对有关条款进行适时调整,使法律法规成为规范企业行为、促进市场健康发展的利剑。例如,美国的《私人快递法》和日本的《标准宅配便运送约款》,这些法律的指导框架较为稳定,但是具体条文非常详细,可操作性强,并能够适应经济形势和快递市场变化做出调整和修改。我国快递市场监管法律法规数量并不少,但立法的针对性、有效性、及时性仍需进一步增强,当前《邮政法》是我国快递市场监管法律体系中的基本法律,《快递暂行条例》《快递市场管理办法》等法规规章是快递市场监管的具体法规,这些法律法规对我国快递市场监管的许多方面均作出了规定,但依然存在一些不足,我国需要借鉴发达国家快递市场立法经验,从立法质量、立法效率、立法执行等多方面进行改革,进一步完善快递市场监管法律法规体系,为监管活动提供有力的法律保障和基本遵循。

(3) 推动我国快递业由政府监管向多主体合作治理转变

综观发达国家快递业发展历程,一个重要特征就是多主体参与快递市场治理,而非政府一元化监管。发达国家政府并不会将快递市场所有问题纳入监管范围,有些问题会交由快递协会、消费者保护组织来解决,多主体合作治理一方面减轻了政府监管负担,使其能够集中力量做好该做的事,提高监管效能;另一方面能够通过行业自律机制和社会监督机制,提高快递业相关问题治理的有效性。因此,我国应在今后一个时期着力培养和壮大快递协会、消费者权益保护组织等第三方组织,鼓励其发挥各自优势参与快递业治理,并与政府建立起合作治理机制,形成高效的合作治理网络结构,弥补政府一元化监管的弊端,促进快递业健康发展。

第七章 快递市场监管问责

所谓问责是指追究政府官员的责任,而行政问责是指行政人员有义务就其工作职责有关的工作绩效及社会效果接受责任授权人的质询并承担相应的处理结果①。与行政问责行为相对应的则是行政问责制,行政问责制是指对行政机关工作人员履行职责情况进行问询、监督、制约并要求其承担相应后果的一种现代民主制度安排,它是一种权力制约和监督机制②。我国于 2003 年"非典"期间第一次推行行政问责制,行政问责制十多年的发展历程表明其对于促进我国民主政治发展、推动行政体制改革、构建责任型政府具有十分重要的意义。

第一节 快递市场监管问责的内涵和意义

一、快递市场监管问责的内涵

快递市场监管属于政府行政行为,对快递市场监管的问责属于行政问责的范畴,它不仅具有行政问责的一般特征,同时也具有快递行业的特殊性。快递市场监管问责是指快递市场监管部门及其工作人员不仅有责任完成法律赋予的职责,还有义务就与快递市场监管有关的工作绩效及社会效果接受问责主体的质询和监督。在快递市场监管实践中,监管部门及其工作人员在工作范围内由于故意或者过失,不履行或不能正确履行法定职责,以至于影响监管效率和监管秩序,或损害了相对人的合法权益,给快递业发展带来不良后果和影响的行为,都要受到行政问责制的追究。

行政问责制作为一种制度安排,其主要目的就在于充分约束快递市场监管者的行为,促使其依法行政或避免消极不作为,克服监管的"越位""缺位"和"错位",从而不断提高监管水平和公信度。

二、快递市场监管问责的意义

制定和实施对快递市场监管部门及其工作人员的行政问责制,将有效改变自律条件下约束监督力度有限的问题,有利于进一步明确和细化监管部门工作人员的行为责任,使行政法规更具操作性和可行性,将行政问责引入快递市场监管实践具有重大意义。

(1) 有利于监管部门工作人员"权责对等"意识的培养,防止行政"不作为""乱作为"以及"渎职贪腐"等现象的发生

在我国,政府力量的影响力一直都比较大,特别是监管部门,其手中还握有行政执法权力。因此,为了避免监管部门及其工作人员做出与民意不符的行政行为,就需要建立完整的行政权

---

① 宋涛.行政问责概念及内涵辨析[J].深圳:深圳大学学报(人文社会科学版),2005(02):42-46.
② 孙红竹.新时期中国行政问责制研究[D].北京:首都师范大学,2011.

力制约和监督机制,将责任追究到监管部门及其工作人员身上。行政问责作为一种有效的责任监督机制,可以通过对监管部门及其工作人员行政行为的规范和约束,减少行政自由裁量权带来的恣意行政问题,促使其审慎行事。我国快递市场监管工作涉及环节多、牵扯部门广,因此对各监管部门进行行政问责可以有效避免各部门推诿扯皮、行政不作为等现象的发生。

(2) 行政问责的引入有利于调动监管部门工作的积极性和主动性,提升监管效能

问责制的引入,可以打破当前我国行政体制中广泛存在的"能上不能下"问题,使监管部门工作人员能够"警钟长鸣",树立法制观念,时刻保持较高的责任意识和觉悟,从而建立起一种有效的行政人员淘汰机制,使那些能够认真履职,正确行使手中权力的监管人员得到重视,进而提高整个监管队伍的素质。

(3) 行政问责还有利于提高监管部门的公信力和权威性,同时也能为快递业的发展营造更加良好的政策和制度环境

公信力和权威性是监管部门开展市场监管工作的前提,行政问责的引入能够有效约束和规范监管部门及其工作人员的行为,增强其公信力和权威性。此外,监管部门公信力的提升还有助于增强投资者以及各大快递企业对市场的良好预期,这不仅能够保障已有快递企业的合法权益和健康发展,还可以吸引更多新投资者进入快递市场,促进我国快递业的健康发展。

第二节 快递市场监管问责的基本框架

一、监管问责的主体

一般来说,行政问责的主体来自两个方面:一是来自被问责单位内部的问责,即"同体问责",另一个则是来自被问责单位外部的问责,即"异体问责"。这两种问责方式各具特色、各有优劣。

在快递市场监管体系中,"同体问责"方式主要是指上级快递市场监管部门对下级快递市场监管部门的问责,还包括快递市场监管部门内的上级管理者对下级管理者的问责。"同体问责"方式具有一定的优势,主要体现在由于问责主体均为行业内部人员,因此其对专业知识和行业法规都相当了解,不容易产生问责双方信息不对称的问题。此外,同体问责方式的组织开展也相对便捷顺利。但是,这一问责方式也存在不可避免的劣势,如同体问责的公正性难以得到保证。由于上下级快递市场监管部门或管理者之间的利益在相当程度上是一致的,当下级监管部门或工作人员出现过失和责任,作为上级监管部门或管理者,也会承担因监督或指导不力所带来的连带责任,在这样的情况下,就很容易产生上级包庇、袒护下级情况的出现,使同体问责的效力大大降低。因此,除了同体问责方式,还要补充和建立来自外部的异体问责方式。

"异体问责",顾名思义就是来自快递市场监管部门之外的其他政府行政或监察部门、快递企业、行业协会、社会中介组织、消费者协会以及社会媒体等组织作为主体的问责方式。一些国家甚至专门设立了独立的问责委员会来解决问责主体的广泛性和代表性问题。问责委员会在性质上是一个非常设的中介组织,在组织架构上一般会设置一名专职理事长或委员会主席,其下设立不同的单项小组,各小组设置若干委员,委员由来自不同方面的代表组成,委员设置要充分考虑平衡性,并且应当兼顾委员的专业背景或技术专长,使问责委员会的内部构成能够相对科学合理,从而保障其有效运行。在我国,由于有行政监察部门的存在,因此监察部门在异体问责中往往发挥重要作用,它可以依照相关法律规定对快递市场监管部门及其责任人的失责行为进行调查,并作出相关处理决定。

二、监管问责的对象

行政问责的客体指的就是行政问责的对象,也就是"对谁问责"。由于行政问责是对国家公权力进行监督和制约的一种制度安排,因此问责对象一定是国家公共权力的拥有者和实施者。在我国,狭义上行政问责的对象主要就是指各级政府行政机关及其工作人员,广义上行政问责的对象则包括了所有国家公职人员,包括各级党的领导干部及工作人员、各级人大官员及人大代表、各级政府行政人员以及司法组织工作人员等。本书的研究对象集中在快递市场监管领域,因此对于问责对象的理解更加倾向于狭义的观点,即监管问责的对象主要限于对各级政府中快递市场监管部门及其工作人员的问责,因为他们负责快递市场监管的具体执行,与快递企业、消费者等相关利益主体的关系最为密切。

具体来看,我国快递市场监管问责的对象不仅包括快递市场监管部门的领导干部,还包括基层各级监管部门的工作人员。当前,我国普遍在各领域实行行政首长负责制,这无疑抓住了监管问责的重点,但是这还并不全面。上一级监管部门的领导虽然对部门工作负总责,但是凭借领导一个人的精力和智慧是难以对监管部门所有工作人员的行为进行监督的,如果仅仅对部门领导进行问责,而不对基层各级监管部门负责人及工作人员进行问责,将有失偏颇,并且问责的效果也将大打折扣。因此,在明确监管问责对象的工作中也要充分考虑到哪些监管不力的发生是由于执行者的失误造成的,对上级监管部门领导追责的同时也要向下追究执行单位相关主体的责任,这对于基层工作点多面广的快递业来说显得尤为重要。

三、监管问责的范围

监管问责的范围就是指问责的内容和事由,即"对什么事情进行问责"。从世界各国行政问责的历史实践来看,问责的范围非常广泛,各级监管部门及其工作人员所有职责的履行情况都应该被纳入问责的范围。原则上,行政问责需要对监管部门及其工作人员的履职情况进行问询、质询,据此来判断其中可能发生的违法、失职、渎职行为,并进一步追究责任。但是现阶段我国主要实行的是对重大责任事故的事后问责制。例如,在2015年发生的天津港"8·12"瑞海公司危险品仓库特别重大火灾爆炸事故中,检察机关对25名行政监察对象依法立案侦查并采取刑事强制措施(其中正厅级2人,副厅级7人,处级16人;包括交通运输部门9人,海关系统5人,天津港(集团)有限公司5人,安全监管部门4人,规划部门2人)。作为一种促进政府监管部门提高工作效率和质量的方式,对监管部门及其工作人员的问责不应当是一种目的,而应该是一种对监管部门工作人员手中权力进行制约监督的手段。从这个意义上来说,监管问责的根本目标应该是预防行政人员违法行为的发生。因此,应当着力构建起全面合理的监管问责机制,推动事前、事中、事后问责相结合,提高监管问责的有效性。在我国快递市场监管实践中,监管部门的职责范围、管辖范围既是其责任范围,也是其被问责的范围,既包括一些程序性工作的问责,也包括非程序工作的问责。前者包括市场准入审批、部门规章拟定、行业安全监管等;后者则主要包括对突发事件及事故的处理、行业重大政策的拟定等,上述两个方面均应当纳入快递市场监管问责的范围。

四、监管问责的程序

监管问责的程序就是指问责主体在问责过程中应当遵循的方式、步骤、时限以及顺序等要素,它解决的是"如何问责"的问题。一个健全、完善、合理的问责程序是问责制度有效实施的基本保障。监管问责的程序包括多个方面,按照问责的过程可以分为启动程序、进行程序、救济程序、问责公开程序、被问责官员复出程序等；按照问责的方式则可以分为质询程序、弹劾程序、罢免程序等；按照问责主体则可以分为监管部门内部问责程序、权力机关问责程序、司法机关问责程序、舆论问责程序、公民问责程序等。

一般地，快递市场监管问责程序同我国其他政府监管部门的问责程序类似，都是由快递市场监管部门提出问责计划开始，经由快递市场监管部门进行一定的准备，必要时可以举行正式的问责会议，直至问责结果地做出、评估和反馈。对常规性工作进行的问责，一般由监管部门制定工作计划，在期末向问责部门提供报告，由问责部门通过组织审议的方式进行。对于快递监管部门对重大争议或纠纷的处理情况所做出的问责工作而言，则由问责部门组成专门小组，进行调查取证和听证后再作出最后的问责意见。

五、监管问责的责任界定与结果

监管问责的责任界定方式主要是依据"谁主管，谁负责"的原则，在谁的责任范围内出现了违法违规行为，就应当追究其责任。在监管问责的责任界定过程中，最重要的是防止"不追究"和"滥追究"的发生，也就是坚决不能放过任何一个负有责任的违法违规人员，也不能随意牵连不应该被追究责任的人。

监管问责的结果就是指被问责政府部门及其工作人员应当承担的责任及其认定。一般来说，问责的责任承担方式是由问责客体所应承担的责任类型所决定的，两者密切相关。监管问责的责任类型包括政治责任、法律责任、行政责任以及道德责任，不同的责任类型对应着不同的责任追究方式和承担方式。在我国，对政治责任和道德责任的承担方式主要有"责令公开道歉、停职检查、引咎辞职、责令辞职以及免职"等。对于法律责任的承担方式则主要是将需要追究法律责任的公务员移送司法机关依法提起公诉，追究其相关法律责任。此外，我国政府部门工作人员问责的具体方式还有"警告、记过、记大过、降职、撤职以及开除"等方式。

六、监管问责的机制

快递市场监管部门的行政问责能否有效实施，关键还在于将其制度化、法制化，建立起对监管部门及其工作人员问责的长效机制。第一，要将问责的精神和内容纳入立法视野，使其成为行政法规的重要组成部分，从根本上保障问责制的权威性。当前，我国还没有出台专门的《行政问责法》，现有的行政问责活动多是基于《公务员法》以及各地区、各部门的条例规章做出的。因此，有必要加强行政问责专门性法律法规出台的力度，对于快递市场来说，应当在行业内形成针对本行业监管部门及其工作人员的问责规章，规章应当充分结合快递市场监管工作的特点，做到便于实施，可操作性强。第二，要求快递市场监管部门及其工作人员特别是领导干部签署责任认定书，明确监管部门特别是各部门负责人的职责，将责任认定落实到人，层层传导、层层督促，提高各级快递市场监管部门的责任意识和法律意识。第三，要求快递市场监管部门实行年度报告制度，以加强对快递市场监管部门责任履行情况的监督力度。作为一种成本相对较低但效率较高的监督方式，应当要求各级邮政管理部门将年度报告做细做实，做到实事求是。年度报告至少要包括以下内容：本年度快递市场监管职责的履行情况、监管目标的实现程度、经过审计的财务报告、监管部门工作人员特别是主要负责人的履职情况以及存在的问题和建议等。第四，要建立起完善的快递市场监管部门信息披露和公开制度，将监管部门及其工作人员的履职情况暴露在公众和社会舆论的监督之下，在提高监管工作透明度的同时，也对监管部门认真履职形成无形的压力，促使其不断提高履职水平。

第三节 我国快递市场监管问责

我国推行行政问责制已有 10 多年,取得了一定成绩,大批失职渎职、贪污腐败的领导干部和普通公职人员因行政问责而受到处分和追责。党的十八大以来,党中央高度重视问责工作,并且率先在党内强化执纪问责力度,于 2016 年 7 月向全党印发了《中国共产党问责条例》,明确了"有权必有责、有责要担当、失责必追究"基本原则,提高了全体党员干部的责任意识。尽管党内问责与行政问责存在一些差异,但二者在根本上是一致的,特别是在我国大部分党员领导干部同时也肩负着行政领导职务的大背景下,党内问责与行政问责具有密不可分的关系。正如习近平总书记强调的那样"要切实做到党政同责、一岗双责、失职追责"。党的十八大以来高度重视党内问责工作,对于进一步推进行政问责体制建设无疑具有十分重要的意义。

一、快递市场监管问责存在的不足

我国快递市场监管问责已经取得了一定成效,但仍然存在一些不足,主要表现在以下四个方面。

(一)问责主体单一,未形成问责合力

目前,我国行政问责的主体还是以各级行政机关内部上级对下级的问责为主。在这种同体问责方式下,行政问责的主体只能是本系统或本机关内部的领导层及相关工作人员,因此其实施效果将在很大程度上依赖于领导层的意志、权威和价值观,而人大、司法、媒体以及社会组织等问责主体的作用还未得到充分发挥。总体来看,当前我国行政问责的问责主体相对单一,问责合力有待加强。

(二)问责对象难以明确

在我国,由于各监管部门存在职能交叉、职责不清等问题,导致在行政问责实践中问责客体难以明确,使问责效果大打折扣。问责客体难以明确主要表现在三个方面:①前任和继任者之间的责任承担问题。在我国,公务人员特别是高级领导干部的职务调动较为频繁,有些官员在一个地区刚刚任职不长时间,就被调离到其他岗位,在这种情况下,继任者和前任官员之间到底谁是问责对象,当问题出现需要进行问责时又应该如何认定责任,目前还没有明确的法律法规对此做出说明。②决策制定者和执行者之间的责任划分问题。一般来说,按照行政问责的基本原则,谁拥有权力谁就应该承担责任,有多大权力就应该承担多大责任。但在我国行政问责的具体实践中经常出现部门行政正职负总责,而行政副职是否负责、负多大责任则没有明确规定,出现这一问题的原因就在于我国对于行政部门领导干部及工作人员之间的责任划分不清,决策者和执行者之间的职责分工不明确,这就十分容易导致"集体负责"和"无人负责"两种极端情况的出现。③各行政部门之间职责不清和职能交叉导致责任主体难以明确。我国快递市场监管涉及多个政府职能部门,很容易出现职责不清和职能交叉,而问责制的有效实施需要以明确各部门权力责任为基础。因此,当前我国快递市场不同监管部门之间存在的职能交叉和职责界定不清将导致在问责实践中难以明确问责的客体。

(三)问责内容单一,问责范围狭窄

在我国行政问责实践中,对以下两类问责较为关注:一是领导体系中,对下级贯彻执行上级指示任务、对权力负责情况的问责;二是当出现重大公共安全责任事故后的问责。我国行政

问责内容单一就表现在关注上述两类问责的同时,忽视了对于行政部门领导和工作人员作出错误决策、施政失败以及违法行为的问责。在快递市场监管实践中,既存在行业安全这样容易发现、显性危害大、责任人相对容易判别的监管问题,同时也存在着行业市场准入、消费者权益保护等涉及社会公平正义的监管问题,对这类问题监管不力,尽管不会直接危害人民生命安全,但会直接影响到政府的公信力。因此,有必要按照权责一致的原则,对所有属于因监管部门权力行使不当而造成否定性后果的事项和责任人展开问责,进一步明确并拓宽问责范围。

(四)问责的配套制度不到位

全面推行行政问责制是一项复杂的系统工程,必须依靠各项改革制度的配套衔接,做到整体推进。当前,我国快递市场监管行政问责的相关配套制度还不完善,如行政公开程序缺乏制度保障,缺乏科学合理的干部考核评价机制,被问责的主体救济与保障机制不健全等,这些都直接影响了行政问责制的顺利贯彻落实。

> **延伸阅读**
>
> **邮政行政执法监督办法(节选)**[①]
>
> 第三章 监督范围和方式
>
> 第十条 邮政行政执法监督的范围包括下列事项:
> (一)邮政法律、法规、规章和规范性文件执行情况;
> (二)行政执法主体、行政执法程序是否合法;
> (三)行政处罚、行政许可、行政强制等具体行政行为是否合法、适当;
> (四)行政执法文书使用是否合法、规范;
> (五)行政执法中是否存在不作为、滥用职权、玩忽职守、越权执法等行为;
> (六)行政复议和行政应诉情况;
> (七)行政执法责任制的落实情况;
> (八)执法风纪遵守情况;
> (九)其他应当监督检查的情况。
>
> 第十一条 实行行政执法检查制度。邮政行政执法监督机构采用明察与暗访、综合检查与专项检查、常规检查与突击检查等方式,定期或者不定期组织对同级执法机构和下级邮政管理部门执法情况进行检查。
>
> 第十二条 实行行政执法工作情况年度报告制度。下级邮政管理部门应当将行政执法上一年度工作情况,在每年三月十五日前向上一级邮政管理部门书面报告。
>
> 行政执法年度报告,包括执法制度和执法队伍建设,行政许可、行政强制、行政处罚以及落实行政执法责任制情况,执法中存在的问题和改进的措施等事项。
>
> 第十三条 行政处罚、行政许可、行政强制等行政执法活动应当依照法定程序进行,形成的检查记录、证据材料、执法文书等应当按照规定的标准进行收集、整理、立卷、归档,并按照档案管理规定实行集中统一管理。
>
> 第十四条 实行行政执法案卷评查制度。邮政行政执法监督机构应当定期组织对下级邮

---

① 交通运输部. 邮政行政执法监督办法[EB/OL]. http://xxgk.mot.gov.cn/jigou/fgs/201412/t20141222_2973317.html,2014-10-09/2017-12-11.

政管理部门和同级执法机构的行政处罚、行政许可、行政强制等行政执法进行案卷评查,对评查发现的问题,应当及时纠正。

第十五条 实行规范行政处罚裁量权制度。邮政管理部门应当依法制定行政处罚裁量基准和适用规则,定期对规范行政处罚裁量权工作情况开展评估。

第十六条 公民、法人或者其他组织认为邮政管理部门的行政执法行为违法、不当或者存在不作为的,可以向邮政管理部门举报。

第十七条 实行行政执法通报制度。对于查处的违法、不当和不作为案件,在邮政管理部门内部予以通报。

第十八条 实行行政执法案例指导制度。国务院邮政管理部门法制工作机构应当定期组织发布具有典型性或者指导意义的案例,为完善裁量基准和指导行政执法提供参照。

第十九条 实行行政执法责任制度。各级邮政管理部门应当梳理执法依据,根据执法岗位配置情况,分解执法职责,确定执法责任,规范执法程序。

各级邮政管理部门应当将梳理确认后的行政执法主体、行政执法依据、行政执法职责、行政执法岗位、行政执法程序、监督举报方式等向社会公布。

上级邮政管理部门对下级邮政管理部门定期开展邮政行政执法评议考核,并予以公布。具体办法由国务院邮政管理部门制定。

第二十条 实行行政执法人员资格制度。邮政行政执法人员从事行政执法工作,应当取得国务院邮政管理部门颁发的邮政行政执法证件。具体办法由国务院邮政管理部门规定。

第二十一条 实行行政执法案件信息公开制度。各级邮政管理部门应当按照国务院邮政管理部门规定向社会公开行政执法案件信息。

第二十二条 实行行政执法风纪监督制度。各级邮政管理部门对行政执法人员遵守执法纪律情况和着装、仪容、风纪、举止、执法用语规范情况进行监督。

第二十三条 邮政管理部门应当建立健全网上邮政行政执法监督系统和行政权力事项动态管理系统,运用信息化手段对行政执法行为实施监督。

……

第五章 行政执法责任追究

第四十三条 本办法所称行政执法过错责任,是指邮政管理部门的工作人员在行政执法过程中,因故意或者重大过失,违法执法、不当执法或者不履行法定职责,给国家或者行政相对人的利益造成损害的行为应当承担的责任。

第四十四条 区分以下情况,确定行政执法过错责任人:

(一)直接做出过错行为的工作人员是行政执法过错责任人,经审核、批准做出的,审核人、批准人同为过错责任人;

(二)因具体工作人员隐瞒事实、隐匿证据或者提供虚假情况等行为造成审核人、批准人的审核、批准失误或者不当的,具体工作人员是行政执法过错责任人;

(三)因审核人的故意行为造成批准人失误或者不当的,审核人是行政执法过错责任人;

(四)审核人变更具体工作人员的正确意见,批准人批准该审核意见,出现行政执法过错的,审核人、批准人是行政执法过错责任人;

(五)批准人变更具体工作人员和审核人的正确意见,出现行政执法过错的,批准人是行政执法过错责任人;

(六)集体讨论决定而导致的行政执法过错,决策人为行政执法过错主要责任人,参加讨

论的其他人员为次要责任人,提出并坚持正确意见的人员不承担责任;

(七)因不作为发生行政执法过错的,根据岗位责任确定行政执法过错责任人。

第四十五条　对行政执法过错行为不及时报告、虚报、瞒报甚至包庇、纵容的,邮政管理部门主要负责人应当承担责任。

第四十六条　因行政复议机关的有关人员过错造成行政复议案件认定事实错误、适用法律不当的,行政复议机关的有关人员承担行政执法过错责任。

第四十七条　追究行政执法过错责任,主要采取以下方式:

(一)责令书面检查;

(二)通报批评;

(三)暂扣或者吊销行政执法证件或者调离行政执法工作岗位;

(四)警告、记过、记大过、降级、撤职、开除等行政处分;

(五)因故意或者重大过失的行政执法过错引起行政赔偿的,承担全部或者部分赔偿责任;

(六)涉嫌犯罪的,移送司法机关处理。

以上所列行政执法过错责任追究方式,可视情节单独或者合并使用。

第四十八条　有下列情形之一的,可以从轻、减轻或者免除过错行为人的行政执法过错责任:

(一)行政执法过错行为情节轻微,未造成不良影响的;

(二)因无法预见的客观因素导致过错行为人的行政执法过错的;

(三)过错行为人在其过错行为被监督检查发现前主动承认错误,或者在过错行为发生后能主动纠正进行补救的。

第四十九条　有下列情形之一的,应当从重处理:

(一)不配合有关部门调查,或者阻挠行政执法过错责任追究的;

(二)对举报人、控告人或者案件调查人员进行打击报复的;

(三)一年内发生两次行政执法过错的;

(四)执法过程中有索贿受贿、敲诈勒索、徇私舞弊等行为的;

(五)因行政执法过错给他人造成严重损害,或者造成严重不良影响的。

第五十条　国务院邮政管理部门和省、自治区、直辖市邮政管理机构作出行政执法监督处理决定后,由其邮政行政执法监督机构将案卷移送本级内部监察部门。监察部门根据本办法第四十三条至第四十九条的规定确定行政执法过错责任人,并依照《中华人民共和国行政监察法》《中华人民共和国公务员法》等有关规定给予行政处分。

二、完善快递市场监管问责制的具体路径

(一)进一步明确监管部门及其工作人员的权责划分并明晰问责标准

快递市场监管工作涉及多个职能部门,因此必须明确划分各监管部门以及各部门内不同岗位的职责权限,建立科学的岗位责任制。根据不同部门工作任务的特点来明确问责的范围、对象和条件,保证问责的标准有理有据和实施上具有可行性。对于那些分工不明确的部门和岗位,可以首先确定各部门主要领导的责任分工,确保不出现无人担责的现象。同时,应当保证部门领导和一般工作人员的权责一致,部门行政正副职之间责任界定和问责标准必须明确,禁止问责时相互推脱责任,保证问责制能够落到实处。

(二)完善快递市场监管问责的法律法规

从宏观上,应当抓紧时间制定我国第一部《行政问责法》或《行政问责条例》。我国行政问责领域至今还没有一部专门的法律法规,对于行政部门及其工作人员的问责主要是依据《公务员法》和《关于党政领导干部问责的暂行规定》等法律法规,这些法律法规虽然也对行政问责做出了相关规定,但是这些法律法规在行政问责的制度、程序、内容、标准等方面缺乏详细明确的规定。此外,部分法规条例仅适用于行政机关内的党员领导干部,而对非党员公务人员的行政问责并未做出规定,在实施上还存在一定漏洞。因此,有必要由全国人大制定并颁布一部全国统一的《行政问责法》,一方面提高行政问责法律依据的地位,加强行政问责的权威性;另一方面则可以通过这部专门法实现对行政问责内容、范围、标准、程序以及问责结果等规定的全覆盖,为全国各级行政机关推行行政问责制提供基本的法律依据。

从行业内来看,应当在《邮政法》《快递暂行条例》等行业法律法规中明确监管问责制度,为快递市场监管部门内部合理配置和规划权力提供依据。当前,针对我国快递市场监管虽然出台了多部法律法规,但是这些法律法规中鲜有对监管部门及其工作人员进行问责的具体规定,集中表现在问责主体及其权力界定不明晰、问责客体的范围不明确、问责的事由过于笼统,缺乏可操作性、问责程序和实施上无明确规定等方面,应当在今后立法和法律法规修订过程中逐步引入行政问责的思想和理念,为快递市场监管问责提供坚实的法律基础。

(三)拓宽问责范围,避免问责片面化和形式化

在快递市场监管实践中,不仅要加强对行业安全责任事故等重大事件的问责力度,还要将管理不善、行政不作为、乱作为以及决策失误等纳入问责范围,特别是要加强对消费者以及社会各界普遍关心的问题的问责力度。将监管部门公务人员的行政责任、法律责任、政治责任和道德责任统一起来,避免问责片面化。在拓宽问责范围的同时,建立起重大决策的执行跟踪和决策效果评价机制,把对决策、执行和监督等各个环节的问责结合起来,避免问责流于形式。

(四)进一步推动行政问责配套制度的完善

首先,要使问责制度与监管部门的管理制度紧密结合,并通过问责达到加强监管部门自律的目标。其次,要将问责制度与外部的法律、法规相契合,特别要注重同党的相关规定和精神的衔接。党的十八大以来,党中央先后制定或修订了《中国共产党党内问责条例》《中国共产党党内监督条例(试行)》等党内法规,其中对于党员领导干部出现违纪违规行为的问责处罚情形都做出了明确规定。监管部门内部问责制度的制定、推行应当与党内一系列重要法规精神保持一致。最后,对于行政问责后需要承担各种责任的监管部门工作人员,也要制定好妥善安置的办法,一方面减少问责制推行的阻力,另一方面能够为被问责人员提供改过纠错的机会。

> **延伸阅读**
>
> **美国政府行政问责的特点**[①]
>
> 任何国家的任何一级政府,都要防止行政不作为、乱作为、不到位的问题,都要对这些行为实施行政问责。美国政府的行政问责制度是在其三权分立的基本政治框架下逐步形成的,在行政问责方面,程序严密、公开透明、惩教结合、效果明显,对于我国政府部门问责机制的建立

[①] 本文原载于2011年5月12日《中国纪检监察报》,标题为"美国行政问责:精确评估 宽严相济 强化监督",作者徐洪兴。

和完善都具有一定的借鉴意义。

美国是一个联邦制国家,各州拥有自己的立法权,联邦政府与各地(州、郡县)政府职责明确,行政机构的设置与运作不具有上下对应关系。在行政问责方面,主要由各级监察长办公室、审计长办公室、道德委员会等机构进行(各级各地设置不同,类似我国监察局,以下称监察机构)。在具体做法上,有以下几个特点。

(一)严密调查评估,掌握问责的事实依据

美国社会讲量化、讲精确,体现在行政问责上也是这样,不搞主观想象和长官意志。要做到这一点,他们花了很大的精力进行调查甚至进行专项审计。行政问责的信息来源:一是每年10月开始,对公务员全年工作进行调查评估(美国的财政年度是每年10月1日开始),对工作的失职或不尽职者进一步进行业务审计,掌握工作失职失误的具体事实和数据;二是对社会公众或公司的举报进行调查,对每一署名或未署名举报都由各级监察机构直接调查,不搞层层下转(因无严格的上下隶属关系);三是在重大事项或特殊事件发生后,立即组织专门小组,起动调查和审计程序,对事件本身和公务员作为做出评估。美国的监察机构有调查权、建议权,没有处分权。在调查中,行政调查人员有较强的调查手段,他们可以直接调查涉案对象的资金和银行账户,可以聘请律师和专业技术人员参与调查。调查路径是依据政府公共资金的流向,纳税人的钱用到哪里,调查就进行到哪里,不管是否为国家公职人员,不管哪个党派,都必须接受调查。每一案件经过调查后都要提出调查报告,并用明确的概念表述调查结论。调查的唯一准则是对事实负责、对公民和本地选民负责,调查过程可以不公开(保护证人需要),但调查结果必须公开。虽然监察机构的长官由各级行政首长任命(各地不一),但其任职时间与行政首长不一致,调查报告无须向行政首长报告,即使是行政首长交办的问责案件,调查结果也不需要向行政首长报告,保持了很强的独立性。

(二)触及根本利益,多种问责方法并举

在完成问责调查以后,就进入了真正的问责实施阶段。美国注重权力的分配与制衡,防止"一权独大"出现权力的滥用。行政监察机构只进行调查,在调查报告中有权提出问责建议,不组织问责的实施,更不直接做出问责处理决定,而是由涉案对象所在的部门进行问责,体现了"谁主管谁负责"的精神。当然,有关部门对问责建议,没有正当理由是不能不执行的。

美国的问责方法也是多措并举,宽严相济。一是警告。对比较轻微的,一般给予警告,由部门负责人进行谈话。受到警告处理后,一般都给予6个月至1年的考察期。二是换岗。经过1~2次的警告,仍无改观,如果认为其不适应现在的工作岗位,上司将会对其重新安排工作岗位。三是解除合约。美国公务人员录用有一套严格的程序,录用机构与当事人签订合同,要写明"违反某某内容"录用单位有权解除合约,一旦签约便具有法律效用。违反合约被解除合约,是非常自然和正常的。四是辞退。虽然辞退与解除合约效果差不多,但性质更为严重,只有犯有重大错误,或造成较大损失的人员,才会被辞退。五是移交司法处置。当其犯有严重错误,影响美国的国家利益或纳税人权益,或严重违反法律规定,行政监察机构有权将案件移交给司法部、检察机构或直接移交法院判决。在什么情况下会受到什么样的追究,联邦政府和各州没有统一的标准,但因美国司法有案例法,大体上还是能把握住分寸的。

美国受到行政问责的人员,都会影响个人的经济利益。政府机构人员年终经过考评,都会有年终奖金,但不是平均分配。例如,被联邦政府评为A等级的人员能享受30%年薪的奖金,评为B等级的人员能享受10%年薪的奖金,评为C、D、E等级的人员没有奖金,在试用期被评

为 D、E 等级的人员将会被辞退。被辞退的人员，政府将收回以往为其交纳的养老金，其以后的生活保障将会受到很大影响。凡是被问责追究的人员，问责的情况都会被记录在个人的诚信档案，跟随本人一辈子。一个在诚信上有污点的人，在美国是很难找到工作的。在联邦政府，如果被辞退者担任公务员时间不到 20 年，政府为个人每年同等交纳的 7% 的医疗保险也将被退回，个人不得享受。

（三）注重思想教育，保护被问责人基本权益

虽然美国的行政问责比较严厉，但也不是不教而诛。这在行政问责方面也有体现。

美国在公务员录用之前，都要进行深入的培训教育，劳工部门和录用机构都会把对公务员的要求，将要到达的工作岗位的职责，哪些事能做、哪些事不能做和注意事项，一一告知清楚。录用后，也会定期组织各种培训。公务员与录用机构是平等主体，双方的权利义务以合同形式确定下来。

行政问责的过程也是循序渐进的。公务员有了小毛病，如上班迟到，一开始一般给予口头警告。口头警告能够解决 90% 的小毛病，如果口头警告仍然不行，就可给予书面警告。如果书面警告仍无效，给一周的停薪留职时间进行反思，一周不行可再给一周。对年老体弱、不适应电脑等现代办公要求的，一般给予换岗。

有关部门在对公务员进行问责时，必须向被问责人员讲明理由，允许被问责人员进行辩解，被问责人员甚至可以请律师为自己进行辩护。在实施中，一方面按合同约定办，另一方面在一些具体利益上，也可以进行商谈。公务员在年度考评中处于末等将被辞退的规定，也是近几年确定的，执行中也有区别，对于规定前后的公务员，则实行"老人老办法，新人新规定"。新公务员在 3 年的考察期中，工作出现差错是很容易被辞退的，3 年后就录为正式公务员，如果不是出现严重错误，要辞退就有一定的难度，就会被认为在 3 年的考察期中上司未能认真考察，也要负一定的责任。这些措施较好地保障了被问责人的合法权益，防止问责被滥用。

（四）全社会参与监督，形成良好的外部环境

美国社会对政府运行情况重视，公众参与度很高，从不同视角监督着政府及其工作人员，使他们时时刻刻不敢懈怠。"水门事件"后，美国各地政府陆续设立了道德委员会，目前已有 43 个州成立了道德委员会，有的郡、县也已设立。成立较早的旧金山道德委员会，是与政府并列的专门机构，但不对政府或议会负责，只对市民负责。该道德委员会有 19 名工作人员，其主官的去留由 5 人委员会（这 5 人由市民选举，不取任何报酬，自愿义务服务，任期 6 年）投票决定，其余 18 人的去留由这名主官决定。主要任务是监督政府工作人员从行政首长到普通职员的从政行为，重点放在竞选舞弊和政府开支上。2010 年，就对 10 多名公务人员和 50 多名参加选举的候选人实施了问责处理。某一参与竞选的机构募集了 80 万美元的工作经费，因工作人员没有及时上报和公开，被处以 23 万美元的罚款，相关工作人员被辞退。

美国的民间组织非常发达，在对政府的监督方面也是这样，各党派团体或民间自发成立的非营利性监督机构很多，成为监督和制约政府及公务人员的又一重要渠道。华盛顿市民职责与道德协会是 2003 年成立的一家民间组织，专职于政府道德，不隶属于任何组织和团体，经费来自社会捐助，只接受税务机构对捐助款使用的监督。工作方式，一是发现和调查公务人员不道德行为，查证后移交法院或检察院等专门机构，并向媒体公开；二是进行专题质询和调查，如卡特里那飓风时联邦政府公布了各国政府的捐助，但没公开具体详细的用途，他们就进行质询和跟踪调查；三是出具专题报告，2009 年，他们公布了一份《美国最差的州长》的报告，2010 年

年底又公布了《美国中期选举中不道德问题》《2010年国会议员绯闻排行榜》两份报告。这样的工作,社会和民众是非常关注的,他们工作越有成效,接收到的捐助就越多,就能形成监督的良性循环。

发挥新闻媒体的监督作用也是美国反腐败监督的重要方式。美国所有的媒体包括美国新闻广播公司、美国之音等都是私人公司,很多丑闻都是在媒体的揭露下才真相大白的。旧金山有25 000多名各类雇员,每年有200~300名竞选候选人,他们的各种资料包括成千上万份的财产申报资料,不可能由哪个机构进行调查核实,而是通过媒体公开,接受社会监督。各地监察机构调查认定的事实、提出问责建议、有关部门对建议是否采纳,都通过媒体公开来进行检验。华盛顿市民职责与道德协会形成的各种调查结论和专题报告,都能在第一时间向媒体和社会公开。媒体一方面安排专门记者搜集与调查官员的负面信息,另一方面与监察长办公室、审计长办公室、道德委员会以及各类民间组织有着良好的合作关系。如华盛顿市民职责与道德协会年初就通过媒体预告什么时候将出什么报告,既引起社会关注,又是对政府官员的告诫。

思考: 你认为美国政府行政问责制中最值得我们借鉴的一点是什么?谈谈包括邮政管理部门在内的我国各级政府机构应该如何完善行政问责制?

第八章 快递市场监管绩效评估

监管政策的实施是否达到了最初设定的监管目标？监管政策的实施对市场主体的行为产生了哪些影响？这些问题的回答有赖于对政府监管政策和监管行为进行科学全面、系统合理的评估。通过监管绩效评估，一方面可以发现当前政府监管实践中存在的问题和不足，为提高监管有效性提供指南；另一方面可以进一步完善市场监管运行机制，推动建立高效、顺畅的市场监管体制。

当前，在做好快递市场监管工作的同时，加强对监管绩效的评估也成为一项不容忽视的重要工作。我国快递市场监管绩效评估正处于起步阶段，建立完善的快递市场监管绩效评估体系依然任重道远。本章将从政府监管绩效评估的概念和基本理论入手，对我国快递市场监管绩效评估的内涵、方法、意义、基本思路和监管绩效评估体系的构建等进行介绍。

第一节 快递市场监管绩效评估的内涵、方法和意义

一、监管绩效评估的概念

监管绩效评估也称为监管影响评估，就是对拟议中的新监管政策以及对已有的监管方案的效果（包括正面或负面的）的一种系统评价方法，其目的是以经验调查的方式协助决策者了解与分析政府监管政策方案的效果，使其明确监管措施实施的优先顺序，并且对政策资源进行适当的分配和调整，以使监管政策的成本最低、效果最大[①]。监管绩效评估可以为政府监管部门提供其监管决策的潜在收益与成本等重要信息，从而有助于监管部门在全面分析决策影响面、决策成本与效果等诸多因素的基础上做出理性选择，在一定程度上防止监管失灵，提高监管有效性和科学性。

政府绩效评估最早出现在20世纪60、70年代的美国，美国政府为了应对呼声上涨的"放松规制"运动，采取了对规制结果进行评估的方式以衡量是否存在政府过度监管的问题，进而诞生了诸多监管绩效评估的理论和方法。在随后的几十年间，监管绩效评估被越来越多的国家所引进，目前大部分经济合作与发展组织（OECD）的国家已经通过引入监管绩效评估来提高本国政府的监管水平。在我国，政府监管绩效评估建设起步较晚，至今仍未建立起全面系统的政府监管绩效评估体系。因此，结合我国国情和发展实际，进一步加快建立我国政府的监管绩效评估制度、完善监管绩效评估指标体系和评估方法，推进各领域监管绩效评估工作显得尤为必要。

---

① Colin Jacobs. Improving the Quality of RIA in UK [Z]. Centre on Regulation and Competition Working Paper Series，No. 102，March 2005.

二、快递市场监管绩效评估

所谓快递市场监管绩效评估,就是将监管绩效评价工作集中在快递市场监管领域,即对我国中央和地方各级快递市场监管部门现行或拟采取的监管政策可能导致的或已经产生的各种正面或负面的影响进行全面分析和系统评价,从而对我国快递市场监管政策的有效性进行衡量评估,以改进监管效能、提高监管水平。

由于政府监管绩效评估不仅对已经出台的监管政策进行评估,还要对未出台的政策可能带来的影响进行预评估。因此,我国快递市场监管绩效评估也分为两部分,一部分为事前评价,即在监管政策或方案出台前对其预期影响进行评估分析。例如,2016年底向全社会征求意见的《快递条例(征求意见稿)》就属于典型的事前评估。另一部分为事后评价,则是指在监管政策或方案出台后其对实际监管产生的影响进行评价。例如,在快递实名制政策推出后,各地对实名制落实情况进行的评估反馈就属于事后评价。

总体而言,监管绩效评估可以对监管政策潜在或正在发生的影响做出衡量,并将这些信息传递给决策者,使之全面考虑监管方案所产生的实际影响,从而在一定程度上保证监管决策实施的有效性,提高决策的科学化水平。

三、快递市场监管绩效评估的主要方法

快递市场监管绩效评估本质上是政府绩效评估的一部分。因此,对于快递市场监管绩效评估来说,其评估方法可以借鉴现有的政府绩效评估方法,并结合快递市场监管工作的特点。当前,在国际上较为流行和通用的政府绩效评估方法大致有三种,分别是"3E"评价法、平衡计分卡法和标杆管理法。由于政府绩效评估的起步远远晚于企业绩效评估,因此这三种方法基本上均借鉴了企业绩效评估方法的思想。

(一)"3E"评价法

"3E"评价法由英国最先提出并实践,当时提出这一方法的目的是为了对英国政府财政支出绩效进行评估。所谓"3E",指的就是衡量政府财政支出绩效的三大标准:经济性(Economy)、效率性(Efficiency)和效果性(Effectiveness)。"经济性"表示资源消耗的最小化程度,它衡量了政府支出是否节约;"效率性"指的是在既定的投入水平下使产出最大化,或在既定的产出水平下投入的最小化;"效果性"是指产出最终对实现政策目标的影响程度,它主要考察了当政府政策在保证经济性和效率性的同时,是否能够有效实现既定目标。"3E"评价法本质上强调的是政府管理成本的节约和政策活动的经济性,它对于衡量政府部门公共支出的绩效水平具有重要作用。但是也有人批评这一方法过分重视经济效率和节约,而没有关注政府进行公共管理和公共服务的终极目标,如维护社会公平正义、保护民主等,同时还有人批评这一方法仅仅用3个"E"来衡量政府绩效有失偏颇,应该增加更多的"E",以使这一评价方法更具全面性和客观性。

(二)平衡计分卡法

平衡计分卡法由哈佛大学商学院教授卡普兰和诺顿共同开发,最初是用于评价企业绩效的一种经典方法。平衡计分卡法从"顾客、财务、内部业务、内部创新和学习"这四个维度来对组织管理的绩效进行评价。这一方法打破了只重视企业财务业绩的传统绩效考核方法,认为应将企业绩效评价的范围拓展至学习与成长、业务流程、顾客、财务这四个方面,进而实现企业

绩效考核的平衡。随着这一方法的不断发展完善,以及西方政府管理实践经验的不断丰富,平衡计分卡法开始被引入到政府绩效考核工作中,并且已经被不少国家的公共部门采用。将平衡计分卡法引入政府绩效评估中,最重要的是将四大方面的指标与政府公共管理紧密结合,并实现多种关系间的平衡与兼顾。一方面要重视当前发展,另一方面还要重视长远战略,此外还需要兼顾政府财政改善、公民满意、政府内部工作流程优化以及公共部门学习和创新能力的构建这四个方面。因此,平衡计分卡法作为一种广泛采用的绩效评估方法,其指标维度具有全面性和综合性,同时也便于在不同政府部门开展实施,其适应性较强。特别是平衡计分卡法能够很好地将定性与定量评价相结合,对于一些难以量化评估的政府工作绩效来说是较为适用的。

(三)标杆管理法

"标杆管理法"由美国施乐公司于1979年创立,最早也是应用于企业管理的一种典型方法。标杆管理强调不断寻找最佳实践,以标杆为基准,不断进行测量分析和改进。标杆管理由"立标、对标、达标和创标"这四大步骤组成,通过这四大步骤的良性循环形成"标杆环",从而实现企业绩效的不断飞跃。标杆管理运用到政府绩效考核中时,强调通过设计一套全面完善的绩效考核指标体系来引导政府将确定的标杆与实施结果进行比较和总结,从而对下一步工作进行调整以达到标杆水平,再确立新的标杆来继续改善政府工作。标杆管理法重视激励和引导的作用,强调通过不断地树立标杆、向标杆迈进来提高政府绩效。

四、快递市场监管绩效评估的作用

从国内外政府绩效评估的实践来看,加强包括监管绩效评估在内的政府绩效评估的意义是十分重大的,它能够有效地推动政府转变管理理念,不断提高决策的科学性和有效性,从而提升了监管部门的社会形象和公信力。其意义具体表现在以下三个方面。

(1)监管绩效评估能够及时发现监管工作存在的问题,提高监管绩效

无论是事前评估还是事后评估,都有助于监管部门发现问题并及时处理,从而减少决策失误,提高监管有效性。事前评估通过对监管政策实施的"成本—收益"、不同利益集团得失以及制度环境约束等情况的估计和分析,可以对政策实施效果以及各利益主体的反应进行预评估,从而使监管部门大致了解政策实施可能遇到的难点和问题,进而做好充分准备,减少决策失误,提高决策科学化水平。快递实名制政策在实施初期效果不佳,从一定程度上说明了对于该政策的事前评估没有充分做好,导致在实施过程初期遇到各种意想不到的阻力和困难,实施效果不尽人意。对于事后监管评估来说,对监管政策实施效果的全面评价有助于监管部门及时总结经验、发现问题,为政策的修改完善提供有价值的借鉴和参考。一般来说,通过对政策实施效果与预定监管目标的对比,可以发现政策存在的不足,并找到现实与目标之间存在差距的原因,进而为后续政策的出台提供参考,避免由政策失误所造成的损失和资源浪费的扩大化。例如,近年来邮政管理部门加强了对快递市场监管方式实施效果的评估工作,及时总结、改进并推广了诸如"约谈"等一系列创新型监管手段,对提高快递市场监管工作的有效性起到了积极作用。

(2)公众参与监管绩效评估将有助于加强监管部门与社会公众间的联系

监管绩效评估的基本要求之一就是要向社会开放,而不是政府关起门来自己评估自己。监管绩效评估要求向社会公众及时发布相关信息,并听取公众对政府监管工作的意见和建议,还应当对社会各界的诉求做出合理回应。在当前信息化高速推进的时代,公众参与政府绩效评估的途径变得越来越多,各种门户网站、微信公众号、官方微博等新媒体平台拓宽了公民参

与政府监管绩效评估的途径,同时也为政府收集相关信息、广纳民意、了解民情提供了便利。快递服务涉及千家万户,政府监管工作不可能不听取消费者的意愿和诉求,公民的积极参与将有助于监管部门及时对政策实施效果进行评估,同时还能实现监管部门与公众之间的良性互动,从而促进双方的沟通与理解,共同推进政府监管水平的提升。国家邮政局近年来为了加强对监管工作的评估,在其官方网站开通了"在线访谈"栏目,消费者以及社会公众可以就快递市场监管工作存在的问题及时与邮政管理部门的主要领导进行在线交流,这一平台既是政府收集民意、改善监管绩效的有效途径,同时也拉近了邮政管理部门和社会公众的距离,对于推动"政府监管、企业自律、社会监督"三位一体的快递市场监管体系的健全具有十分重要的作用。

(3) 监管绩效评估将有助于推动政府监管体制改革与创新。

当前,我国各级政府部门都在致力于服务型、责任型政府的构建,政府监管绩效评估正顺应了这一趋势,也为监管部门实现监管体制改革和创新提供了新的途径和方法。在某种程度上,监管和创新是存在一定矛盾的:监管可能会对行业创新的条件加以限制,监管不当甚至还会降低行业创新水平;同时,创新又会在一定程度上加大监管工作的难度,给监管部门的工作带来挑战。但是,不论是监管还是创新,其根本目的是一致的,那就是促进行业的健康发展。因此,必须克服监管对行业创新的约束,发挥其对行业创新的积极作用。监管绩效评估可以很好地调和市场监管和行业创新之间的关系,通过绩效评估发现监管政策中不利于行业创新的部分,并及时做出调整和改进。

第二节 快递市场监管绩效评估体系构建的基本思路

快递市场监管绩效评估是一项系统工程,不仅涉及监管部门,还与社会公众、快递企业等市场主体密切相关。在快递市场绩效评估的众多工作中,最重要的一项工作就是快递市场监管绩效评估指标体系的建立,它是整个监管绩效评估工作的重点和难点。是否能够建立起一套科学、合理、全面且可实施的绩效评估指标体系将关系到快递市场监管评估工作的科学性和权威性,同时也决定着绩效评估工作的实施成本和实施效果。因此,绩效评估指标体系的设计在整个监管评估中发挥着基础性、引导性的作用,应该给予足够重视。

构建快递市场监管绩效评估指标体系不能一蹴而求,特别是在当前我国政府绩效评估工作起步晚、经验少的背景下,指标体系的设计不仅要考虑科学性和全面性,还要兼顾指标体系能否在监管部门内部有效实施,收到预期效果,避免指标成为一纸空文,绩效考核工作变成走过场。因此,在建立具体的绩效评估指标体系之前,有必要明确快递市场监管考核指标体系构建的基本思路和重要原则,使建立的指标体系能够满足快递市场监管绩效评估实施的要求,从而收到预期效果。

借鉴发达国家政府监管绩效评估工作的基本经验,并结合我国政府监管工作的实际情况,可以将以下三点作为我国快递市场监管绩效评估指标体系构建的基本原则。

(1) 评估体系的构建应当秉承"公共利益至上"原则,坚持以人为本

从本质上看,快递市场监管评估也是快递市场监管工作的一部分,因此开展监管绩效评估,特别是评估指标体系的构建就必须将维护公共利益、坚持以人为本作为基本原则。具体来看,坚持以人为本要求监管部门必须正确看待经济发展和行业安全以及消费者合法权益保护之间的关系,在评估指标体系构建中,不能存在"唯GDP主义",不能为了追求行业发展增速就忽视行业安全和消费者权益保护,不能为了行业的高速增长而降低对市场主体的监管要求和

标准。特别是近几年,快递业对国民经济的贡献率不断提高,但这不能成为监管部门放松监管的理由。尤其是伴随快递业高速发展而出现的一系列涉及行业安全和消费者权益保护的问题,更凸显维护公共利益和公共安全的重要性。因此,在监管绩效评估指标体系的构建中,必须坚持以人为本,在评估体系的目标设定和指导思想上,正确处理行业发展与消费者权益保护、公共安全之间的关系。

(2) 评估指标体系的构建应当坚持"定性指标"与"定量指标"的有机结合

当前主流的政府监管绩效评估方法基本上是借鉴企业绩效考核方法的思想,如平衡计分卡法,但是一些政府部门在借鉴这些方法时却出现了过分重视定量评价而忽视定性评价的倾向,对于政府监管工作的方方面面均强调要进行量化评估,这一倾向容易导致建立起的评估指标体系操作性不强,难以有效实施。因此,在快递市场监管绩效评估指标体系构建过程中,应当坚持以量化标准为评估基础,实现定性和定量分析的有机结合,并根据监管实际的需求不断进行调整。之所以将量化评估作为整个评估体系的基础,主要是因为快递市场监管工作中大部分的指标是可以进行量化分析的,如重大事故发生数、消费者投诉率、颁发快递经营业务许可证的企业数量、快件延误率等。但与此同时,在实际监管过程中有一些指标难以进行量化评价,如快递市场监管工作人员的责任心、工作流程的规范程度等,对于这些指标可以通过观察法、行业标准等行为锚定方法加以测评。在快递市场监管评估指标体系的具体构建上,指标主体应当采用定量分析的方法,以数值分析为基础,并通过统计学手段分析指标间存在的各种关系。同时,在指标的具体设计上也要防止指标过于细化,避免因数据收集难度加大、定量分析过于复杂而导致评估成本增大、淡化主要特征等问题。因此,在绩效评估指标体系构建之前,应当进行充分调查和指标预评估,尽可能将有代表性的指标纳入评估体系当中,以增强评估的有效性和可行性。

(3) 评估指标体系应当实现过程评估要素和结果评估要素相结合

所谓结果评估要素指的就是评估监管部门某一工作阶段或某个监管项目的绩效。例如,在我国快递市场监管实践中,监管部门经常展开对快递企业违法违规行为的专项整治行动,这些专项行动带有临时性、突发性和应急性等特点,因此很可能没有固定的模式和工作流程。因此,对于类似专项整治这类监管工作的绩效评估应当以结果为评价的基本依据,各项整治指标的达标率将成为衡量专项行动的重要标尺。所谓过程评估要素,指的就是对监管工作中通过结果指标难以进行衡量的过程或程序要素的测量和评估,以此来判定监管成效。例如,可以将快递市场监管法律法规、监管政策的制定和传达过程中的"差错率""响应时间"等程序要素转化为绩效指标,通过这些过程指标的评价间接实现结果评价。

(4) 监管绩效评估指标体系的建立应当考虑公众诉求,实现主观和客观相结合

在一些政府部门的绩效评估指标体系中,基本上所有指标都是客观指标,也就是政府将那些容易测量、能够体现公平正义特点的指标结合在一起形成指标体系,这种由政府自主设定的指标虽然能够充分考虑指标体系的可行性和操作性,但却容易造成监管部门对快递市场监管绩效的认同与社会公众对快递行业满意度之间的脱节,出现监管部门认为监管效果好,但消费者满意度却不高的问题。因此,快递市场监管评估指标体系不能仅仅依靠政府制定的客观性指标,还需要将公众的主观性指标纳入评估体系中,接受消费者、快递企业等相关利益主体的意见,这样才能使建立起来的评估体系更加全面、准确和客观,既能测量监管部门的工作绩效,又能衡量社会公众对监管部门的满意度。

(5) 监管绩效评估指标体系的构建应当遵循科学程序和方法

监管指标体系的构建是一项系统性工程，其复杂性和科学性决定了其在监管绩效评估工作中所占的核心地位。监管绩效评估指标不是凭空想象出来的，更不是随便拿来一些相关行业或企业的绩效评价指标就可以的。公共部门工作绩效评价指标的构建有其一整套科学方法和程序，在这方面，美国等西方发达国家的政府部门已经建立了一套较为科学的方法体系。例如，美国卫生与公众服务部、美国航空管理局等政府机构都利用"项目工作逻辑法"或其他绩效指标体系开发方法建立起适合本部门工作绩效的考评指标体系。指标体系中的每一个具体指标均来源于对该部门乃至美国联邦政府战略目标的分解和回应，并且尽可能使可以量化的指标能够量化，以便能获取数据对本部门绩效进行客观评价。我国政府部门工作绩效评价工作起步较晚，因此在指标体系构建上必须格外注意，合理借鉴西方成熟的指标开发方法并结合我国政府部门工作实际，按照科学程序合理确定绩效指标，从而构建起有逻辑、有依据且便于实施的绩效考核指标体系。目前，我国在煤矿生产安全监管、电信监管以及地方政府实际工作中已经开始尝试建立绩效评估指标体系，但是在快递市场监管领域这一工作还没有开展。因此，我国邮政管理部门需要充分学习借鉴国内外现有的政府工作绩效评估的成熟经验和做法，特别是绩效评估指标体系的开发方法，加快构建具有中国特色的快递市场监管绩效评估指标体系。

思考与讨论

项目工作逻辑模型：一种确定政府工作绩效范围和内容的方法①

要想设计有效的项目工作绩效考评指标，就要对项目工作的内容及其最终结果有一个清晰的认识。项目工作逻辑模型描述了项目工作的逻辑方法，显示了各部分内容之间相互作用的过程、所提供的产品或服务，以及怎样产生最终的结果。换句话说，就是要展开模型的内在逻辑，项目工作正是按照这种逻辑运行并由此带来了最终的产出。一旦阐明了项目工作的内在逻辑，就能系统地、自信地确定相关的绩效指标。

当我们进行公共或非营利项目工作的计划和管理时，要把目光放在具体的、能够达成的期望结果上。这些项目工作可以是一些关于调解、设计服务提供以及活动执行的内容。这些服务和活动一般用于解决某些问题，满足某些需要，或满足某种公众利益，以此改善一些不理想的状况。这样产生的积极影响构成了项目工作设想的结果，这些结果将成为支持项目工作的首要依据。一个项目工作所预想的结果或成果的"产出"出现在一个社会中，有一个目标区域或目标公众，覆盖州、地方及整个国家，但却不在实施该项目的项目内部或组织机构内部出现。很明显，预想的结果应该在定期的基础之上被清楚地理解和监控。如果一个实施项目工作的机构不能清楚地表述有价值的结果，不能提供证据证明项目工作的行动终究会产生这样的结果，那么至少在"是否支持这个项目工作"这个问题上就应该打个问号。

因此，任何一个好的项目工作涉及都是建立在一套假设的基础之上的。这些假设是关于项目工作所提供的服务、所服务的委托人、所处理的事件、所设想的结果以及如何运用各种资源，特别是项目工作活动来达到预期结果的逻辑。图 8-2-1 展示了任何一个既定的公共组织或非营利组织一般项目工作的逻辑。你可以运用这样一个模型作为组织的诊断工具，以确定关键的变量，这些变量涉及项目工作设计和潜在逻辑之中的变量所扮演的角色，以及它们之间

---

① 西奥多·H. 波伊斯特. 公共部门绩效评估[M]. 肖鸣政，等译，北京：中国人民大学出版社，2016.

的相互关系。

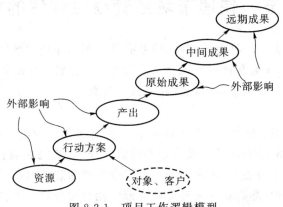

图 8-2-1　项目工作逻辑模型

简单来说,项目工作逻辑模型所表达的核心思想是:各种资源被用于开展项目工作的行动和提供服务,以产生即是产品和产出。组织希望这些产出会带来相应的成果,这种成果就是期望项目工作所能带来的实质性变化、提高或收益。这些成果常常按次序产生,从最初的成果到中间成果再到远期成果。通常,一个项目工作设计的潜在逻辑可以通过该项目所服务的客户或所处理的一系列案例来预测。另外,认清项目工作实施的环境或运作过程中的外部因素也是很重要的,因为它们是影响项目工作绩效的主要因素。图 8-2-2 显示的是美国联邦航空管理部门在全国范围内运行的空中交通控制项目工作的简化逻辑模型。尽管这一例子比较简单直接,但是它反映了项目工作逻辑模型的使命导向,以及产出与结果之间的关键区别。

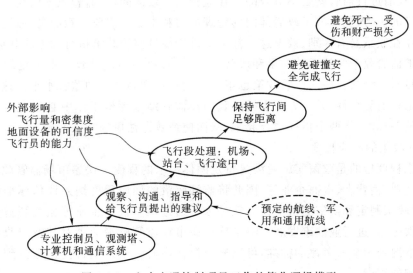

图 8-2-2　空中交通控制项目工作的简化逻辑模型

思考与讨论:画出我国邮政管理部门对快递行业安全监管工作的项目逻辑模型,并进一步思考我国快递市场监管工作绩效评估的范围和具体内容。

第三节 快递市场监管绩效评估的标准

监管绩效评估本质上是一种价值判断,因此必须在明确评判标准的前提下进行评估,只有明确了绩效评价的标准,才能有针对性地衡量监管政策和监管工作的效果。总体来看,我国快递市场监管绩效评估的标准至少应当包含以下五个方面。

(1) 监管投入

监管投入是对监管成本的评估,在一般情况下,监管者为达到监管目标而采取的行动和投入是实现监管政策目标的必要条件。没有必要的监管投入,要完成监管目标和任务是不可能的。无论是快递企业的市场准入,还是快递行业安全生产的监督检查、抑或是快递企业服务质量监测和消费者权益保护,都需要各级各类监管部门耗费大量的人力、物力和财力。监管投入的评估所考虑的是投入的合理性,如投入与监管工作的相关性。

(2) 监管效益

监管效益就是监管工作完成监管目标的程度。需要注意的是监管投入之后所得的成果,既包括经济成果,也包括非经济成果。快递市场监管的成果很多情况下并不表现为直接的经济成果,特别是关系到消费者权益保护、行业安全和绿色发展等议题的监管,所得到的成果往往是市场秩序的好转或公共利益的维护。因此,在确定监管效益这一评判标准时应当充分注意到这一点。

(3) 监管效率

监管效率是监管效益与监管投入的比率。如果监管效益小于监管成本,超出了监管的有效区间,那么政府进行监管就是不适合的。在监管的有效区间内,监管效率的高低不仅反映了监管政策本身的优劣,更反映了政府部门的管理能力和水平。需要注意的是,监管效率与监管效益之间既存在联系又有区别:效率这一标准侧重于衡量监管政策执行的方法和途径;效益标准则更侧重于监管政策实施后的结果和成就。因此,有效率的监管政策不一定就能得到好的监管效益;同理,一个效益好的监管政策也不一定能够达到高效率的监管水平。这一方面体现了政府监管工作的复杂性,另一方面也提醒我们在监管绩效评价工作中必须充分考虑一项政策的效率和效益标准,将两个指标结合起来,从而使绩效评估更加客观准确。

(4) 监管政策的回应程度

政策回应程度指的是政策实施后满足特定团体需求的程度。快递市场监管政策影响的主体包括快递企业、消费者、电商企业等,因此将监管政策的回应程度纳入评估标准是十分必要的,因为监管政策制定和实施的根本目的就是为了通过调整快递企业等相关利益主体的行为来规范市场秩序,促进行业健康发展。将某项快递市场监管政策活动对其特定收益目标群体需求的满足情况列为绩效考评的标准,可以充分评估该监管政策是否真正影响到了相关利益主体及其影响的程度。

(5) 可问责性

可问责性是确保监管政策实施的有效前提条件,对于缺乏激励的监管政策来说,没有强的可问责性,政策效果就难以保障。当前,我国快递市场的一些监管政策缺乏激励性,主要表现在政策实施主要依靠监管部门运用行政或法律手段对快递企业及相关利益主体进行限制和约束,这样的监管政策本质上与市场主体的意愿相违背,往往导致监管政策不能有效实施。因此,必须在监管绩效评估标准中加入可问责性指标,以保证监管政策的有效性。

第九章 快递市场监管信息化建设

科技是第一生产力,信息化是推进快递市场监管现代化的必由之路。当前,以移动互联网、大数据、云计算、区块链等为代表的新兴信息技术已经成为引领、驱动经济社会发展进步的主导力量,身处信息革命大时代里,快递市场监管部门有责任、有义务以信息化为抓手大力推进快递市场监管手段的现代化。特别是当前我国快递业发展日新月异,行业监管面临新形势、新任务和新挑战,运用现代信息科技武装快递市场监管,将有利于降低监管成本,提高监管的针对性、有效性和科学性,快递市场监管信息化建设是推进我国快递业高质量发展的重大战略任务。

第一节 快递市场监管信息化建设的内涵和必要性

一、快递市场监管信息化和监管信息平台

监管信息化是我国政府信息化建设的重要组成部分,它指的是政府监管部门运用现代计算机技术和网络通信技术,通过互联网平台收集、整合各行业监管信息,并及时对外发布,通过先进的网络和信息技术优化监管流程,在降低监管成本、提高监管效能的同时,能够为社会公众提供优质、高效、便捷的一体化管理和服务,推动行业健康发展。监管信息化的实质就是借助信息技术、网络技术来提高监管部门的管理和服务能力,其根本目的在于通过先进技术来辅助监管部门对市场进行高效监管,更好地服务社会大众,实现传统监管模式创新和变革。因此,对我国快递市场监管信息化来说,其内涵至少应该包括以下几个方面:首先,信息技术设施和综合性监管信息化平台是实现快递市场监管信息化的基础;其次,快递市场监管部门要拥有运用信息化手段的能力,建设一支能够运用最新科技手段进行信息化监管的人才队伍;再次,快递市场监管信息化的基本要求是实现监管部门间的互联互通,通过信息化手段实现快递市场监管的高效、透明、及时和便捷;最后,快递市场监管信息化的目的是提高快递市场监管效能,特别是保障快递市场安全稳定,更高效地服务经济社会发展、服务快递企业和消费者。

在快递市场监管信息化建设过程中,快递市场监管信息平台建设处于核心地位,它是实现快递市场监管信息化的基础和关键。监管信息平台建设可以将监管部门、快递企业、消费者利用计算机和互联网技术整合到一个平台上,从而实现信息的收集、传递、存储加工、维护以及使用,实现数据共享,从而极大地提高监管效能。

一般地,快递市场监管信息平台包括内部平台和外部平台两个部分。内部平台主要是指快递市场监管部门依据其职能,通过职能部门收集快递行业运行信息,利用部门内网发布网络资源,主要面向管理部门,为监管部门提供快递市场监管数据及信息,从而规范工作程序,提高工作效率。外部平台主要是指监管部门面向快递企业、消费者以及社会公众进行信息交换,以便人们能够及时了解快递行业的各项政策法规和行业信息,同时监管部门也能依托外部平台

及时获取社会各界的反馈意见与建议,做到及时汇总、分析和处理,为公众提供更加丰富和便捷的服务。

总体来看,理想的快递市场监管信息化将以监管信息平台为基础和支撑,通过先进的技术设备对快递行业的信息和数据第一时间进行收集、整理和分析,依靠信息技术发布监管信息并形成反馈机制,从而为快递市场监管决策和行动提供良好支撑。快递市场监管信息化应当以相关法律法规和完善的管理制度为基本遵循,以全方位、立体化的快递市场监管信息网络为基础,以先进的信息技术和监管设备为手段,以快递行业信息、数据统计信息、反馈信息、动态信息为主要支撑结构,以发布多种有价值信息为实践方式,通过完善的基础建设和科学的组织管理,充分发挥信息与技术相结合的优势,为快递市场监管部门做出正确决策、提高监管效能提供有力支持。

二、快递市场监管信息化建设的必要性

快递市场监管信息化建设涵盖快递市场监管工作的方方面面,从市场准入到行业安全再到服务质量,从监管部门的信息收集到加工分析再到科学决策,监管信息化建设对于提高快递市场监管效率起到了十分重要的作用。加强快递市场监管信息化建设的必要性体现在以下五个方面。

(1) 加强快递市场监管信息化建设有利于降低监管成本

信息化监管较传统监管手段而言,最突出的优势就在于其能够有效降低监管成本,提高监管效能。特别是快递市场监管工作涉及面广,牵涉的企业主体多,传统单纯依靠人力进行现场检查的方式已经不能满足快递市场规模日益扩大的需求,因此加强信息化监管势在必行。通过先进的信息技术和设备,大大提高了监管部门对信息收集、传输、共享、处理、分析、反馈的能力和效率,节省了监管工作人员的时间和精力,提高了监管工作的计划性和针对性,特别是提高了监管部门风险预警和对突发事件的反应处置能力。快递市场监管信息平台建立后,还能够利用这一平台实现对行业信息和资源的实时共享,及时为各级监管部门决策提供参考信息,打破传统监管模式下信息不畅、地域分割、各自为政的弊端,在节约监管部门人力、物力和财力的同时,也极大地提高了工作效率。

(2) 加强快递市场监管信息化建设有利于提高监管部门的决策水平

在互联网时代,政府面临的监管环境越来越复杂,需要做出的监管决策越来越多,特别是一些非程序化决策的增加给监管部门工作带来了挑战,决策的风险性在不断加大,监管部门通过有限理性进行判断并做出监管决策并不是最优决策模式,而监管信息化可以帮助监管部门尽可能方便地获取有价值的信息,从而改善监管部门的有限理性,降低监管者与市场之间的信息不对称,提高监管决策的水准和效率。快递服务关系到每一位消费者的切身利益,快递市场安全关系到全社会的和谐稳定,快递市场的健康发展则会对国民经济产生重要影响,因此提高快递市场监管决策水平是监管部门的重要任务。而快递行业的发展受到诸多不可控因素的影响,有关快递业的公共决策必须依据大量准确、及时的信息,通过对大量监管数据的科学处理,预测未来的可能情况,制定处理行业突发事件的政策并提供预警信息。当前,我国快递业务量激增,特别是近年来"双11"网上购物活动的出现给快递行业安全、稳定运行带来了巨大的挑战,与此同时消费者对快递服务的要求也越来越高,因此加强快递监管信息化建设,有利于适应新形势下快递业发展的新要求,提高监管部门的决策水平。

(3) 加强快递市场监管信息化建设有利于降低信息不对称,实现信息共享

所谓"信息不对称"包含两种情况:一是有些信息只有一方当事人知道,另一方不知道;二是双方都了解相关信息,但是签约后有一方可以利用对方不了解的签约信息,采取"偷懒"或"不尽力"行为。这两种情况的存在正是快递市场监管部门不能有效对快递企业进行监管的重要原因,而监管信息化建设可以通过各种高科技手段将快递企业生产运行各环节的行为进行记录,并向全社会公开,共享信息资源,从而有效降低信息不对称,提高监管能力。近年来,国家邮政局加大快递市场监管信息化建设力度,将邮政市场监管信息系统延伸到市(地)一级,直接通过视频监控就可以监测主要快递企业生产作业的现场情况,一旦发现快件积压和野蛮分拣等现象,将及时进行协调指挥并妥善处置。

(4) 加强快递市场监管信息化建设有利于推动监管部门政务公开,加强政府与社会的互动

监管信息化建设在方便监管部门的同时,也给社会公众参与快递市场监管提供了可能。一方面,随着新媒体时代的到来,监管部门在媒体上的曝光度显著增加,社会公众不断要求政府公开政务信息,如果政府监管工作不能做到公开透明,就会招致社会公众的不满,造成监管部门工作复杂化。监管信息化可以通过电子政务再造管理流程,使监管部门工作规范化、严密化,并逐步实现监管行为的全记录和结果公开,这样就有助于社会公众及时了解政府部门对快递市场监管的具体信息,实现权力在阳光下运行。另一方面,公众也可以通过政府网站、官方微信、微博等途径向监管部门反映问题,公众参与和信息反馈能有效改进政府部门的监管行为,提高政府公信力。

(5) 加强快递市场监管信息化建设有利于进一步实现社会管理创新

我国高度重视创新社会管理工作,快递市场监管作为政府公共事务管理的一项重要内容,也属于社会管理范畴,是保障国家政治稳定、经济发展和社会和谐的重要任务之一。面对快递业出现的诸多制约行业健康发展的问题,监管部门应当科学监管,加强知识创新和制度创新,特别是要通过科技创新,加强快递市场的社会管理。技术创新是制度创新的源泉和动力,加强快递市场监管信息化建设符合未来政府监管的发展趋势。大数据、云计算、物联网等新理念、新技术在快递市场监管中的应用和普及,将极大整合快递行业信息资源、统筹业务应用模块,实现包括快递市场监管工作在内的各项社会管理工作的创新。

第二节 我国快递市场监管信息化建设取得的成就

伴随快递业的诞生和飞速发展,我国快递市场监管信息化建设也经历了从无到有、从小到大、从弱到强的发展历程。特别是在发展前期缺少资金和经验的条件下,快递市场监管信息化建设白手起家、不断进步,紧盯市场发展变化和行业需求,努力实现信息化建设与行业监管同步谋划、同步建设、同步实施,取得了巨大成就,信息化建设有力支撑了快递市场监管工作,提高了监管效能。总体来看,我国快递市场监管信息化建设取得的成就表现在以下四个方面。

(1) 基本建立起了快递市场运营监控指挥调度系统

一个贯通全国各级邮政管理部门,覆盖各大快递企业的行业监控指挥调度系统是快递市场监管信息化建设的关键。目前,我国已经基本建立起了能够实时、动态掌握各大快递企业运行状况的行业监控指挥调度系统,并且不断完善系统的覆盖范围和功能,利用行业大数据,逐步做到生产事前预报、事中预警和事后分析,实现对全网运行的动态指挥和应急管控,不断完善和创新快递生产指挥调度工作,提高全网运行质量。近几年,每当"双11"快递消费旺季,国

家邮政局就会利用大数据对全行业生产运行状况进行事前预测,预估旺季消费总量和可能的热点地区,使之提前做好准备,之后利用行业监控指挥调度系统在"双11"到来时对各地区、各快递企业进行事中预警和指挥,防止出现快件爆仓、企业运行瘫痪的发生,旺季结束后及时进行行业大数据分析,总结经验,并通过监控指挥调度系统将其传达至各级邮政管理部门和各大快递企业,为今后改进监管水平提供有力的决策支撑。

(2) 利用互联网技术搭建起了行业公共信息服务平台

公共信息服务平台是实现行业监管信息公开、促进监管部门与社会公众互动交流,改进监管效能的重要手段。我国邮政管理部门积极利用互联网技术,基本搭建起了邮政行业公共信息服务平台。这一平台不仅包括一般性的政府官方网站,还包括微信、微博等多种新媒体平台,在发布行业监管信息的同时,也为公众提供了反馈意见的渠道。监管部门通过行业公共信息服务平台,及时处理服务信息,全面整合信息系统资源,在提高快递市场监管透明化程度的同时,也进一步完善了行业监管体系,提升了监管服务能力。例如,国家邮政局和地方各级邮政管理部门近年来不断完善政府网站功能建设,在实现基本信息公开功能的同时,完善电子政务服务能力,逐步实现了快递业务经营许可的网上申请、信息查询等功能,特别是加强消费者网上申诉平台的建设,实现网上申诉、申诉处理结果查询等一站式服务,不断提高监管部门公共服务平台建设水平。

(3) 建立并完善行业视频监控系统

完善的视频监控系统是实现快递市场实时监管的基础。特别是在当前部分快递企业存在暴力分拣等违规行为的背景下,建立一个完善的视频监控系统更具现实意义。目前,我国大部分快递企业的生产作业车间已经安装了视频监控设备,一些地区的邮政管理部门已经将快递企业的监控系统接入管理部门,从而对快递企业生产操作行为进行实时监控。此外,我国正不断推进快递行业视频监控系统建设,一方面扩大视频监控的企业数量和覆盖的生产作业环节,另一方面着力完善监管部门视频监控系统功能建设,实现对快递企业生产作业的全方位、实时、动态监控。例如,在2014年"双11"期间,国家邮政局视频监控连接17省,覆盖了300个快递转运中心,汇聚着全国近万家快递企业的实时数据更新,实现了对全国快递转运的有效监督。

(4) 利用信息技术实现快递市场监管执法的移动化和便捷化

移动执法和实时监管是推进快递市场监管水平现代化的基本要求,而先进的智能技术和信息技术则可以推动这一目标的实现。目前,我国邮政管理部门正加强完善执法信息系统建设,在监管实践中推广使用基于智能手机或专用手持设备运行的移动执法终端,在部分有条件的地区试点采用云计算开展的行政处罚和行政许可业务,并与后端的各类业务应用系统进行整合,逐步实现远程办公、移动执法、现场取证、实时预警、动态查询、消息通知、GPS 地图定位等多种功能在内的一系列用途,推进执法的便捷性,有效降低监管成本,提高监管成效。

> [!NOTE] 延伸阅读
>
> **天津市邮政管理局——利用信息技术提高行业监管能力**[①]
>
> 作为我国京津冀地区的排头兵,天津市历来高度重视邮政市场监管信息化建设,一些新思

---

① 本文根据天津市邮政管理局局长陈凯 2016 年 11 月 2 日在国家邮政局网站的访谈内容整理而成。

路、新做法处在全国前列,从天津市推进邮政市场监管信息化建设的思路和举措中,我们可以窥见今后邮政及快递市场监管信息化建设的大方向和主要任务。

按照国家邮政局、商务部、财政部《关于开展电子商务与物流快递协同发展试点工作的通知》中有关加强信息化建设的要求,天津市邮政管理局开发建设了电商与快递公益性服务平台。按天津市邮政管理局局长陈凯的话讲,平台的整个建设过程是很艰苦,甚至很艰难的。但提高邮政快递市场监管的科技应用能力势在必行,即便艰难,也要不遗余力推进。自2015年以来,天津局利用了近一年时间开展信息化平台建设的调研工作:一是赴上海、郑州、杭州等地调研;二是在津召开专题会议,与顺丰、圆通、速尔、百世等快递企业总部负责人座谈,交换搭建信息公共服务平台的意见建议;三是汇集本地电商企业信息,收集南开区、武清区、宝坻区、滨海新区,天津电商城、天下五金电商城、亚马逊天津中心、苏宁天津中心、大胡同商业区电商的基本电商信息数据及天津市快递企业数据,基本摸清了网络建设情况和数据源;四是依靠国家邮政局发展研究中心、国际电子商务中心、南开大学、天房科技等多家科研单位、高等院校、软件技术公司的技术支撑,进一步反复论证项目可行性。在调研中发现,电商与快递飞速发展的同时,由于二者信息不对称引发了很多问题,包括二者数据对接不畅通,存在信息壁垒,政府对电商与快递缺少必要的统计分析与监管手段,公共信息服务体系不健全等。针对调研中发现的问题,天津局对平台开发的架构进行了顶层设计,重点解决以下三个问题:一是解决电商企业与快递企业间信息不对称的问题,打破二者信息壁垒,要建立统一的数据对接标准,加强二者的信息互联互通,提高电子商务快件的处理效率,避免因为数据对接不畅产生的积压滚存、快件爆仓等问题。二是要化解企业与消费者之间的信息不对称问题,让消费者从官方渠道可以查看到自己网购快件的信息,提升行业透明度,改善快递服务,促进电商发展。三是要进一步加强政府对行业的监管,解决企业与政府间信息不对称的问题,通过信息化手段规范诚信经营,加强政府监管。围绕这些建设目标,天津局开展了平台的研发建设。

2016年10月9日,天津局初步搭建完成"天津市电子商务与物流快递公益性服务平台",并在第47届世界邮政日到来之际上线试运行。信息平台包括一个综合性门户网站,包括9大业务子系统,即企业信息共享、末端配送网点信息系统(涵盖视频监控、网点地理信息、快件业务量信息等)、诚信管理、统计分析、双随机执法、实名制管理和安检机联网等。同时,为便于移动执法,天津局还开发了系统的手机App,一方面便于消费者在手机上查看快递服务网点的基础信息,另一方面便于执法人员在执法检查中查看寄递企业基础信息、全市危化品企业及产品目录、邮政快递网点GIS地图等,并可以实时上传执法检查记录,实现移动办公。同时,信息平台不仅是纵向对企业进行服务与监管,在横向也为其他政府部门的信息对接预留了端口,如国家邮政局、地方政府、海关平台、税务平台、检验检疫平台等,将实现立体化、全方位的系统对接。平台测试期间已成功对接天津EMS、苏宁、百世、圆通、中通、申通、国通、近邻宝、速递易等19家快递、电商及智能快件箱企业业务数据,1 078个末端服务网点的基础信息,952个电商、快递服务营业场所的视频信息,1 627组智能快件箱的投递信息,实现了接入企业的业务订单数据、视频监控数据的实时调取查看。正式上线后将实现企业数据一次接入平台,多方互联共享,实现业务高峰的提前预判,有效提升消费者体验与满意度,切实加强政府对电子商务、快递服务的数据统计、分析、监管和预测。

有人或许会问,天津市如此不遗余力地推进监管信息化建设,到底意义何在呢?对此,作为一名"老资格"的邮政行业管理者,陈凯认为信息化建设之所以必要和紧迫,是由邮政管理部门"人员少、事项多、责任大"这个现实状况决定的。以天津局为例,市局和派出机构共有行政编制50人,监管16个行政区,市域面积1.1万平方千米,邮政快递企业网点1 500余处,邮政业从业人员4万余人,寄递渠道反恐、禁毒、"扫黄打非"、综治等工作与地方越来越密切,特别是2015年天津港8·12事故之后,行业安全监管的压力和责任越来越大。针对现状和行业高速发展的实际,特别是寄递企业科技含量逐步增加,智能化、自动化应用比例逐年提高,作为邮政管理部门一定要与时俱进,紧紧跟上,超前谋划。因此,陈凯指出,做好行业监管工作只有走信息化这条路是最可靠的阳光大道。通过信息化建设实现邮政管理方式的三个转变:一是由上门现场监管向信息化精准管控转变,二是由违法处置事后管理模式向预防控制事前管理模式转变,三是由邮政管理部门单一监管方式向多部门联动监管机制转变。通过科技应用可以有效提升行业监管效能,保障行业安全健康发展。

在陈凯局长看来,推动邮政快递行业的监管信息化需要做的事还有很多。陈凯表示未来几年天津邮政业还要在服务智能化、生产自动化、协同信息化、运输高效化、运营绿色化、管理科学化等"六化"上狠下功夫,不断加强科技创新,不断加快成果转化,不断加大科技投入,持续增强发展实力。一是按照国家邮政局的整体安排,争取在2017年上半年完成"绿盾工程"一期建设,行业安全监管信息化水平将进一步提升。二是对天津市邮政业信息中心进行提升改造,完善1号机房和2号机房软硬件功能,做好系统等保定级、容灾备份等工作,确保网络系统安全运行。三是进一步强化快递与电商协同发展公益性信息平台的应用,不断丰富完善平台功能和手机App模块性能,推进寄递实名登记、安检机联网等功能开发,完成设计规模5 000辆寄递车辆定位系统接入,提升信息化监管的效能。四是通过培养人才、引进人才等途径,加强信息化人才队伍建设。

陈凯指出,不仅是天津,全国邮政快递行业都将继续抓好行业信息化建设,通过信息化建设有效提升监管效能,提高行业管理水平和专业化能力,为实现"五个邮政"建设打下基础,为建设与小康社会相适应的现代邮政业、建设邮政强国发挥更大作用。

案例思考: 天津市邮政管理局在快递市场监管信息化建设方面都采取了哪些做法?推进快递市场监管信息化的重点和难点有哪些?天津的经验给我国今后加快快递市场监管信息化建设带来了哪些启示?

第三节 我国快递市场监管信息化建设存在的不足

经过多年的发展,我国快递市场监管信息化建设已经取得了巨大成就,监管信息平台日趋成熟。近年来,邮政业信息监管系统等信息化监管手段为"双11"等快递业务旺季的平稳过渡、安全监管做出了突出贡献。但从长远来看,我国快递市场监管信息化仍然存在以下一些亟待解决的问题。

(1) 信息资源难以整合,尚未形成监管联动格局

从横向上看,快递市场监管工作涉及邮政、公安、安全、海关、工商、食药监、铁路等多部门,需要部门间的密切配合,部门间的信息资源共享是提高监管水平的重要支撑。但是,我国各行政部门长期以来工作领域不同,各部门关注的重点存在差异,加之我国还未建立起完善的部门间工作协调机制,使快递市场各监管部门之间信息资源整合难度较大。不仅是部门之间,监管部门内部也仍然存在信息资源难以整合、各自为政的问题,不能很好地实现部门间、系统间的数据对接和信息共享,在造成资源浪费的同时也容易产生一些监管盲区,降低监管效能。从纵

向上看,我国各级邮政管理部门之间也存在着信息资源难以整合的现象,特别是一些基层邮政管理部门和快递业发展不成熟的偏远落后地区,由于尚未建立起完善的监管信息平台,相关信息不能完全、及时、准确地传递至上级监管部门,使上级部门无法及时掌握有效的监管信息,影响了决策质量和决策速度。此外,我国还未实现不同地区间快递市场监管信息的资源共享,尚未形成全国一盘棋的联动格局。

(2) 监管信息系统涵盖范围有限

为了保障社会安全和公共利益,快递市场监管实行全过程监管,涵盖快递企业准入、快递生产作业以及售后服务等多个环节。当前,我国快递市场监管信息系统尚未实现对快递生产运营全过程的覆盖,在一些环节上存在监管盲区,特别是在与公共安全和消费者权益密切相关的一些环节上缺乏监管。例如,在快递收件环节缺乏必要监控,加之快递员疏于验视,导致一些危险品轻易通过快件进入寄递渠道,给公共安全造成巨大隐患;在快件分拣环节,一些中小企业未安装视频监控设备,使暴力分拣现象依然存在。

(3) 快递市场监管信息公开水平有待提高

尽管我国各级邮政管理部门都建立了官方网站,但大部分网站也仅仅是将一些法律法规、政策信息和行业发展数据等在网上进行公布,公众可以获得的有用信息偏少、质量相对偏低。例如,在邮政管理部门的网站上设有"快递追踪查询"功能,但是有部分快递企业的快件追踪信息不能及时更新,使消费者不能了解快件行踪,以至于当纠纷发生时,不利于消费者的取证维权。

(4) 监管的信息安全存在漏洞

快递市场信息化监管过程中会产生一些敏感数据,如涉及消费者个人隐私的信息,这些信息一旦泄露,会给消费者和全社会带来负面影响。我国快递市场监管信息平台和信息系统的防御安全体系尚未完全建立,目前仍存在一些安全隐患:一方面缺少安全规划,监管人员对于保护消费者私人信息等敏感数据的意识不强;二是缺乏制度保障,监管部门并未建立起数据保密和信息安全方面的管理制度;三是一些监管部门仅仅使用普通的杀毒软件和防火墙进行防护,缺乏专业化的信息安全防范措施。

(5) 快递市场监管信息化建设的人才相对匮乏

我国快递市场规模庞大,而专业化的监管人才却十分匮乏,一些中西部省份的省级邮政管理部门编制才十几人,即便是东部发达地区省份的邮政管理部门编制最多也只有四五十人,面对众多的快递企业和消费者,监管人才十分紧缺,而熟练掌握信息技术、互联网技术的专业人才则更加匮乏,特别是在基层邮政管理部门,缺乏信息化技术和管理人才的正式编制,导致这些地区信息化监管长期滞后,极大地影响了监管水平的提升。

第四节 我国快递市场监管信息化建设的原则和工作思路

通过对我国快递市场监管信息化建设现状的分析和问题的梳理,可以为进一步完善我国快递市场监管信息化体系,改进监管信息化工作指明方向。总体来看,我国快递市场监管信息化工作应该在政府监管部门的统一部署下,按照科学、高效的基本原则,合理利用最新科技成果,采取有效措施,将监管信息化工作做细做实,进一步降低监管成本、提升快递市场监管效能。

一、我国快递市场监管信息化建设的基本原则

（1）监管信息化建设应坚持以服务为导向，以满足各方需求特别是消费者需求为出发点和落脚点

快递市场监管信息化建设归根到底是为了维护公共利益、促进行业发展，因此在推进过程中，必须始终坚持服务导向，特别要将方便消费者、维护消费者合法权益作为信息化建设的着眼点，坚持用信息化技术改造和提升监管部门的传统服务功能，满足消费者多样化需求，真正使监管信息化实现以"以民为本"。

（2）监管信息化建设应坚持政府牵头、有关方共同参与的原则，并明确参与方的责任和义务

快递市场监管信息化建设横向上涉及不同领域的监管部门，纵向上则涉及各级邮政管理部门及相关利益主体。一方面，主要监管部门特别是国家邮政局应当承担起快递市场监管信息化建设的主要责任，成立监管信息化建设工作领导小组，积极谋划、提前部署，明确各级、各部门在监管信息化建设工作中的任务，并及时对地方各级邮政管理部门的监管信息化工作进行指导和督查。另一方面，要充分发挥快递市场相关利益主体的作用，充分听取消费者、快递企业、行业协会以及其他相关组织的意见和建议，调动其积极性，促使各方主动参与快递市场监管信息化建设工作，尽最大努力将各方利益诉求在监管信息平台中实现，提高监管信息化建设的针对性和时效性。

（3）监管信息化建设应坚持以降低监管成本、提高监管效能为基本导向，力求务实高效

监管信息化建设的基本目标就是通过信息技术改变传统政府管理中由于信息不畅、信息处理手段落后等因素所造成的决策失误、资源浪费、成本高昂、效率低下等问题，从而提高监管效率。快递市场监管信息化建设必须坚持务实、高效的基本原则，杜绝开发不实用或不切实际的技术和功能，要立足监管部门服务于快递企业、消费者以及监管工作人员的需要，优先建设那些需求紧迫性强、业务关联度高、综合效益好的信息化项目，增强监管部门电子政务系统的服务功能、扩大服务范围、提高服务质量。

（4）监管信息化建设应遵循一定标准，实现互联互通，在保证信息公开、资源共享的基础上保障信息安全

快递市场监管信息化建设应当以国家有关政府机构信息化建设工作的法律法规和政策精神为指导，在遵循标准的基础上充分利用和整合现有资源数据，推动信息在不同监管部门间和监管部门内部的互联互通，打破"信息孤岛"，实现资源共享。同时，还要统一政府外网规范，实现各级监管部门网络互连互接，形成统一的政府外网服务体系。最后，应注意在信息公开和资源共享的同时，加强主要敏感数据的信息安全工作。

二、推进我国快递市场监管信息化工作的具体思路

（1）建立并完善快递市场监管信息化建设的制度体系

推动快递市场监管信息化建设，要制度先行。监管部门要高度重视监管信息化的制度保障，研究和制定支撑监管信息化条件的快递监管法律法规体系，修订和调整现有法规政策中与其相悖的内容，从法制上保证监管信息化建设的有序推进。要对明确不上报数据、规避监管信息化建设的法律责任进行明确界定，同时对积极推进信息化建设的单位和个人制定奖励办法，

有效解决监管信息化建设过程中一些单位和个人不作为现象。同时，还要通过制定法律法规，明确快递企业在信息化监管工作中的权利和义务，一方面要对于那些不配合监管部门推广实施信息化监管的企业制定相应警告和处罚措施，明确企业不安装视频监控系统、不主动上报或隐瞒、篡改相关数据等违反电子监管规定行为应承担的法律责任；另一方面还要及时研究出台相关政策，鼓励快递企业积极主动配合监管部门进行信息化改造，及时在生产作业车间安装视频监控系统，建立并完善企业信息系统并实现与邮政管理部门监管信息系统的有效对接，及时上报相关数据和信息，加强信息公开和信息保密，通过制度和政策保障快递市场监管信息化工作的顺利推进。

（2）理顺快递市场监管信息化建设的体制机制，提高思想认识，制定统一标准

首先，加快监管信息化建设，必须理顺现有体制。快递市场监管信息化建设作为我国邮政监管信息化建设的主要组成部分，应当协同推进，形成"中央统一领导，地方部门负责，业务垂直指导"的体制，国家邮政局作为快递市场监管的核心部门，应当承担起全国快递市场监管信息化工作的重任，提早谋划、统筹决策，充分考虑监管信息化建设在不同地区、不同部门和不同层级发展水平上的差异，加强分类指导，统筹现有资源，分阶段、分地区稳步推进实施。各地方邮政管理部门应当根据国家邮政局的统一部署，结合本地区快递市场监管工作实际，因地制宜地开展监管信息化建设工作，积极争取地方财政专项支持，避免忽视信息技术不断更新与地方政府投入滞后之间的矛盾，加强规划前的调查研究，主动学习发达省份或地区信息化监管建设的经验，取长补短，努力提高本地区快递市场监管信息化建设规划的预见性和投入的实效性。

其次，各级邮政管理部门应当从思想上高度重视监管信息化建设的重要意义，正确认识监管信息化建设的目的，杜绝单纯为了追求信息技术水平提高的错误观念，树立监管信息化建设是为了提高政府公共管理和公共服务效能的理念，避免形成"信息化建设只是技术人员的事"的错误认识，树立监管信息化必须统筹谋划、多部门共同努力的意识，明确信息化建设工作的责任分工。例如，监管信息化工作领导小组主要负责战略决策，并解决人力、物力和财力问题；专家咨询小组协助领导小组制定信息化监管建设的推进计划，研究具体建设方案，并对工作实施进行技术指导；相关监管职能部门具体负责建立本部门的业务模型、优化业务流程；信息技术小组承担起监管信息平台的技术实现、软件设计与开发和对监管信息系统进行日常维护和人员培训等工作。

最后，要加快快递市场监管信息化标准体系建设，包括数据标准、技术标准和安全标准，逐步形成覆盖快递市场监管各环节、各领域的管理应用一体化的标准体系，改变当前标准混乱、重复建设、各自为政、区域网络互不相容等问题，实现国家邮政局与地方各级邮政管理部门，邮政管理部门与其他监管部门，监管部门与公众间的无缝衔接，加强信息安全，减少资源浪费。

（3）健全并改进快递市场监管应用系统，优化监管业务流程

要由上而下健全并改进快递市场各监管应用系统，主要包括快递企业行政许可准入系统、快递企业生产作业网上监管系统、移动现场检查执法系统、企业违法违规行为查处办案系统、快递行业安全预警信息系统、快递行业公共服务系统、消费者申诉与维权系统、快递行业运行与大数据分析系统等多个应用系统，实现跨地市场监管服务各环节、各领域全覆盖。在健全完

善跨地市场监管应用系统的同时,按照我国服务型政府建设改革的总体要求,加快推进快递市场监管部门的"政务流程再造"工程,建立业务模型,使监管信息化建设根据监管部门的要求进行系统规划、研究业务的共性,并进行系统设计,开发应用软件,实现业务流程的信息化,使信息化不仅用来提高监管效率,还能够促进政府再造。快递市场监管信息化作为电子政务工程的重要组成部分,必须与政务重组和流程再造结合起来,改变传统以"职能"为中心的做法,实现以流程为中心,对监管部门原有业务流程的基本要素进行优化,再造快递监管部门组织结构,简化中间管理层,扩大授权,改变条块分割并打破部门界限,实现快递市场监管部门组织系统内和跨部门的资源共享、网络化管理和协同办公。以快递市场网上监管系统为例,要着力实现快递企业生产作业网上监管全覆盖,狠抓源头防控风险,完善快递企业远程监控信息系统,努力实现快递企业从快件揽收、运输、分拨、投递等作业情况全程不间断监控。要利用先进技术建立完善移动现场检查执法系统,利用物联网、云计算等先进技术,借鉴相关行业监管的经验,研究开发具有移动办公、拍照取证、纠纷处理、行政处罚等多项监管执法功能于一身的便携式执法系统,提高监管工作效率。

(4) 建立并完善"智慧快递监管信息平台"

在信息化浪潮的推动下,快递市场监管亟须变革传统监管方式,利用新技术和新思维打造智慧快递监管平台,引领监管走向动态可视化。结合快递行业的发展形势和"智慧快递监管"的建设需求,建立起以信息安全为保证,包含服务层、应用层、数据层、网络层的监管信息平台。邮政管理部门基于对企业运营、企业准入和视频监控等信息的统一收集整理,整合现有信息系统,构建起提供云服务的智慧快递监管平台,实现快递企业市场准入、行业安全监管、消费者权益保护等业务功能一体化。其中,云服务模式包括移动执法终端、E快递、智能仓储等应用。邮政管理部门进一步推动数据中心的搭建,为各省级监管机构和其他政府部门提供支持和交换,并及时通过云服务模式为企业提供运营、物流等详细信息。在可视化监管平台的基础上,邮政管理部门基于数据中心与云服务模块的海量数据,进行大数据挖掘和客户舆情分析,及时、准确地把握快递业务运行的脉搏,实现全程全网实时监控,有效预测行业发展状况,为行业决策提供可行方案,提高应急管理水平,以信息化引领监管走向动态化和可视化。通过数据分析支撑公共服务平台的构建,主要体现在网上信息门户、移动客户终端和快递网点地理信息等形式,从个人和企业方向提供不同层次的需求:个人服务包括利用需求分析展现个性化特征、消费者申诉与满意度评价、资费及邮编查询和职业技能鉴定等;企业服务则包括行业标准制定、行业统计分析、流量流向时限监测和准入许可等。

(5) 利用大数据提升行业监管水平

首先,邮政管理部门应建立数据资源中心及信息资源采集和交换体系,建立基础数据库和业务应用数据库,提高应用数据共享程度,构成统一的数据资源体系,并健全数据源目录体系和数据标准规范,推动实现业务协同。其次,邮政管理部门应尽快研究并组织实行大数据战略和政策措施,引导、推动行业大数据研究和应用,开发快递市场监管"大数据"挖掘与应用能力,并深入应用大数据管理,利用新型计算架构和智能算法等新技术,深化数据利用和挖掘,促进在线闭环的业务流程优化。同时,邮政管理部门应以电子监控为抓手,利用可视化平台提升行业动态的监测和趋势研判能力,为安全监管、运行监测和行业统计等应用提供有效的数据支撑,为行业提供大数据公共服务,尝试建立承载企业数据的"黑匣子",完善"黑名单"制度,支撑监管部门宏观政策、监督管理、公共服务的顺利开展,支持企业进行高效的业务发展、生产组织与经营决策。

(6) 加快监管信息化建设专业人才培养,壮大人才力量

高素质、专业化的监管信息化人才是推进快递市场监管信息化建设的重要支撑。因此,必须高度重视快递市场信息化监管人才的培养,壮大信息化监管力量。首先,要尽快建立各级快递市场监管信息化领导小组,健全信息化监管的专门力量,核定专职信息化监管人员及其编制,并明确职责分工,包括:信息化建设的规划、推进、应用和维护;执行网上监管和监管数据信息的分析、处理与通报;通过信息化手段与监管相对人保持实时沟通,督查其信息化应用的落实情况,解决其在应用过程中存在的问题。其次,要坚持把信息化应用能力作为提升监管队伍专业素质的重要内容之一,建立不同层次、不同形式的监管信息化人才培养制度,动员各大高校、科研院所开办相关专业和课程,组织动员快递市场监管工作人员参加各类信息化应用操作培训,使邮政管理系统从干部到普通工作人员都能掌握基本的信息技术,同时做好绩效考核工作。最后,要加强对相对人少特别是中小快递企业的教育培训力度,使相关人员能够熟练掌握信息化管理的主要任务和基本操作,并能有效配合监管部门的工作。

参考文献

[1] 萨伊.政治经济学概论[M].陈福生,陈振骅,译.北京:商务印书馆,1982.
[2] 保罗·萨缪尔森.经济学[M].高鸿业,译.北京:商务印书馆,1986.
[3] 约翰·穆勒.政治经济学原理[M].赵荣潜,桑炳彦,朱泱,译.北京:商务印书馆,1991.
[4] 植草益.微观规制经济学[M].朱绍文,译.北京:中国发展出版社,1992.
[5] 姜明安.行政法与行政诉讼法[M].北京:北京大学出版社,高等教育出版社,1999.
[6] 张兵.快递概论[M].北京:中国商务出版社,2006.
[7] 王俊豪.管制经济学原理[M].北京:高等教育出版社,2007.
[8] 亚当·斯密.国民财富的性质和原因的研究(下卷)[M].郭大力,王亚南,译.北京:商务印书馆,2008.
[9] 大卫·李嘉图.政治经济学及赋税原理[M].丰俊功,译.北京:光明日报出版社,2009.
[10] 刘维奇.米尔顿·弗里德曼——现代货币主义理论创始人[M].北京:人民邮电出版社,2009.
[11] 苑春荟.管制治理:中国电信产业改革实证研究[M].北京:人民邮电出版社,2009.
[12] 伊恩·沃辛顿等.企业环境[M].徐磊,洪晓丽,译.北京:经济管理出版社,2011.
[13] 斯蒂芬·P. 罗宾斯.管理学[M].刘刚,程熙铭,梁晗,等译.北京:中国人民大学出版社,2012.
[14] 文学国.政府规制:理论、政策与案例[M].北京:中国社会科学出版社,2012.
[15] 王俊豪.管制经济学原理[M].2版.北京:高等教育出版社,2014.
[16] 西奥多·H. 波伊斯特.公共部门绩效评估[M].肖鸣政,译.北京:中国人民大学出版社,2016.
[17] 宋涛.行政问责概念及内涵辨析[J].深圳大学学报(人文社会科学版),2005(02):42-46.
[18] 刘东刚.中国能源监管体制改革研究[D].北京:中国政法大学,2011.
[19] 孙红竹.新时期中国行政问责制研究[D].北京:首都师范大学,2011.
[20] 刘倩.我国快递行业的监管法律规制研究[D].合肥:安徽大学,2012.
[21] 王志伟.凯恩斯主义经济理论与近年来的经济危机[J].福建论坛(人文社会科学版),2013(02):39-44.
[22] 尹少成.论行政法视野下的公用事业监管——以邮政监管为例[J].学术论坛,2013,36(09):191-194,202.
[23] 吴昊,谭克虎.快递业对经济社会发展的作用分析[J].经济问题探索,2014(02):48-51.

[24] 刘亚.快递业服务质量对服务价值的影响[J].中国流通经济,2014,28(05):106-111.

[25] 沈明磊,董蕾蕾.快递丢失损毁赔偿纠纷若干法律问题研究[J].法律适用,2014(06):63-67.

[26] 赵丹凤.关于我国快递物流高投诉率背后的思考[J].东南大学学报(哲学社会科学版),2014,16(S1):80-82.

[27] 曾浩.快递业的积极作用和发展对策[J].宏观经济管理,2014(07):79-81.

[28] 郭云,谭克虎.快递产品时效性与快递企业边界问题研究[J].商业经济与管理,2015(01):5-12,18.

[29] 郭云,谭克虎.快递业规模经济与我国快递业的发展[J].兰州学刊,2015(02):184-190.

[30] 张焱,苑春荟,逢景荣.快递物流业与酒类制造企业协同联动模型和平台构建研究[J].北京邮电大学学报(社会科学版),2015,17(06):51-57.

[31] 祝健,牛振国.完善我国快递市场监管体系的对策构想[J].福建师范大学学报(哲学社会科学版),2016(01):56-62.

[32] 王之泰.快递行业建设相关问题思考[J].中国流通经济,2016,30(01):5-9.

[33] 马军胜.从快递产业发展看辩证处理市场和政府关系[J].理论视野,2016(02):25-26.

[34] 郑佳宁.我国快递行业发展的"潘多拉之盒"——快递加盟连锁经营模式之法律问题探讨[J].河南社会科学,2016,24(03):56-61.

[35] 王宝义.中国快递业发展的区域不平衡性测度研究[J].统计与信息论坛,2016,31(03):60-67.

[36] 岳宇君,胡汉辉.邮政普遍服务基金:国际经验与中国选择[J].中国流通经济,2016,30(03):49-54.

[37] 陈慧.快递包装:海量垃圾如何处置?[J].生态经济,2016,32(06):10-13.

[38] 武淑萍,于宝琴.电子商务与快递物流协同发展路径研究[J].管理评论,2016,28(07):93-101.

[39] 范林榜.农村电子商务快递下乡配送问题与对策研究[J].农村经济,2016(09):121-124.

[40] 汪海,王喆.促进快递业健康发展的思考[J].宏观经济管理,2016(10):64-68.

[41] 郑佳宁.从结束开始:快递末端投递法律问题再审视[J].大连理工大学学报(社会科学版),2016,37(04):98-104.

[42] 陈伟,吴宗法.我国快递行业治理研究的回顾与展望[J].现代管理科学,2016(11):30-32.

[43] 郑佳宁.快递市场外资准入的现实挑战与法律应对[J].暨南学报(哲学社会科学版),2017,39(03):2-7.

[44] 许兰.快件禁止寄递制度的法律实现路径[J].暨南学报(哲学社会科学版),2017,39(03):16-20.

[45] 吴鹏.协同创新视角下的快递业发展路径研究[J].暨南学报(哲学社会科学版),2017,39(03):25-29.

[46] 郑佳宁,冯力虎.关于快递业发展的若干法律问题[J].暨南学报(哲学社会科学版),2017,39(03):1+130.

[47] 张浩,钟宁,张智光,等.国外快递包装物回用与处理系统的建设经验与启示[J].资源开发与市场,2017,33(10):1231-1235.

[48] 耿勇,孙军锋.快递实名制下用户隐私泄露风险防范[J].中国流通经济,2017,31(11):122-128.

[49] 郑佳宁.避害止争:快递收寄验视法律性质探究[J].上海大学学报(社会科学版),2018,35(01):85-95.

[50] 侯东德,樊沛鑫.快递行业习惯的制度演化与法律规制[J].西南政法大学学报,2018,20(01):113-118.

[51] 刘文良.推进我国快递包装立法的思考[J].中州学刊,2018(03):62-66.

[52] 肖建辉.跨境电商物流渠道选择与发展[J].中国流通经济,2018,32(09):30-40.

[53] 梁雯,柴亚丽.我国电子商务与快递物流协同发展路径研究[J].湖南社会科学,2018(05):141-148.

[54] Einhorn, Michael. "Universal Service: Realities and Reforms." Rivista Internazionale Di Scienze Sociali 103.1(1995):159-181.

[55] Cary Coglianese, David Lazer. Management-Based Regulation: Prescribing Private Management to Achieve Public Goals. Law & Society Review, Vol. 37, No. 4 (Dec. ,2003):695-696.

[56] Colin Jacobs. Improving the Quality of RIA in UK [Z]. Centre on Regulation and Competition Working Paper Series, No. 102, March 2005.

[57] Wang, James J., Z. Xiao. Co-evolution between etailing and parcel express industry and its geographical imprints: The case of China. Journal of Transport Geography 46(2015):20-34.

[58] Sakai, Takanori, K. Kawamura, T. Hyodo. Logistics Facility Distribution in Tokyo Metropolitan Area: Experiences and Policy Lessons. Transportation Research Procedia 12(2016):263-277.

[59] Pateman, Hilary, S. Cahoon, S. L. Chen. The Role and Value of Collaboration in the Logistics Industry: An Empirical Study in Australia. Asian Journal of Shipping & Logistics 32.1(2016):33-40.

[60] Heitz, Adeline, A. Beziat. The Parcel Industry in the Spatial Organization of Logistics Activities in the Paris Region: Inherited Spatial Patterns and Innovations in Urban Logistics Systems. Transportation Research Procedia 12(2016):812-824.